爱课程（中国大学 MOOC）
"职场礼仪与社会能力"课程配套教材

高等职业教育新形态一体化教材

职场礼仪与社会能力

主　编　王士恒　江小丹
副主编　程秀娟　彭　波

中国教育出版传媒集团
高等教育出版社·北京

内容提要

本书是"十四五"江苏省职业教育在线精品课程"职场礼仪与社会能力"配套教材,是高等职业教育新形态一体化教材。遵循习近平新时代中国特色社会主义思想的世界观和方法论,坚持运用贯穿其中的立场观点方法,有效解决职业发展与能力素养问题。

本书是职业发展与核心素养系列教材之一。该系列教材包括《职业规划与方法能力》《职场礼仪与社会能力》《职业适应与就业能力》《思维创新与创业能力》等,是对职业院校职业规划类、职业素养类、就业创业类课程教材的内容整合与体系创新,基本目标是帮助学生"学会学习、学会做事、学会生存、学会共处",提高其创新意识、核心素养、就业能力和创业能力。

本书包括"有效沟通与职场发展力""团队合作与工作协调力""职场礼仪与工作软魅力""解决问题与工作执行力"四个部分。顺应"互联网+教育"这一教育信息化趋势,本书还配备了30余个精彩微课视频供学生随扫随学。本书既是与在线开放课程、混合式教学方式适配的新形态一体化教材,又是将教、学、做整体设计与编排的一体化手册。

本书既可服务职业院校学生,为其提供在线体验、学习与合作的机会,培养其可持续发展能力;又可为有职前培训、在岗培训需求的企业员工提供参考,提升其职场适应力。

图书在版编目（CIP）数据

职场礼仪与社会能力 / 王士恒，江小丹主编 . -- 北京 : 高等教育出版社 , 2023.3

ISBN 978-7-04-059879-7

Ⅰ. ①职… Ⅱ. ①王… ②江… Ⅲ. ①心理交往 – 礼仪 – 职业教育 – 教材②社会交往 – 能力培养 – 职业教育 – 教材 Ⅳ. ① C912.12 ② C912.3

中国国家版本馆 CIP 数据核字 (2023) 第 023635 号

ZHICHANG LIYI YU SHEHUI NENGLI

职场礼仪与社会能力

策划编辑	田伊琳	责任编辑	田伊琳	封面设计	李小璐	版式设计	杨 树
责任绘图	马天驰	责任校对	刁丽丽	责任印制	赵 振		

出版发行	高等教育出版社	网　址	http://www.hep.edu.cn
社　址	北京市西城区德外大街4号		http://www.hep.com.cn
邮政编码	100120	网上订购	http://www.hepmall.com.cn
印　刷	天津鑫丰华印务有限公司		http://www.hepmall.com
开　本	787mm×1092mm 1/16		http://www.hepmall.cn
印　张	20		
字　数	410千字	版　次	2023 年 3 月第 1 版
购书热线	010-58581118	印　次	2023 年 3 月第 1 次印刷
咨询电话	400-810-0598	定　价	48.80 元

本书如有缺页、倒页、脱页等质量问题,请到所购图书销售部门联系调换

/ 前言 /

为满足我国经济可持续发展以及劳动者自身可持续发展的需要，在职场上，我们既要处理人机关系，也要处理人际关系；既要有硬技术，又要有支持硬技术的软技能；既要有胜任岗位的技能，也要有行业的通用技能；既要适应今天的工作，也要为明天的发展做好准备。《21世纪技能——为我们所生存的时代而学习》一书针对"今天的学习、教育是为了什么"也做出了同样的回答：为了掌握今天还没有出现的技术，为了解决今天还没有遇到的问题，为了适应今天还没有出现的工作。

核心能力是从所有职业活动的工作能力中抽象出来、具有普遍适应性和可迁移性的基本能力。它的原型存在于真实的职业活动中，它的训练也必然要求还原到工作的第一现场。为了将无意识且不自觉的核心素养的养成教育变为有意识且自觉的核心能力的教练培训，我们坚持"问题导向、教研先行、分类试点、逐步推广"的能力开发策略，坚持以活动为载体，以行为为导向、以学生为中心的教育教学原则，逐步探索出了"基于核心能力培养的参与式行动导向教学模式"。实践这一教学模式的标志性成果就是陆续开发并正式出版《职业规划与方法能力》《职场礼仪与社会能力》《职业适应与就业能力》《思维创新与创业能力》等职业发展与核心素养系列教材。

本书在编写过程中，遵循习近平新时代中国特色社会主义思想的立场观点方法，注意借鉴吸收中华优秀传统文化，吸纳中华文明的智慧成果。围绕"培养什么人、怎样培养人"这一主题，结合高职生的学习思维特质及能力行为倾向，整合中外职业教育思想，顺应从技能到专长的未来职业教育发展趋势，我们确立的职业发展与核心素养系列教材的基本定位是：面向职场，以需求为导向，为学生的专业发展服务；面向社会，以素质为导向，为学生的可持续发展服务。

近年来我们课程开发团队与国内外的学者、教练、专家一起研讨、探索、实践，进一步优化了职业发展与核心素养培养培训的一整套策略与方法，逐步研发出与平面教材相互配套、与网络课程互为补充的系列教材，本套教材在试用期间得到师生广泛的好评与认可：已经成为教师指导训练的好参谋，学生自我成长的好助手。本套教材在衔接线上课程与线下课堂、贯通文本阅读与实践活动方面具有原创性、教练性、示范性。具体而言，本套教材具有如下鲜明特色：

1. 顺应了混合学习、翻转课堂教学变革的趋势

以项目、任务驱动，实现线上资源与线下培训的无缝对接；将教学微课、应知练习、经典案例等资源植入教学互动平台进行混合教学；此项功能的拓展一改过去

教材配套资源稀缺、电子资源仅供教师参阅的不足，真正体现了以学习者为中心的学习方式，方便广大教师翻转课堂教学改革的有效实施，为推进教育数字化、建设学习型社会提供了良好的示范。

2. 以学习者为中心，实现教、学、做的融合

对于教师来说，本书既是教练手册，也是测量工具。本书提供的大量经典案例、推荐活动，丰富了教学素材，是教师进行教学活动的宝贵资源库；同时通过评估反思，记录学生学习训练的过程，也是学生课业评价的重要依据。对于学生来说，本书既是操作指南，也是成长档案。本书不仅要求学生在完成训练项目时提供真实的感受，还要求彼此分享与借鉴：感悟与进步就在身边的每一个人，就在当下的每一次体验活动中。通过项目训练，培育创新文化，弘扬科学家精神，涵养优良学风，营造创新氛围。

本书是集体智慧的结晶。凝结其中的很多素材、构思来自投身教学一线的每一位积极探索者。他们付出了汗水，他们贡献了智慧。感谢张慧、吴歆岑、汤前程为本书职场礼仪部分提供礼仪示范。在编写过程中我们还参考、引用了学术界研究的最新成果、培训界教练的经典案例，谨向同行专家及教练精英致谢！

本教材的编写分工如下：王士恒负责本书大纲以及模块一至模块五的撰写，并对全书进行统稿；江小丹负责模块六、模块七的撰写；彭波负责模块八、模块九的撰写；程秀娟负责模块十至模块十二的撰写。

限于作者水平和编写时间仓促等因素，本书尚有诸多不足之处，敬请广大读者批评指正。祝愿本书的使用者，特别是各位教师、教练，通过与学生、学员的交流合作，教学相长，形成师生参与、共建共享的成长共同体。

职业发展与核心素养系列教材编委会

2022年12月

/ 目录 /

第三篇　职场礼仪与工作软魅力

第四篇　解决问题与工作执行力

第一篇

有效沟通与职场发展力

>>职业核心能力是职业人除岗位专业技能之外的跨岗位、跨行业的基础能力，是适应社会发展变化的可持续发展能力，更是个人取得成功的关键能力。

>>2019年，在通用职业素质专家委员会制定的《通用职业素质培训纲要》中，职业核心能力包括"有效沟通""团队合作""自我提高""信息处理""创新创造""解决问题"6个模块。其中，"有效沟通""团队合作""解决问题"为"职业社会能力"，它们是指与他人交往合作、共同生活和工作的能力。

>>"有效沟通"能力主要指通过口语交谈、当众讲话、书面表达等方式来有效表达观点、分享信息的能力。在每个人的职业生涯中，无论是求职应聘、入职试用还是晋职发展，与人交流的能力常常成为各项能力之首，日显重要，几乎所有的职业岗位都需要求职者"交流能力强"。

>>交流沟通能力直接影响着每个人的职业发展、社会地位及社会关系的建立，在职业场合中，交流能力常常决定着职业活动的成败。

模块一
口语交谈

　　语言是人类最重要的交际工具。人们用口语交谈进行沟通,其主要目的有两个:一是表意传情,二是协商合作。前者表现为语言交流的"说明"功能,后者表现为与人交流的"说服"功能。本模块将集中训练在一对一的交谈环境及小规模的交流情境中,围绕主题"会谈"的口语交流能力。

　　无论是面对面交流,还是利用现代信息技术手段沟通,都需要我们进一步提升口语交谈的能力,它是职业发展的关键能力,也是打开成功之门的钥匙。

本模块能力要求:

1. 能有积极交流的意识,主动把握时机,围绕主题参与交谈;
2. 能有效地倾听他人讲话,理解对方谈话的内容,准确辨明态度和意图,并予以回应;
3. 能在较正式的场合发表简短意见,主题突出,层次清楚,用语简洁得当;
4. 能主持小型讨论,推进讨论进行,对讨论作出总结;
5. 能掌握与上级、同事、客户沟通的技巧;
6. 能掌握职场交往礼仪,运用身态语言辅助表达;
7. 能利用现代信息技术沟通交流,能利用PPT、图表和多种辅助手段帮助说明主题。

本模块训练重点:

1. 自信主动沟通,大胆交流表达;
2. 把握场景角色、切合主题,适应情境沟通;
3. 积极倾听,实现顺畅沟通;
4. 与上下级、同事、客户沟通,掌握沟通技巧;
5. 说服、拒绝别人,有效处理冲突;
6. 开展商务谈判和组织主持会议,自信得体大方;
7. 掌握社交礼仪,利用非语言交流。

案例示范:老人推销员的魅力

　　这是关于拿破仑·希尔谈他与某位老人推销员交往的案例,请分析案例中老妇人在访谈中使用了哪些交谈的技巧，它们分别产生了怎样的交流效果。

当我走出我的私人办公室，踏上走道时，这位老妇人站在通往会客室的栏杆外面，脸上开始露出了微笑。

我曾经见过许多人的微笑，但我从未见过有人笑得像这位老妇人这般甜蜜。这是那种具有感染力的微笑，因为我受到她的影响，自己也开始微笑起来。当我来到栏杆前时，这位老人伸出手来和我握手……

这位亲切的老妇人看起来是如此甜蜜、纯真且友好，因此，我也伸出手去，她握住我的手。到这时候，我才发现，她不仅有迷人的笑容，而且还有一种神奇的握手方式。她用力地握住我的手，但握得并不太紧。她的这种握手方式向我的大脑传达了这样的信息：她能和我握手，令她觉得十分荣幸。

在我的公共服务生涯中，我曾经和数千人握过手，但我不记得有任何人像这个老妇人这般深通握手的艺术。当她的手碰到我的手时，我可以感觉到我"失败"了，我知道，不管她这次是要什么，她都一定会得到，而且我还会尽量帮助她完成这项目标。换句话说，那个深入人心的微笑，以及那个温暖的握手，已经解除了我的武装，使我成为一个"心甘情愿的受害者"。

这位老人十分从容，好像她拥有了整个宇宙的时间一般（而我当时真的相信，她拥有这种时间）。她开始说："我到这儿来，只是要告诉你（接着，就是一个在我看来十分漫长的停顿），我认为你所从事的，是今天世界上任何人都比不上的、最美好的工作。"

她在说出每一个字时，都会温柔但紧紧地握一握我的手，用以强调。她在说话时，会望着我的眼睛，仿佛看穿了我的内心。

在我清醒之后（我当时的样子仿佛昏倒了，这已经成为我办公室助手之间的一大笑话），我立即伸手打开房门的小弹簧锁，说道："请进来，亲爱的女士，请到我的私人办公室来。"我像古代骑士般殷勤而有礼地向她一鞠躬，然后请她进去"坐一坐"。在之后的45分钟内，我静静地聆听了我以前从未听过的、一次最聪明而又迷人的谈话，而且，都是我的这位客人在说话。从一开始，她就占了先，而且一路领先，一直到她把话说完之前，我都不想打断她。

在她这次访问的最后3分钟内，在我处于一种能够彻底接受别人意见的状态下，她很巧妙地向我说明了她所推销的某些保险的优点。她并没有要求我购买，但是，她说明的方式，在我心理上形成了一种影响，驱使我主动想要购买。

[分析] 在交流过程中，满足对方的需要，对于沟通的成效有着重要的意义。案例中的老人推销员深谙其中的奥秘：

（1）当用微笑示人的时候，容易得到对方同样的回报；

（2）当替对方考虑问题的时候，总能得到对方的尊重；

（3）当给对方真诚赞美的时候，对方也会感到很开心；

（4）在商务交流中，要把顾客尊为上帝，因为赢得顾客的心才能真正赢得顾客；

（5）满足他人需要的心理状态和思维方式是对一个人为人处世的一种检验，当你满足了对方的需要，也就是满足了自己的需要。

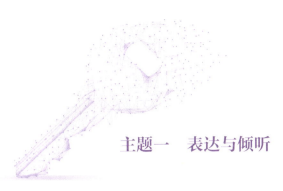

主题一　表达与倾听

问题：如何自信表达、有效倾听？

你在某门课程的学习中遇到了瓶颈，你想取得同学或者老师的帮助，怎样做才能使老师或学生热情地帮助自己渡过难关呢？你想结交一个朋友，怎样向对方表达自己的心意呢？你想成为同事喜欢的人，怎样做才能实现这一目标？

沟通行为的效果如何，首先取决于你是否树立了积极沟通的意识，是否养成了主动沟通的习惯。

美国戴尔·卡耐基有一回遇到一位著名植物学家，这位植物学家滔滔不绝地给他讲植物、室内花园这些事。卡耐基对植物学可谓一窍不通，但他仍然认真地听这位植物学家的发言。谈话结束，植物学家大力赞扬卡耐基，说他是"最有趣的谈话者"。卡耐基后来感叹道：倾听是我们对说话者的一种最好的恭维。可见，倾听是一种重要的沟通能力。

每个人都想在和谐的人际环境中生活和工作，不愿意在猜疑、嫉妒、排挤的人际环境中生存。那么，应该怎样构建和谐的人际环境呢？答案是：靠良好的沟通！

倾听是一种重要的沟通能力，是沟通的润滑剂和激发器。国际倾听协会的调查数据显示，高达70%的人是不合格的倾听者，倾听是我们需要开发的潜能。如果你能够倾听并理解他人，就能够实现真正的沟通，成为一位善解人意的交流者。

通过本主题的学习和训练，你将能够：

1. 树立积极沟通的意识；
2. 培养自己主动沟通的良好习惯；
3. 了解阻碍倾听的障碍，学会排除干扰；
4. 学会使用各种倾听时的反馈技巧，推动沟通有效进行。

认知：培养自信品质　善于有效倾听

一、突破自己，与陌生人从容交谈

自信是一种在正确认识自己的基础上，知道自己的优点和缺点，并能愉快地接纳

微课：

倾听

自己、相信自己的能力和才干的积极健康的心理品质。在语言沟通中，自信是语言自在表达的基础，不能正确认识并接纳自己的人，在情绪上常常显得很不稳定，不是在语言中有意表现出优越感，就是在表达时自卑胆怯。在沟通交流时，你若坚信自己会成功，不怕失败，就一定能战胜恐惧，克服紧张，达到从容、自如的境界。

和陌生人交往，是每个人在人生发展过程中必须学会的技能，我们要改变观念，锻炼自己，主动和他人沟通。建立良好的人际关系是个人成功、社会进步的起点。建立良好的人际关系首先要从和陌生人交往开始。

1. 珍惜认识彼此的机会

人和人都是从陌生到熟悉的，因此，我们应该珍惜这个认识彼此的机会，尽量给彼此留下愉快的回忆。这种态度往往能消除陌生人在交往时的心理戒备，从而发展出良好的人际关系。

2. 树立主动沟通意识

俗话说："万事开头难。"当你与对方完全陌生时，要开始一次交谈确实很困难。但是，只要你掌握了一定的技巧，就能自然地开启话题。

3. 初次交往从寻找合适的话题开始

初次见面，寻找合适的话题很重要，可以从以下这几个角度考虑。

（1）顺其自然地讨论此刻发生在双方身边的事情，这样可以让人感到放松，因为这也可能是对方正在关注的事，这样的话题能让对方感兴趣，有话可说，从而顺利接话。

（2）在交谈时可以从对方的兴趣、爱好出发，因为每个人都有自己喜欢的东西，讨论起自己喜欢的东西或事情时总是会比较活跃，这样即使不太爱说话的人，也会很快热络起来。

（3）生活中每天发生的事情很多，也可以围绕社会的热点问题进行讨论，如天气变化、社会事件、重要新闻等，从而发现对方的关注点，这样就能找到共同话题了。

（4）如果到对方（领导、客户）的办公室见面，为了避免开始的冷场，你可以从欣赏对方办公室的环境入手，寻找双方共同感兴趣的话题。比如，可以从室内布置和摆设的特点，从"动（如养的鱼、植物、有动感的设备）、奇（如奇石、不常见的装饰、摆设物）、特（如字画、造型）"等方面寻找话题，做些询问或讲一些赞赏的话。

4. 用放松和积极的心态面对陌生人

积极的心态是快乐生活、工作的伴侣，在积极心态的主导下，才能觉察到世界的美好。学会放松，享受聊天的过程，每个人都是很有趣的个体，具备这样的心态就能充满兴趣地与别人聊天。即使遇到了心灰意冷、负能量大和冷漠的人也无所谓，不要试图一下子就改变别人，很快你就能发现：再冷漠的人也会被你的正能量、积极的心态以及真诚和热情所感化的。

5. 捅开与陌生人交往的"纸膜"

在与陌生人沟通时，有的人很想和对方交谈，但又不知话该怎么说出口，心里七上八下，因而显得很紧张。其实你大可不必如此，也许对方比你更紧张，如果你能跟他谈一些轻松的话题，就会使双方都感到愉快。其实，陌生人之间的交往之所以存在障碍，关键是因为人与人之间隔着一层"纸膜"，如果有人能将这层"纸膜"捅破，人们之间的沟通就会非常顺利了。当你冲破了和陌生人交往的屏障，你们就开始了由陌生到熟悉的交往过程。

二、养成主动沟通的习惯

习惯是一种顽强而巨大的力量，会影响人生。习惯是人的行为倾向，是逐步固定下来的、自动化了的行为方式，是一种不知不觉、不假思索的行为。如果我们把主动沟通转化为一种良好的习惯，我们的人生就会少走弯路。那么，怎么才能培养主动沟通的习惯呢？

1. 良好的习惯来源于思想意识

个人有了主动沟通的意识，就会慢慢地形成主动沟通的行为习惯。尊重身边的每一个人，与大家友善平等地相处，在平凡的生活中体验人生，成为一个热爱生活的人。如果在意识上有了沟通意愿，那么你就会处处、事事以培养良好的人际关系为出发点，不做伤害他人的事情，在交流沟通中就不会说伤害他人的话；你就会主动地构建和谐的人际环境，根据他人的需要去想问题、做事情，把乐于助人的精神作为自己追求的方向，在帮助别人中享受快乐。

2. 改变不良习惯在于培养自己的规矩意识

有的人不注意自己良好习惯的培养，无意间养成了一些陋习，如随地吐痰、乱扔垃圾、公共场合不注意礼仪、说话粗声粗气、开车随意闯红灯、随意插队等。这些看起来是小事，实际上却是关系到人的基本素质的大事。不注意基本的礼仪和没有规矩意识的人，会被认为是素质低下、没有教养的人，会受到他人的排斥和谴责。

案例

幼儿园教会我们一生最重要的东西

有人问一位诺贝尔奖获得者："请问您是在哪所大学、哪个实验室学到了您认为一生中最重要的东西呢？"

这位白发苍苍的老人平静地说："是在幼儿园。"

提问者非常惊讶，又问："您在幼儿园学到些什么呢？"

老人耐心地回答说："把自己的东西分一半给小伙伴们，不是自己的东西不要拿，东西要放整齐，吃饭前要洗手，做错了事情要表示歉意，午饭后要休息，要仔细观察周围的大自然。从根本上说，我学到的全部东西就是这些。"

可见，从小形成的规矩意识对人的一生有很大的影响。改变不良习惯，树立规矩意识，首先要从自我对话开始，产生想改变的愿望，认识到其对自己人生发展的重要意义，自己先想通了，再去通过行动来实施。

习惯的力量是巨大的，习惯能主宰人的善恶。克服不良习惯，对于一个人的进步和成长至关重要。良好沟通习惯的养成，除了教育外，关键靠自觉。自觉萌发自爱，产生自律。没有内心的觉悟，就会缺乏自身勉力向善的实际行动，良好的习惯便难以养成。

良好的沟通习惯是一种素质和修养，体现着文明的程度。只要人人坚持从自身做起，从眼前的一点一滴做起，真正做到"勿以善小而不为，勿以恶小而为之"，就会形成一个和谐的人际环境。

3. 培养主动沟通的习惯靠的是行动上的持之以恒

有人说："你说的我都懂，就是没有毅力去做。"凡是不能行动、不能坚持的人，都说明你并没有想通，并没有真正懂得什么是沟通的魅力。所以，行动才是最重要的，只有坚持去做，才会感受到主动沟通的习惯给你带来的快乐。

三、妨碍主动倾听的因素

对大多数人来讲，倾听是从听到别人讲话声音开始的，但倾听并不能简单地等同于听。国际倾听协会对倾听这样定义：倾听，是接收口头和非语言信息、确定其含义并对此做出反应的过程。可见倾听有三个步骤：第一步，接收信息；第二步，确定含义；第三步，合理回应。

在倾听时出现注意力分散问题的原因主要有以下几个方面。

1. 噪声干扰

噪声干扰主要是声音方面的干扰，如说话人的音量过低，背景声音过大，手机上电话、微信、短信来电声等的打扰；也指其他物理方面的干扰，如浓烈的香水味、过高的室内温度、夸张的服饰等。这些干扰使得你不能专心听取说话者传递的信息，因此被认为是噪声。

2. 认知干扰

认知干扰指的是在倾听者接收信息的过程中出现的负面心理因素，主要表现在以下四个方面。

（1）走神与细节干扰。我们每一个人都经历过走神：老师在讲台上滔滔不绝地讲解课文，而我们的"神"随着老师那娓娓动听的声音飘出了窗外，计划着课后要做一些什么；我们的同伴兴致勃勃地谈论着事情，我们却心不在焉，不知在想什么，对同伴的话听而不闻。造成走神的原因各种各样，可能是听不懂，可能是不想听，可能是不小心，也有可能是出于习惯。走神会导致你没有接收到对方的信息，更严重的是，对方一旦捕捉到你走神的信号，可能会认为你不愿意交流，甚至认为你不够友好。

细节干扰与走神不同，是由于我们过度专注于谈话的细节而忽视谈话的整体意思，抓住某个细节不放，任由自己随意想象起来，却错失了事情的来龙去脉；或者将某个细节当成整体意思，以致作出错误的判断。关注内容和形式上的细节都可能会使我们走神，偏离与对方交谈的主题，造成交流困难。

（2）个人偏见。心理学家认为儿童只能根据自己的需要和感情去判断和理解事物、情境、与他人的关系等，而完全不能采纳别人的观点，不会注意别人的意图，无法从别人的角度看问题，不能按事物本身的规律和特点去看问题，这就是个人偏见。这一现象在很多成年人身上也表现得很突出。

在这种心理思维的影响下倾听别人讲话时，当对方提出一个观点后，我们往往容易在偏见的影响下带入个人想象，曲解对方讲话的意思，进而造成倾听障碍。

案例

倾听的障碍

王经理意识到他的秘书李丽近来工作负担很重，他非常感激她，想要减轻李丽的工作负担，于是把李丽叫到了办公室，对她说："近来你的工作负担很重，我想把客户回访的事交给小马去做，你看怎么样？"

李丽听到之后第一反应是：上司认为她工作能力不强，无法承受现有的负荷。她觉得受到了伤害，感到很委屈。但是她又不想让上司知道自己的这种想法，只好勉强挤出一丝微笑，说了声："谢谢。"王经理却以为李丽理解了自己的意思，并且很感激他做出的安排。

在这个案例中，李丽用自己的理解方式错误地揣测了王经理的意思，造成了倾听的障碍。

（3）思维定式。所谓思维定式，也称"惯性思维"，即按照先前积累的经验教训和已有的思维规律，在反复使用中所形成的比较稳定的、定型化了的思维路线、方式、程序和模式。

先前形成的知识、经验、习惯，都会使人们形成认知的固定倾向，从而影响后来的分析和判断。

案例

谁家的孩子

某公安局局长喜欢下象棋，有一天和同事在办公室下象棋，这时，进来一个小孩子，对着局长喊："不好了，我爸爸和您爸爸在外面打起来了，快去劝劝吧。"那个同事好奇，问局长："这个孩子是谁啊？"局长回答："哦，他是我儿子。"

听完故事大家可能会有困惑，但其实答案很简单，局长是孩子的妈妈。

为什么这么简单的答案会让大家感到困惑？其实这就是大家的思维定式，因为一提到公安局局长，提到象棋，大家的脑海中就会自动出现一个成熟的男人形象，这就是思维定式造成的误判。

（4）自我中心。人们习惯于关注自我，总认为自己才是对的。在倾听的过程中，人们总是过于注意自己的观点，喜欢听与自己观点一致的意见，对不同的意见往往置若罔闻，这样往往会错过聆听他人观点的机会。

3. 情绪干扰

大多数人在非常情绪化的时候是无法做到主动倾听的，这些干扰的情绪包括极度焦虑、悲痛、兴奋以及听到负面的信息或遭到批评时的激动等。在这样的情况下，人们的注意力难以集中，这些情绪都会干扰主动倾听。

四、主动倾听，合理回应

在沟通中，当你把注意力集中在他人所说内容的时候，你就已经成为一个倾听者。当你把谈话的重要观点在头脑中进行勾画，并考虑提出问题或对提出的观点进行质疑时，你就成了一个主动的倾听者。

1. 如何排除干扰、专注倾听

（1）做深呼吸，稳定情绪。好的倾听者要精力充沛，应该具有抗干扰、排除噪声的能力。在你集中注意力的时候，无论环境多么嘈杂，汽车声、说话声等都不能干扰你的思路。你必须心静如水，所听到的只有你选择的内容信息。

如果感觉自己心不在焉或情绪难以稳定时，可以做几个深呼吸，自我放松情绪，这样做既不打断别人，还可以使自己的大脑供氧充足。

（2）关注内容，捕捉要点。主动倾听的注意力应集中到内容信息本身上，不要急于评判对与错或好与坏。应该做到以下几点。

第一，弄清楚对方所讲的中心思想。主动倾听的着眼点是识别贯穿于整个内容的基本思想，即中心思想。然后是对方的重要观点，也就是强化中心思想的观点，最后是支持主要观点的材料。如果记住了中心思想，主要观点也就更容易记住。

第二，联系自我的经验去理解对方的观点。在沟通过程中，如果你把对方讲的观点与自己的经验联系起来，那么这对于加深理解所说的内容会有重要的作用。从对方的话中寻找与你已经知道内容的相同点或不同点，这通常有助于你对话题内容的理解。

第三，预测接下来说的内容。当我们为了获取信息而倾听时，预测接下来要说的内容有助于我们集中注意力。

（3）共情参与，同理心倾听。我们要学会同理心倾听。同理心，指的是站在对方角度思考问题的方式，就是换位思考，做到"共情"。也就是深入他人主观世界，了解他人感受。

同理心倾听是倾听的最高境界，即透过交流，结合交流的语境，了解对方的观念、情感，揣摩解读言语以外的真意，其出发点是"理解"，而非"反应"。同理心倾听的要点是：理解认同，主动探究。在行为上主动探究对方提供的信息，不要去急于评判对与错或好与坏，在态度上要全神贯注、换位思考并将心比心。同理心倾听理解的是情绪；认同的是态度，而不一定是观点；探究的是表达者背后的事实和动机，领会言外之意。

同理心倾听有以下技巧：

① 坚定的目光。为了获取有效的沟通信息，需要鼓励表述者表达自己的想法，通常用非语言的方式——坚定的目光，让表述者觉得你是一个可以信赖的人，从而愿意向你打开心扉。如果你的目光飘忽不定，给人的印象就会不稳重，对方就可能由于缺乏信赖，不愿向你诉说真实想法。

② 复述。复述对方话语中的关键词或短语，证明你在用心听，同时也鼓励述说者继续说下去。

③ 探究。通过有启发意义的追问，我们可以获得更多、更深层次的信息。

④ 验证主题。当主题变得不清晰或者讲话者开始跑题时，倾听者可作验证式发言，把话题引入正轨。如："您刚才说的是……吧？"

⑤ 情感反射。验证你觉察出的讲话者所传达出来的信息中所包含的情感因素，引发情感共鸣。如："您当时肯定很难过吧？"

⑥ 释义。倾听者可用自己的语言重复讲话者的主要观点。如："您那天状态不好是因为感冒。"

⑦ 叙述相关例子。通过一个相关的例子，以表达自己理解对方，获得情绪上的联结。如："我也遇到过类似的问题。"

总之，同理心倾听是一个心理上主动参与互动的过程。有了同理心倾听作基础，有效沟通就有了良好的保障。

2. 如何积极跟随、主动倾听

主动倾听时，听者要通过语言或情绪的反馈，向说者积极主动地表明自己听见并且听懂了对方的意思。

（1）使用目光交流。眼睛是心灵的窗户，双方交谈时，要注意保持目光交流。通常情况下，用柔和的目光不时地注视对方的眼睛，可以表明自己对所讲的内容感兴趣，同时，也传达了友好的感情和积极鼓励的信息。在谈到高兴的话题时，倾听者看着对方会使对方有愉悦之感；在谈论令人不愉快的或难以解决的复杂问题时，双方应避免直接的目光接触，这是礼貌并能理解对方情绪的表现，否则，可能会引起对方的愤懑。双方距离越近，越要避免目光接触。另外，斜视和心不在焉的呆滞或东张西望都会使说话者对倾听者产生不良印象。

（2）使用肢体语言表示。用点头、微笑和皱眉等肢体语言来表示自己的兴趣。参与的姿势要放松，手臂不要交叉，也不要僵硬不动，要随说话人的语言作出反应。坐着的时候要面向说话人，身体略向前倾，可以随着说话人的姿势不断调整自己的姿势。

（3）使用有声语言回应。必要时，边听边用"嗯""啊""我明白了""我知道""没错""对"等词语来肯定和赞扬说话者，表示你的兴趣并鼓励对方继续说下去。

（4）记笔记。在条件允许的情况下，特别是重要的交谈或会议上，记笔记是表明自己在积极倾听的重要动作。记笔记有很多好处：能听清楚并记录下说话者所说的全部内容；能理清说话者的主要观点；能注意到信息的重点，并会留下书面材料，用以反复琢磨、深入理解。

在主动倾听时，还要注意不要随意插嘴、打断对方讲话，也不要抢着帮别人说话。随意打断对方的讲话，会被视为不礼貌，引起他人反感。除了双方关系十分密切，或十分随意的场合可以插话外，一般情况下，需要确认接收的信息是否准确或表达自己的意见时，应在合适的时机，礼貌地请求插话，如"对不起，打断一下"。在对方允许后，再表达自己的观点。

特别要提示的是避免成为"手机控"。在当今手机普及的时代，手机已成为我们面对面交谈、认真聆听的重要障碍。在会议和正式的场合，不能在活动进行中接听电话。在和别人交谈时，不要使用手机与其他人通话、发短信或看微信，这些都是很不礼貌的行为。如果有紧急来电非接不可需要打断交谈时，需要向对方说明或示意："对不起，有个紧急的电话，我回一下，好吗？"以示对说话人的尊重。

总之，主动倾听不仅是为了避免自己对信息的误解，而且也是为了让对方知道你正在倾听，表明你对对方的尊重。倾听是有效沟通的润滑剂和刺激剂。

行动：培养自信，主动沟通，有效倾听

活动一：怎样在应酬中与领导或陌生人交谈

一、活动背景

朋友聚会、业务应酬或单位聚餐都是常见的交往方式，怎样在这种交流形式中自然地与朋友、陌生人或领导交谈，是大家经常遇到的问题。有位男士在网上谈自己的困境，征求网友意见，不少网友提供了自己的经验。以下摘录男士的提问和两位网友的建议如下。

某男士提问：

我是一位性格偏内向的男士，但因工作需要，经常要与领导或陌生人一起吃饭。我在饭桌上找不到话说，也活跃不起来。如何让自己在领导或陌生人面前打开话匣子，在应酬中应付自如呢？怎样才能够让自己活跃起来呢？

网友A建议：

（1）选择一些适合自己的技巧性的书籍，比如《演讲与口才》，我以前也不太会说话，后来通过《演讲与口才》上的指导加上自己的实践运用，我的演讲能力提高了很多。

（2）酒席上与领导或与陌生人相处时，注意别人恰到好处的表达和言辞，自己记在心里，在合适的时候变成自己的并表达出来。

（3）多与人交往，有朋友说"阅人无数"就能够运用自如，确实是这样的。

（4）增强自信心，不用担心说错或者表达不好，正是因为说错或表达不好，您才

会提醒自己下次不要犯同样的错误，何况是社交场合，没有人会揪住您的错误不放。

（5）多看不同领域、不同层次的书籍，汲取更多的知识，这样就可以随时参与别人的话题。见多识广，才能口出不凡。

（6）多赞美，哪怕找不到别人的优势或者优点可以表扬，也可以说一些中性的、耐听的话，比如"好特别""有个性"等。不要吝啬您的赞美，赞美就像阳光一样让人温暖。

网友B建议：

情感相融，诚挚相待。知人知心，顺人其意。增加阅历，提高智慧。见机行事，谈笑风生！

（1）要自信。自信是您走向成功的助推力，一个拥有自信心的人，一定会在各方面都春风得意。

（2）要懂礼。社交场合最注重礼节，什么时候说什么，什么时候做什么，都应该多讲究，一个具有风度与礼仪的人肯定会大受欢迎的。

（3）要放松。有些时候不要太拘谨，放松一点，您会更自然，而您的自然会让人对您更亲近，您就会得到他人的喜爱。

（4）要机智。许多场合不太需要您喧宾夺主，但是或许您一个小小的动作，或者一句精彩至极的话，都会令人高兴不已。

（5）要勇敢。也许您很害怕会出错，但要知道，凡事都有可能会失误，因此，大可不必太胆怯。如果过于胆小，同时也会在一定程度上约束了其他人的自由，别人也不愿意同您交流。勇敢一点，别人会回报您更多。

二、活动要求

请归纳一下网友提供的意见，概括出他们提出建议的能力点有哪些？结合自身的经历，如果是你，你会给出哪些建议呢？

活动二：案例分析——"商量"的回报

一、案例

齐女士是一家服装厂的经理，工厂订单几乎已经排满，此时她又接到了一笔大订单，而这笔订单很急，她认为以目前的生产情况来看，不太可能如期完成。虽然她认为这是个难得的机会，不过她并没有催促工人加班加点来赶这笔订单，而是召集了部分生产一线的骨干，向他们传达了这件事并分析了眼下的市场情况，着重说明如果能接下并按时完成这份订单，将会填补公司今年三月份的生产亏损，员工还能补领到三月份的奖金，并且全年的奖金基数会相应提高。接着她以请教的口吻询问大家：

"请大家帮我出出主意，有没有办法保证这笔订单如期交货？"

"有没有办法调整我们的工作时间和工作分配，来完成这份订单？"

她的这种沟通方式，既让工人们觉得这笔订单与自己的利益息息相关，也让他们觉得受到了尊重，于是大家纷纷谈论自己的看法，并一致同意让她先接下这笔订单。接下订单后，工人们克服一切困难，加班加点。最终，公司如期交了货，客户非常满意，员工不仅得到了奖金，还获得了很大的成就感，整个团队也更加团结了。

（资料来源：黄大钊、曹瑞芳，《处己处人处世》，中国书籍出版社，有删改）

二、提示

1.与下属沟通时，多用"建议"，而不是"命令"。这样不仅能让下属乐于改正错误，也能使他乐于听从你的领导。

2.帮助下属分析利弊，让下属自己去选择，更能满足其自尊心。

3.下达任务时，有时"商量"的口吻会带来意想不到的效果。

反思：怎样提高主动沟通、有效倾听的能力？

一、自信心评估

请完成以下测试题，看看自己的"自信心"如何。

（一）情境描述

请扫二维码查看"自信心评估"测试。

（二）计分规则

本测试的计分规则如下（表1-1），请根据自己的答题情况计算你的得分。

测试：

自信心评估

表1-1　自信心评估计分规则

题号	1	2	3	4	5	6	7	8	9
A	3	3	1	1	3	1	3	3	1
B	2	2	2	2	2	2	2	2	2
C	1	1	3	3	1	3	1	1	3
题号	10	11	12	13	14	15	16	17	18
A	3	3	3	1	1	3	3	3	1
B	2	2	2	2	2	2	2	2	2
C	1	1	1	3	3	1	1	1	3

（三）结果分析

得分为43～54分。说明你对自己信心十足，明白自己的优点，同时也清楚自己的缺点。不过，在此提醒你一声：如果你的分数接近54分的话，别人可能会认为你自大狂傲，甚至气焰太盛。你不妨在别人面前谦虚一点，这样人缘会更好一些。

得分数为31～42分。说明你对自己颇有自信，但是你仍或多或少缺乏安全感，对自己产生怀疑。你不妨提醒自己，在优点和长处方面你并不输别人，要多肯定自己的才能和成就。

得分为18～30分。说明你对自己显然不太有信心，你过于谦虚和自我压抑，因此经常受人支配。从现在起，尽量不要想自己的弱点，多从好的一面去看待自己，只有先学会看重自己，别人才会看重你。

二、倾听能力测试

请完成以下15个题目，对每个问题回答是或否，请根据你在最近的沟通中的表现如实填写。

（一）情景判断

请扫二维码查看"倾听能力测试"。

测试：

倾听能力测试

（二）计分规则

请以下答案为标准，计算自己的答案与之有多少不同，将不同的个数乘以7，再用105减去它，就是你的最后得分。

（1）否　　（2）否　　（3）否　　（4）是　　（5）否

（6）否　　（7）否　　（8）否　　（9）否　　（10）否

（11）否　　（12）是　　（13）是　　（14）否　　（15）是

（三）结果分析

得分为91～105分，那么恭喜您，您有良好的倾听习惯。

得分为77～90分，表明您还有很大程度可以提高。

得分低于76分，很不幸，您不是一位合格的倾听者，在此技巧上要多下功夫了。

三、反思提高

（一）计划、反思

1. 每天起床以后想想：如何把主动沟通的意识贯穿到一天工作生活的全过程？

2. 当生活、工作不顺心时，检查一下：是否有沟通交流上的问题？该怎样解决？

3. 从现在开始，主动对周围的人微笑，主动向别人问好。

（二）实践、体会

多使用"早上好""谢谢您"等礼貌用语，从细微的地方做起，时间长了你会发现，原来你是如此受欢迎。

（三）主动练习

多与一些自己不喜欢的人交流，久而久之你就会形成习惯，不管对方是谁你都能应付自如。在一些聚会和活动上要主动与别人沟通交流。在有机会当众讲话时，要大胆地表达自己，不要在乎自己是否说得不好、别人会不会笑话之类的问题，要知道，其实，别人并不在乎谁讲得怎样，也并不会把他人的一次失误放在心里。

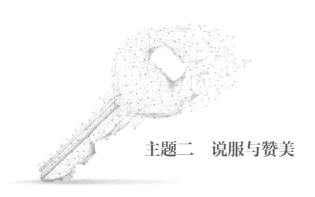

主题二　说服与赞美

问题：如何说服他人、赞美他人？

　　三寸之舌，强于百万雄兵；一人之辩，重于九鼎之宝。

——《战国策》

　　如果说知识是财富，口才就是资本。能说会道的人能够通过说话让领导、同事、朋友和亲人更全面地了解自己，赢得大家的信任，因此有机会胜任更重要的任务，施展才华。善于说服别人是事业成功的催化剂，是引导一个人走向成功的基石。

　　有个特别会奉承的学生，喜欢给别人戴高帽子。他的老师最看不惯他那一种曲意奉承的样子，当然也就更不会吃他那一套。毕业时，老师讽刺那个学生："这次毕业带什么好礼品回去？"

　　学生："老师，我准备了一百顶帽子。"

　　老师"哼"了一声，冷笑了一下。

　　"老师啊！您别这样瞧不起我，其实我也不想这样，您不知道，社会上的人都爱听好听的，没办法，像您这样德高望重、两袖清风的学者，社会上真少见得很哪！"老师高兴地笑了起来。学生在离开时，再回过头对老师笑道："老师啊，我现在只剩99顶帽子了！"

　　人人都喜欢赞美，如果他们表现出不喜欢，也许是他们不喜欢你表达的方式。在恰当的时机，用正确的方法去赞美别人，一定会收到意想不到的效果。

　　通过本主题的学习和训练，你将能够：

1. 掌握说服、拒绝的原则和基本技巧；

2. 了解冲突处理的方式，学会处理冲突；

3. 学会说服与拒绝别人；

4. 学会适时适度赞美他人。

认知：学会说服与拒绝 适时适度赞美他人

微课：

说服

一、学会说服与拒绝，正确处理冲突

（一）说服的原则与技巧

1. 说服的原则

从某种意义上讲，每个人每天都在做说服的工作，大家都是推销员，都在推销自己，推销自己的主张、价值观、能力，推销自己的产品、方案、成果等。只有善于说服的人才能够获得他人的理解、尊重和信赖。

要使说服成功有效，必须注意说服的前提和基本原则。

（1）了解对方，对症下药。当你要说服别人改变他们的观点、态度和行为时，必须先了解他人的意见和需求，了解他人接受你的意见和方案、响应你的主张（如参加活动、购买你的产品）的能力，了解他人的性格特征。商品销售中的讨价还价，各种商务洽谈、业务谈判中的磋商阶段，都是双方了解彼此意见的过程。只有透彻地了解对方的意见和特征，才能对症下药。如果对对方的观点不十分了解，只顾发表自己的意见，往往会陷入盲目的行动之中。同样，如果对对方能够接受的程度和方式不清楚，说服的效果也会大打折扣，甚至前功尽弃。因此，只有知己知彼，有的放矢，才能达到有效沟通、说服的目的。

（2）利用真理的力量，以理服人。每个人的信念都是建立在自己认为的真实的基础上的，说服别人改变他们的观点，必须有理有据，必须利用逻辑的力量，以理服人。无论是改变他人的信仰、主张、认识，还是行为，如果你没有充足的理由、全面的论据材料、合理的推理逻辑，就很难达到好的说服效果。

案例

挑首饰的学问

在首饰柜台，一位瓜子脸的姑娘要买一副梭形耳环，售货员在问清楚是她自己使用之后，就一边拿出那种耳环让她挑选，一边进行引导：

"您为什么单挑这种形状呢？还有很多样子都适合您嘛！""我就觉得这种样子好看，既秀气，又很有现代感。""可是，您的脸型戴这样子的耳环并不适合。"

"……"姑娘满脸的疑惑中明显透露出不高兴。

"耳环的作用主要是对脸庞进行衬托，这种衬托一般总是采取反衬的方式，具体讲就是圆脸型选择垂线型，而长脸庞选择圆圈型。在这种互补式的搭配中，人们就可以得到'相辅相成'的形式美感。"售货员不在意顾客的不高兴，耐心地讲明道理。

"哎呀，您说得还真有道理，那就拜托您帮我挑选一副吧！"姑娘听完后，一转之前不愉快的情绪，对服务员的建议表示出认可与赞同。

这个案例中，顾客从坚持自己的主见，到"疑惑"，再到"不高兴"，最后到"认可与赞同"，主要是因为售货员以理服人，用科学、合理的搭配方式说服顾客改变了主意。

（3）满足对方需求，尊重对方。人们产生行动的直接原因是动机，而动机的产生源于需要。要说服对方，必须满足对方的需要，需要是调动人的积极性的原动力，通过满足对方显性的需求，调动和激发潜在的生理和精神的需要，才能改变他人的行为。

20世纪50年代中期，西方人本主义心理学派的主要创始人马斯洛提出了需求的层次理论，他认为，人的需求分为五个层次，由低到高分别是：生理需求，安全需求，社交需求，尊重需求和自我实现的需求（图1-1）。生理需求是最基本的需求，一旦低层次的需求得到相对满足，人们的注意力就会集中到更高一层次的需求上。在说服中，从对方需求的角度考虑时，既要关心他的生理需求，如获得物质、购买商品、保持健康等，也要关注他的精神需求，如得到爱、尊重，得到荣誉、成就感等。比如购买眼镜的顾客，每个人的需求是不同的，在提高视力或保护眼睛的基本需求得到满足之后，年轻人购买时更多关注的是外观样式，而老年人也许更多关注实惠与方便。因此，在说服的过程中，只有关心对方的需求，尊重对方的需要，时时让别人感到受重视，才能打动对方，获得对方的支持和配合。

图1-1 马斯洛需求层次理论

（4）以诚相待，以情动人。有效的说服，还在于你是否以诚待人。在现实生活中，每个人都有自己的戒备心，时刻防范自己遭受损失和风险。如果你出于诚心提供帮助，让对方感受到你的真心实意，就能让对方迅速解除心理上的戒备，进而接纳你的意见和主张，改变自己固有的观念和原有的情感指向，积极地配合你的行动。

人是情感的动物，有时在表达自己的意见时，光有理性的力量还不够，还要用诚挚而令人感动的语气和情感表达出来，这样往往更能打动人、说服人。

2. 说服的技巧

人们从思维、心理的规律等多方面总结了很多说服的方法和技巧，这里介绍主要的几种。

（1）以对方的认知为起点。要说服对方，必须换位思考，先承认对方观点、态度存在的合理性，避开矛盾分歧。从对方的认识基础出发，先赞同或部分赞同，寻找共同点，消除对方的抵触情绪，进而逐步瓦解心理防线，以逐步扩大说服的范围、逐步迫近要害和问题的关键。

（2）站在对方的角度说话。按照前面提到的说服的原则，在说服过程中，发表自己的主张和意见或推销自己的产品时，需要站在对方需求的角度，换位思考，要着重讲你的主张对对方有什么好处，这样才能有效说服对方接受。只从自己的利益出发，不顾对方的需求和感受，是很难达到说服的目的的。

（3）让人多说"是"。让人多说"是"是说服他人的重要技巧。在交流过程中，从一开始就要让对方连连说"是"，尽量不要让对方说"不"。这种方法据说是古希腊哲学家苏格拉底常用的方法，也称苏格拉底问答法。

心理学表明，多说"是"能使人的整个身心趋向于肯定的方面，身体组织呈开放状态，因此更容易接纳你的观点。而说"不"时，全身的组织包括分泌腺、神经与肌肉都聚集在一起，呈拒绝状态。人们将"不"字说出口之后，即使他自觉错误，人格尊严也会驱使他坚持到底。因此，在说服中，争辩是最不划算的，设法让人多说"是"字，才最有利。

（4）"使人信"五步定式。美国心理学家杜威提出了说服他人的"使人信"的五步定式，这五步定式是：第一步，直截了当地告诉对方某处存在某个极其严重的问题或状态；第二步，帮助对方分析研究该严重问题产生的原因；第三步，帮助对方搜集各种可能解决问题的办法，尽可能穷尽一切办法，并把自己准备提出的观点放在最后介绍；第四步，帮助对方依次分析和斟酌这些可能的解决方法；第五步，最终使对方认可并接受其中最理想的解决方法，也即最后提出的、你认为最正确的方法。

（5）归纳法和演绎法。归纳和演绎是逻辑推理中的主要方法，也是说服他人时最常用的方法。归纳法从众多的个别事例中归纳推导出结论，在说服过程中，先举大量例证，归纳例证中的共同点作为结论，强调它的真实和可靠，以此说服对方接受。演绎法则从共同的原理中判定具体事实，它靠大前提、小前提和结论的三段论的推演方式得出结论，形成令人信服的逻辑力量来说服对方。

（6）引例证明法。人们相信事实，在说服时，以事例引证是很好的方法。具体的事例和经验比概括的论证和一般原理更有说服力，特别是对方熟悉的、亲眼所见的事实更为有力。在说服过程中，说服者本身现身说法，更能使对方信服和接受。

（7）名言支持法。人们相信名人和权威，在说服时，引用名人的语录和权威的理论来支持自己的结论，能增加说服力。因为名人的话往往带有一种号召力，借助名人的话，可以省去很多不必要的对话。

（8）巧妙表达不同的意见。说服意味着改变，改变也说明对方有跟自己不同的观点或意见，有不同的感情倾向和不同的动机需求。因此，说服是需要面对不同点的，正是针对不同点，才有说服的必要，一味地附和不是说服。但是为了使对方接受自己的观点，必须巧妙地表达与对方不同的意见，通过说理、移情、劝服，使对方改变。比如，可以旁敲侧击，不触及对方的成见，只谈与之相关的边缘问题；可以不经意地提供一些话题外的经验，使对方不知不觉受到暗示；可以把不同点融进共同点里表述，在共同的原则下，软化对方的偏见；当各种办法都不奏效时，可以干脆推出自己的不同点，但可冠之以"这也许是我的偏见"，促使对方审视自己的意见。

在正面和迂回说服都不能解决问题时，还可以使用激将法，从反面设想，指出其可能产生的严重后果，迫使对方放弃原来的想法，接受自己的观点，以调和矛盾，形成一致。这种方法作为最后一招，有时往往有奇效。

（二）拒绝的基本要求与有效方式

人在职场，总要面对同事、客户与主管的许多要求。有时碍于公司规定或是工作负荷，必须拒绝那些不合理的要求。拒绝总是令人遗憾的，但又是难以回避的，所以拒绝必须以得体的方式进行，把对方的不满和不快控制在尽可能小的限度内。

1. 拒绝的基本要求

（1）减少失望。一个人只要提出要求，总是希望别人答应，一旦遭到拒绝，必然会表现出不悦和失望。因此，拒绝他人的要求应以尊重和理解对方为前提，态度要温和。尽管说"不"是自己的权利，但仍需先说"非常抱歉"或"不好意思"，然后再详细陈述你的理由。

（2）认真倾听。认真倾听对方的请求，并简短地复述对方的要求，以表示自己确实了解对方的需求。拒绝的话不要脱口而出，即使对方说到一半，你就已明白此事非拒绝不可，也要耐心听完他的话，让对方知道你的拒绝不是轻易做出的，是在认真考虑后不得已而为之。

（3）寻求理解。在拒绝时，不能简单地说"不"，应给"不"加上注解。一是要尽可能说出合理的拒绝理由及原委，获得对方的理解和认同，如果对方认为你所陈述的理由合情合理，即使遭到拒绝也会表示出一定程度的理解。二是讲究方式方法，拒绝的方式方法得当，就会达到婉言拒绝的最佳效果。

2. 拒绝的有效方式

（1）直接陈述。遇到很明显是无理或不能接受的要求时，我们可以采用直接拒绝并分析的方法。把你拒绝的理由阐述清楚，并让对方体会到你的难处，让他产生同感，这样就会在一定程度上接受你的拒绝。拒绝时要清楚地表达，要自信、直截了当，拒绝的语气要肯定，不要吞吞吐吐。

（2）委婉表达。不方便直接说出拒绝的理由时，也可以用其他的理由委婉表达拒绝。如面对不善体谅他人而又十分苛刻的上司的要求时，你可以将上司原来安排的工作，按轻重缓急来编排办事的优先次序表，当上司提出额外的工作要求时，向其展示出优先次序表并委婉解释不能接受任务的原委。

（3）先扬后抑。不好正面拒绝时，只好采取迂回的战术，先扬后抑，利用语气的转折温和而坚定地表示自己的态度。如，先向对方表示同情，或给予赞美，然后再给出理由，加以拒绝。由于先前对方在心理上与你的距离已拉近，所以对于你的拒绝也较能以"可以理解"的态度予以接受。

（4）转移话题。对一些碍于情面不适合当面拒绝的要求，不必马上说"不"，可以采取转移话题、答非所问、寻找借口等方式暂时把对方的焦点转移开，从而达到间接拒绝的目的。

（5）李代桃僵。如果遇到不得不拒绝而又要维护对方尊严或不让对方难堪的场面，可以寻找替代方案，为对方介绍几种解决问题的途径。当对方的需求得到了满足，其不仅不会因为你的拒绝而生气，反而会对你的关心、帮助而心存感激。这种方法适用于所有和客户、下属、上司之间问题的处理。比如，下属要求安装空调，但单位有严格的限制规定，这时你可以提出配置一台电风扇的替代方案，平复下属的心态。这种有替代、有出路、有帮助的拒绝，经常能获得对方的谅解。

（6）暗示拒绝。对那些难以启齿的拒绝，可以用体态、动作、表情来暗示自己的拒绝意图。一般而言，摇头代表否定，别人一看你摇头，就会明白你的意思，之后你就不用再多说了。另外，微笑中断也是一种暗示，谈话中笑容的突然消失，往往暗示着无法认同或拒绝。类似的肢体语言包括：采取身体倾斜的姿势，目光游移不定，频频看表或者手机，心不在焉等，但在使用这些肢体语言时，切忌伤了对方的自尊心。

（7）拖而不办。当对方的要求并没有很过分，但你却由于各种原因无法答应时，可以采用拖的办法，可以说自己需要时间考虑能否答应有关问题，过些时间答复，或者要求对方提供更多的信息资料或作进一步的说明。这种"推迟作出决定"的回应可以给自己留下充裕的时间来思考。有时也可找出折中方案，有条件地答应。它适合用于上司与下属间，不适用于与客户的交流。

（三）有效处理冲突

在人们的共同生活中，冲突是一种司空见惯的正常现象，长期没有冲突的关系根本不存在。凡是人们共同活动的领域（家庭、职场、社会等），总会产生不同意见、不同需求和不同利益的碰撞，或在个人之间，或在小团体之间，或在大组织之间。

日常生活中的绝大多数冲突无须多费口舌便会自然平息下去，要么是一方让步，要么是双方都作出可以承受的妥协。但是，也有一些冲突一旦处理不当会变成争吵，再由争吵变成各持己见而互不相让，甚至出现恼怒、仇恨和蔑视等情绪，使冲突升温，进而对立的双方开始攻击和反击，造成伤害，其结局往往是两败俱伤。

有效地处理语言冲突，是一门艺术，是检验一个人沟通能力水平的重要标尺。处理沟通中的冲突，有着它的"情理法"，我们可以从以下几个方面着手。

1. 尽可能避免冲突

无论从伦理观念还是从经济观念出发，在家庭里或在工作部门中都应尽可能避免发生冲突。

并不是所有的冲突都必须处理。有些冲突产生的原因并非原则性问题，甚至只是一些鸡毛蒜皮的小事；有些事虽然关乎个人的切身利益，但从长远来看，如果你暂时做了让步，得到的也许是更好的结果。中国古代便有"融四岁，能让梨"和"六尺巷"的故事，这都是"让"的美德。

"回避"可能显得是在逃避，但有时候却是最恰当的做法。通过回避琐碎的冲突，可以避免很多麻烦，节省人力物力。谨慎地选择准备处理的冲突，可以把精力留给那些有价值、有意义的事件。

不要天真地以为你可以解决所有的冲突。一些冲突根本就不值得花费精力，还有一些冲突在你的影响力之外，剩余的一些冲突才是你应当处理的，要学会正确地识别。

2. 重要的是管理情绪

如果沟通中发生了必须要处理的冲突，此时，管理好情绪便显得十分重要，这是冲突得以缓解、避免升级或得到解决的前提。只有双方都平复各自的情绪，才能更理性地分析问题，处理冲突。

在对方陈述时，不应因对方的言语或陈述内容不符合自己意愿而感到烦躁，甚至产生怒气。事实上，在负面情绪中的协调沟通常常没有好的结果，很容易因冲动而失去理性。同时记住，"忍一时风平浪静，退一步海阔天空"，要努力创造轻松的气氛，给冲突冷却降温，从而将大事化小、小事化了。

3. 选择合适的策略

当冲突过于激烈的时候，采用什么手段或技巧可以处理冲突呢？一般来说，有以下五种选择：回避、迁就、强制、妥协和合作。

（1）回避。并不是每一项冲突都必须处理，有时"回避"，也就是从冲突中退出或者抑制冲突，就是最好的方法。当冲突微不足道，或者冲突双方情绪极为激动而需要时间平静的情况下，这一策略就会有很好的效果。

（2）迁就。迁就的目标就是把别人的需求和考虑放在高于自己的位置上，从而获得和谐的关系。例如，你顺从其他人对特定事情的看法就是迁就。当争端的问题不是很重要或者你希望为今后的工作打下基础的时候，这个选择就很有价值。

（3）强制。强制与迁就相反，就是试图以牺牲对方为代价满足自己的需求。在管理中往往表现为管理者运用职权解决争端。当你需要对重大事件作出迅速的处理，或者需要采取不同寻常的手段时，这种选择会取得很好的效果。

（4）妥协。妥协是要求冲突的双方都作出一定的、有价值的让步。当冲突双方势均力敌，或者希望一项复杂的问题得到暂时解决，或者时间紧迫需要一个权宜之计时，妥协是最佳的选择。

（5）合作。这是一种双赢的解决方式，冲突的双方都满足了自己的利益。合作要求双方开诚布公地讨论、积极地倾听，并理解双方的差异，对有利于双方的所有可能的解决方案都逐一进行仔细的考察。当没有什么时间压力。冲突双方都希望获得"双赢"，或者问题十分重要、不可以妥协折中时，合作就是最佳的策略。

以上每一种方法都各有利弊和各自适用的情形，你要了解每一种方法的效果、怎样做，以及什么时候使用效果最好。

4. 采用恰当的方法

出现冲突并不可怕，但冲突不会自行消失，关键是如何有效化解。

（1）沟通及时，协调到位。一旦产生冲突，必须做到及时沟通，积极引导，求同存异，把握时机，适时协调。唯有做到及时，你才能最快求得共识而不至于因信息不畅导致矛盾积累。

（2）耐心倾听，良好回馈。当冲突发生时，不要只顾表述自己的观点，而不给对方阐述的机会。想让对方接纳你的观点，单靠提高嗓门或强行单向输出是难以达到目的的，应给对方讲述的机会，只有双方不断交流意见，才能达到效果。

（3）态度坦诚，换位思考。当出现冲突时，冲突双方切忌以自我为中心，对对方的负面情绪视而不见。不能认为处理冲突是对事不对人，更不能认为处理冲突是一方的责任，只有对方才需要改变。双方要换位思考，站在对方的立场来体验对方的感受和情绪变化，这样解决冲突会容易得多。

（4）沟通彻底，力争双赢。冲突往往是沟通不畅、信息不对称导致的。因此，解决冲突的首要前提是通过沟通弄清冲突双方的诉求。在解决冲突的目标上尽量争取双赢，从情、理、法三个方面去权衡，即使在法理不能容时，也要尽可能让对方在情感上得到一些安慰，这样才能保证冲突顺利解决。

二、学会赞美他人，建立良好人际关系

要建立良好的人际关系，恰当地赞美他人是必不可少的。莎士比亚说过这样一句话："赞美是照在人心灵上的阳光。没有阳光，我们不能生长。"

1. 赞美的作用

一个人具有某些长处或取得了某些成就，他还需要得到社会的承认。如果你能以诚挚的敬意和真心实意的赞扬满足一个人的自尊需求，那么他就会变得更通情达理，也更乐于协作。

（1）赞美能满足他人的尊重需求。心理学家马斯洛认为，荣誉和成就感等尊重需求是人高层次的需求。人类本质中最殷切的需求就是渴望被肯定，因此使人将自身能力发挥至极限的最好方法就是赞扬和鼓励他。

（2）人人需要赞美。欣赏和赞美可以让你获得真挚的友谊和良好的人际关系，帮助你事业成功。当我们赞美别人时，也给了对方最珍贵的礼物——自信。

（3）赞美有双重回报。每一次赞美别人时，不但会让对方快乐，同时也会使你获得满足。当你赞美他人，给他人带来快乐时，你将感受到自己的快乐指数也在不断上升。

2. 赞美的方式

赞美的方式包括积极美好的语言、眼神、点头、拥抱、跷拇指、击掌、微笑等。

良言一句三冬暖。研究人员称，积极的话语不仅能使人心情愉悦，还能改善血液的成分，增强血液吸收营养的能力，从而提高细胞的免疫力。平时要多注意赞美别人，把说积极的话语变成你的习惯。

赞美并不是只通过语言，有时，投以赞许的目光或伸出拇指做一个夸奖的手势，也能收到意想不到的效果。对他人微笑也是一种赞美的方式，要养成微笑的习惯，面带微笑，表现的是对他人的友好，展现的是个人的素养，获得的是他人的认可。

3. 赞美的艺术

赞美别人的前提是善于发现别人的长处。每个人都有自己的长处。生活中其实不缺少美，缺少的是发现美的眼睛。要学会赞同和认可别人，关键要转变观念，在自己头脑中培养一种赞同的思维框架，成为一个自然而然地欣赏别人和认可别人的人。那

些喜欢较真儿和抬杠的人和别人是谈不到一起的，他们头脑中只想着挑对方毛病而没有半点赞赏别人的意思，自然也不会得到对方的好感。记住：没有一无是处的人，只有带偏见的自己。那么怎样去运用赞美的艺术呢？

（1）态度要真诚。虽然人都喜欢听赞美的话，但并非任何赞美都能使对方高兴。能引起对方好感的只有那些符合事实、发自内心、实事求是的赞美。真诚的赞美不但会使被赞美者产生心理上的愉悦，还能让别人对你产生好感。

赞美和阿谀奉承是不同的，两者的区别在于前者出于真心诚意，后者则是虚情假意；前者发自内心，后者心口不一；前者为他人喜欢，后者令人厌恶。因为阿谀奉承者在刻意讨好、吹捧别人，别有用心，自然会被人轻视和唾弃。

案例

公主的画像

某小镇上有两位非常出名的画家。一天，一位王室的公主想要有一幅自己的画像，便请来两位画家，提出自己的要求：她将在两幅画像中挑选一幅，并支付一笔金额不菲的酬劳，同时给予画家王室专属的荣誉。

两位画家为了这份如此丰厚的奖励都铆足了劲，天天跟在公主的身边，以期能够捕捉到公主最佳的瞬间。

经过数月的时间，两位画家陆续完成了自己的画作。第一位画家非常自豪，掀开画布的那一刻便认为自己定能获得这份奖励。只见他的画作上，公主穿戴着最为华丽的服饰和珠宝，衬托得她无比贵气与优雅，让在场的众人都移不开眼。然而正在他洋洋得意之时，公主微笑着走向了另一位画家，温柔地说道："你为什么选择画这样的我呢？"

另一位画家腼腆而又坚定地说："因为这是我感觉距离公主最近的时刻。"画中的公主依旧端庄大方，正在安抚一只受伤的猫咪，她蹲着身子，丝毫不顾及美丽的裙子被泥土蹭脏，眼神充满怜爱和温柔。

公主听完他的答案，转而向第一位画家说道："你知道你输在哪里吗？因为我在你的画中看不到真正的自己，而在这幅画上可以。"

可见，只有发自内心感受他人的善良与美好，才能够画出最完美的画像，从而成功达到表扬与赞美的目的。

（2）内容要具体。在日常生活中，人们取得突出成绩的时候并不多见。因此，交往中应从具体的事件入手，善于发现别人最微小的长处，并不失时机地给予赞美。赞美用语愈翔实具体，说明你对对方愈了解，对他的优势和亮点愈看重。让对方感到你的真挚和可信，从而产生亲近效应。

（3）时机要恰当。第一时间送上赞美，赞美是有有效期的，过期作废。赞美别人应真诚而及时。当别人计划做一件有意义的事时，开头的赞扬能激励他下定决心做出成绩，中间的赞扬有益于对方再接再厉，结尾的赞扬则可以肯定成绩，指出进一步努力的方向。

4. 对象要因人而异

人的素质有高低之分，年龄有长幼之别。因人而异、突出个性、有特点的赞美，比一般化的赞美更能收到好的效果。老年人总希望别人不忘记他"想当年"的业绩与雄风，同其交谈时，可多称赞他引以为豪的过去；对年轻人不妨语气稍微夸张地赞扬他的创造才能和开拓精神，并举出几点实例证明他前程似锦；对于经商的人，可称赞他头脑灵活，生财有道；等等。

最后，当你赞同别人时，一定要说出来。仅仅靠暗示让对方了解你的想法是不够的，要让他们明确地知道你在赞赏和认可他们。不妨试着这样去做：点头说"是的"，或者注视着对方的眼睛说"我同意你的说法""你说得很对，我完全赞同""我也认为您的想法很好"等。

5. 培养赞美他人的习惯

在实际生活中要循序渐进地实践"赞美"，你可以按以下步骤来实践：

（1）模拟想象。想象自己在现实生活中赞美他人，在想象中排演赞美词，同时想象赞美获得成功时的喜悦。

（2）文字演练。先用文字的形式写出赞扬的方式、内容与角度，独自进行背诵与演练。

（3）模拟练习。找一个朋友作为搭档，相互演练赞美。

（4）选定即将赞美的对象。由亲近的人开始，逐步选定家人、同学、朋友、老师、陌生人及不友好的人。

（5）勇于实践。在生活中勇敢地去实践"赞美"。记住，赞美他人时，请你高声表达！

行动：提升说服、拒绝和赞美的技巧

活动一：案例分析——哪一种说服更有力？

一、案例

假如你是一家公司的部门主管，你们部门有位同事辞职了，你想向你的领导申请增加一些人手，你会怎么跟你的领导说呢？

第一种说服：

"以前我们部门有5个人，所以工作进程比较顺利，而且同事们做工作的时候也比较轻松，负担没有那么大。可是自从一位员工辞职以后，工作进程变缓了，总是要到了最后截止日期甚至还要拖几天才能完成，并且所有的同事都疲惫不堪。所以我们缺人，领导，请给我们增加一个人手吧。"

第二种说服：

"领导，我们部门之前有5个人，在那位同事辞职之前，我计算了一下，我们平均做一个项目需要35天的时间，可是在这个同事辞职以后，我们每做一个项目所需要的时间就变成了42天。而且我还做了一个统计，在这位同事辞职以前，我们5个人做一个项目，平均下来所需要的企业投入只有10万元，可是自从这个同事辞职以后，我们每个项目的平均花费增长到了13万元。所以无论从项目的进程来讲，还是从公司的投入来看，我强烈建议：领导，您还是给我们增加一个人手吧。"

二、讨论

1. 如果你是主管领导，你更倾向于哪一种说服？

2. 这两种说服分别采用了哪些说服技巧？

三、提示

说明情况时，列举精确的数据具有十分积极的意义，能够达到很好的说服效果。在运用精确数据说明问题的时候，还需要注意以下事项：

（1）必须保证数据的真实性和准确性；

（2）用影响力较大的人物或事件加以证明；

（3）利用权威机构的证明。

活动二：互相赞美

一、活动说明

活动目的：学会赞美和欣赏别人，并体会被人赞美和欣赏的感受。

活动时间：20～40分钟。

活动人数：建议8～12人。

二、活动要求

请所有人站成两个同心圆，内圈和外圈的人面对面站立。每个人都要从对面学员的身上，找到特别的地方，然后用发自内心的语言赞美对方。赞美的语言要有针对性，不能盲目赞美。然后，内圈的人按顺序向右移动，继续对下一位学员赞美。最后，请学员谈谈自己赞美别人和受到赞美后的感受。

三、活动启示

1. 当大家互相赞美完一圈之后，你会发现，要真正地把赞美用好，其实是有难度的。赞美有很多的方法和技巧，比如：赞美要具体化，泛泛的赞美是无效的；在赞美的时候可用自己做比较；把对方和名人做关联；适当夸奖别人的变化；给对方没有期待的评价；等等。

2. 我们并不鼓励虚伪的赞美，虚伪的赞美和阿谀奉承没什么两样。美需要发现，擅长赞美别人的人，通常也擅长发现别人身上闪光的一面。在与人交往的过程中，不妨记住这句话：你希望别人怎么对待你，你就要怎么对待别人。

反思：怎样提升说服、拒绝和赞美的能力？

一、说服能力测试

请回答下面10个问题，并计算你的得分，由此判断你的说服能力如何。

（一）情境描述

请扫二维码查看"说服能力测试"。

测试：

说服能力测试

（二）计分规则

A计0分，B计1分，C计2分，D计3分。

（三）结果分析

如果你的总分在15分及以下，那么你要加大力度改变你和别人的交流方式；

如果你的分数为18～22分，要注意使用更富说服力的语言；

如果你的分数为23～25分，那么你做得不错；

如果你的分数在25分以上，那么你只需继续保持，毫无疑问，你是一个非常具有说服力的人。

二、赞美能力测试

请回答下面10个问题，并计算你的得分，由此判断你的赞美能力如何。

（一）情境描述

请扫二维码查看"赞美能力测试"。

赞美能力测试

（二）计分规则

A计0分，B计1分，C计3分。

（三）结果分析

如果你的分数在25分以上，说明你是一个懂得赞美并且有很好的赞美技巧的人，你有很好的人缘，大家都很愿意和你在一起。

如果你的分数为15～25分，说明你可能知道在人际交往中需要赞美，但是赞美的技巧还需要加强。

如果你的分数在15分以下，你是一个自我意识超强的人，可能不怎么在乎别人的感受，要注意改善这一问题。

三、反思提高

（一）反思分析

在过往的经历中，你有哪些记忆深刻的说服别人的案例？对照马斯洛的需求层次理论总结一下，你成功的原因何在？有无失败的教训？问题在哪里？

（二）思考方法

到了新的工作环境，更多的时候是与同事、客户合作，洽商一致是日常需要，也可能常常需要面临拒绝。想一想，该怎样把握说服和拒绝的基本原则？如何转变你的说服和拒绝方式才能让你和你的合作者共赢？

（三）借鉴经验

在生活中，冲突是难免的，找一个你所熟悉的人，分析一下他们在冲突处理上的事例，可从"情、理、法"三个方面进行总结，看看自己可以学习借鉴什么。

（四）持续改进

自行寻找测量冲突能力的试题和量表，看看哪些方面自己比较强，哪些方面还需要再加以提升。

针对前面评估中你得分相对低的问题，请你抄下来贴在你桌子上，每天看一看，至少持续21天，这样将有助于提高自己。

主题三　主持与商谈

问题：如何主持会议、切题交谈？

　　想象你已经走向社会，你是一位班组长，每天要召开员工会议，总结工作，以激励员工做得更好；你是一位领导，为了一个新的项目任务，需要召开有各级职员参加的会议，进行决策……

　　如果由你来主持一个较大的会议，你将如何完成会议的任务，达到会议的目标？

　　每个人在自己的工作中，都需要参加各种会议，也可能常常需要组织、主持会议，特别是在今天这个合作共赢的时代，会议是协调沟通的重要形式。

　　能够完整地主持好会议，是成熟交流者的重要标志。一般情况下，双方交换意见、协商一致的行为，我们称为商谈；比较正式的商谈，常常称为洽谈、会谈；而比较正规、严肃的洽谈往往称为谈判。谈判似乎不如"协商""商谈""洽谈"灵活、温和，还常常具有外交色彩，但它们都是互相说服的过程，是协调人际关系、团体关系，甚至国家关系，解决矛盾冲突、维护各自利益的公关活动。

　　如果单位让你去与客户洽谈业务，或者让你参加一次正式的谈判，你必须明确以下问题：

　　我首先应该做什么准备？

　　在谈判中应把握什么原则？

　　我本人应该怎么去做？交谈中我怎么去应变？

　　商谈就是生活，在你的职业生涯中，你几乎每天都要与他人进行商谈。商谈作为人类交际活动的组成部分，已遍及社会生活的各个领域。

　　通过本主题的学习和训练，你将能够：

　　1. 根据会议目标主持会议；

　　2. 兼顾各方意见，调控会议的始终；

　　3. 掌握谈判的基本过程，学习谈判的艺术和策略；

　　4. 较好地运用谈判的基本技巧。

认知：学会主持会议　掌握谈判技巧

一、学会主持会议

微课：

赞美

> **案例**
>
> #### 不了了之的会议
>
> 某公司总裁秘书施林受总裁委托，去公司的生产车间主持第一季度的生产运营会议。会议开始时，她首先发言："今天，我们主要谈一谈今年第一季度的生产运营计划，大家自由发言吧！"大家先是面面相觑，会议出现冷场。过了一会儿，张副厂长开始说到生产设备需更新的问题，王副厂长又由生产设备更新说到职工食堂设备也需要更新，大家七嘴八舌。施林发现讨论越来越偏离主题，议了半天，正题没说几句，就听这几个人在夸夸其谈，大多数人无法发表自己的见解。会议就这样不了了之。

这样的情景在组织会议中并不少见，问题主要是主持人会议主持得不当，没有明确会议的目标，也没有控制好会议的进程。

会议主持人的主要责任是控制会议进程、阐明目标，需要讨论时，鼓励大家各抒己见，并保证会议成员有合理的发言时间，能够发表自己的见解。简而言之，会议主持人的工作要把握好三个内容：会前准备、会中调控和会尾总结。

（一）会前准备

作为会议主持人，会前应做好准备。需要了解会议目的、议题、程序、方式、与会人员等，准备好会议主持词。如果是一般的讨论会，也需要明确讨论什么、目的是什么、有哪些人参加、谁做记录等。如果是大型会议，开会前要明确会议目的，确定议题、程序和开会的方式方法，选定出席的人员，确定会议的时间、地点，收集有关意见及资料，做好会场准备等。

主持词是会议主持人在会议的前后及会中的串词，其基本要求是简洁，能起到承上启下的作用。重要的会议要求严谨，主持人的主持词要事先准备好，以便能准确表达会议的要求，按照既定的程序完成会议任务，达到会议的目的。

主持词的内容包括：介绍出席会议的领导、嘉宾，逐项宣布会议的议程，宣布会议的原则及相关纪律要求，归纳总结会议需要达成的规范性成果等。

（二）会中调控

会议正式开始后，要根据会议议程做以下几个方面的工作。

1. 开场引导

会议开始时，应说明会议目的，会议议程，会议希望达到的目标，鼓励与会者积极参与，宣布会议纪律。

2. 中间转接

按照会议议程，逐项推进，做好上下议程的转接。

3. 控制进程

哪项议题需要多长时间、哪些是紧急的议题、哪些是需要与会者充分发表意见的议题等，主持人要了然于心，只有这些关键环节控制好了才能按时圆满结束会议。会议进行过程中，可能发生的常见问题有：

（1）冷场。这时主持人要善于启发，或选择思维敏捷、外向型的同志率先发言。有时可以提出有趣的话题或事例，活跃一下气氛，以引起与会者的兴趣，使之乐于发言。

（2）离题。可根据具体情况，接过议论中的某一句话，或插上一句话做转接，巧妙自然地使议论顺势回到议题上来。

（3）发生争执。如果因事实不清导致发生争执，可让与会者补充事实，如事实很难在短时间内澄清，可暂停对该问题的争执。主持者应设法缓和冲突，提出先搁置争议，也可以让其他与会者发表意见，不能激化矛盾，更不能直接参加无休止的争吵。

（4）发言人条理不清，啰唆重复。可以插话提醒其围绕主题，明确发言要点。

（5）有人频繁插话，随意打断别人发言。要提醒其先让别人把话说完，稍后再做补充发言。

（6）出现"会中会"。会场上三五成群开起了小会，要提醒他们集中精力，倾听大会发言。

（7）个别与会者心不在焉。主持人可适时提个问题，吸引他们的注意力。有些与会者若在会上忙些与会议无关的事，要及时提醒，以保证会议正常进行。

4. 恰当点评

会议如果安排有主要发言人的讲话环节，主持人在发言人讲话前，要适当介绍发言人的身份；讲话后，主持人要作适当的点评。点评词要简要概括发言者讲话的内容，加深其他与会者的认知印象。同时，要对发言者所讲内容的价值和特色给予恰如其分的评价，提高其他与会者的认知感受。

5. 把握好决策方式

会议主持人常常掌管会议的决策方式，会议的决策一般有以下两种方式。

（1）权威型。领导听取与会者的意见，最后单独做出决策。

（2）表决型。现场投票决议，多数票获胜。

讨论多个议题时，表决方式有以下几种。

（1）先易后难。容易达成协议的常规议题放在前面。

（2）先难后易。常规议题很多的时候，容易达成协议的放在最后。

（3）一揽子表决。许多议题放在一起进行表决。

（4）争议靠前。有争议的议题最好安排在会议开始的时候，此时人们的精力比较旺盛，也有充足的时间进行讨论。

（三）会议总结

会议结束时要有总结。在每个问题讨论完之后，主持人要归纳大家的意见，形成会议的成果。会议结束之前，可以留出几分钟时间对整个会议作评价与总结，对会议的目标达成情况进行归纳，宣布会议结果。同时，还可对与会人员在会议中的贡献进行评价，鼓励大家。

二、掌握谈判技巧

（一）做好谈判的准备

要使得一场谈判达到我们预期的效果，首先要做好谈判的准备，包括信息的准备和谈判计划的拟定。

1. 信息的准备

在谈判之前，你必须对自身和对方的信息有基本的了解，做好必要的准备，做到知己知彼。

（1）有关自身的信息准备。包括本组织的社会地位、经济实力、产品的特点；涉及谈判内容的专门技术知识、相关理论、法律依据；谈判者的水平、特征以及与对方对比存在的优势、劣势等。了解自身并做好充分准备，将有利于决定己方的谈判目标，确定谈判的让步区间。

（2）有关对方的信息准备。包括对方组织的情况，谈判对手的资历、资格以及心理类型（气质、爱好、生活方式等），对方的谈判目的等，了解对方的信息有利于准备相应的对策。

2. 计划的拟订

谈判之前，你需要对谈判的具体内容和步骤作出安排，需要做好以下几项工作。

（1）确定谈判的具体目标，即谈判本身内容的具体要求。

（2）确定谈判的议程和进度，包括所谈事项的次序和主要方法。

（3）谈判时间和地点的选择。选择时间要考虑己方准备的充分程度、己方谈判者的情绪状况以及谈判的紧迫程度等因素。选择谈判地点时，选择己方所在地和对方所在地各有优缺点，如果双方为地点选择意见不统一，可选择中间地点。

（4）谈判物料的准备，包括会场布置、食宿安排以及礼品的准备等。

（二）把握谈判的程序

谈判一般包括开局、磋商和协议等主要阶段，具体程序可分为导入、概述、明示、磋商和协议五个环节。

1. 导入环节

谈判各方正式接触，通过简要介绍互相认识，初步了解对方。导入环节需要通过寒暄，努力创造一种平等、宽松、和谐的人际沟通氛围。

2. 概述环节

谈判各方陈述己方意向，让对方知晓自己的基本想法、目的和意图。陈述时需注意内容应简洁明了，要谨慎表述己方的基本想法和意图，不可将底牌全盘托出；要注意态度诚恳，语气和缓，照顾沟通双方的感情；要认真倾听对方的概述，寻找双方的差别所在。概述环节双方意见要达到基本一致，才好进入下一环节。

3. 明示环节

谈判各方针对概述时对方的主要谈判要点，明确表达己方的具体意见，指出分歧点并初步展开讨论。在此环节，各方需要以坦诚的态度，心平气和地进行讨论，要做到：己方所求要合理，不要过分；对对方所求不要谴责；尽量使对方认清并接受彼此所求；对尚未表露出来的潜在需求，要待时机成熟、条件允许时再提出。

4. 磋商环节

这是实质性的谈判环节。这个环节是双方实力、智力和技术的较量，在这个环节，有交锋也有调整、妥协与退让，直至双方原则上达成一致。交锋时要有必胜的信念，但也要以科学的态度和充分的论证去分析对方的意见，回应对方；同时还应根据情况的变化，及时调整自己的谈判目标；妥协时要把握双方各自的利益所在，争取双赢。

5. 协议环节

经过磋商中的交锋与妥协，双方求同存异，均认为达到了预期的目标，形成双方一致同意的条文。在此环节，双方要达成口头的协议或签署书面协议，以确认谈判的成果。

（三）运用谈判的艺术

谈判是一门艺术，谈判成功有以下艺术表现。

1. 关注利益

要关注利益而不是注意立场。在原则的背后既可能存在利益冲突也可能存在共同的利益或彼此兼容的利益。要区分哪些条件是对己方非常重要、绝不能让步的，哪些条件是可以作出让步的。在谈判中，既要能讨价还价，也要能妥协让步，盲目追求原则立场会陷入谈判僵局，甚至会导致谈判破裂、失败。要善于利用沟通来探求对方关注的利益所在，让对方陈述他们的利益。

案例

分 橙 子

两个人需要共分一个橙子，不管从哪里下刀，他们两个都觉得不够公平，最终他们决定一个负责切橙子，另一个可以先选橙子。两人按照商定的办法各自取得了一半橙子，高高兴兴地拿走了。

在谈判中也经常会用到"你切我挑"的方法，这种方法看似公平，但存在着致命的双方利益损失陷阱，其主要原因是没有事先了解清楚双方的需求。

第一个人把半个橙子拿到家，把皮剥掉扔进了垃圾桶，把果肉打成了果汁喝。另一个人并不爱吃橙子，他把果肉挖掉扔进了垃圾桶，把橙子皮留下来，磨碎后混在面粉里烤蛋糕吃。

从上面的情形,我们可以看出,虽然两个人都拿到了看似公平的一半,然而,他们各自得到的东西却未物尽其用。这说明他们在事先并未做好沟通,没有事先申明各自的利益所在,导致了双方盲目追求形式和立场上的公平,双方的利益却未能在谈判中达到最大化。

2. 创造双赢

谈判结局不理想的原因往往在于谈判者追求自己单方面的利益,固守自己的立场而不去考虑对方的情况。实践证明,成功的谈判是双赢,能够使双方在合作中各自寻求的利益都得到满足。

3. 走出误区

谈判时容易出现以下误区。一是过早地对谈判下结论,缺乏想象力,不愿寻求更多的解决方案。二是只追求单一的结果,认为创造并不是谈判中的一部分,谈判只是在双方的立场之间达成一个双方都能接受的点。三是认为一方所得,即另一方所失,为对方所作出的让步就是我方的损失。华为董事长任正非认为,妥协并不意味着放弃原则、一味地让步。明智的妥协是一种适当的交换。为了达到主要的目标,可以在次要的目标上作适当的让步。这种妥协并不是完全放弃原则,而是以退为进,通过适当的交换来确保目标的实现。相反,缺乏适当的权衡,或是坚持了次要目标而放弃了主要目标,或是妥协的代价过高以致遭受不必要的损失,都是不明智的妥协。四是认为谈判对手的问题始终该由他们自己解决。

我们可以通过以下方法来避免谈判走入误区。

(1)将方案的创造和对方案的判断分开,先创造方案,再作决策。

(2)充分发挥想象力,以扩大方案的选择范围。

(3)识别共同的利益所在,注意兼顾双方的利益,找出双赢方案。

(4)替对方着想,让对方容易作出决策,并觉得解决方案既合法又正当,对双方都公平。

4. 解决冲突

当双方就某些利益争执不下而互不相让时,就会导致冲突。破解冲突的办法有以下几种。

(1)不要认为你得即是我失,谈判是争取双赢。

(2)不要只考虑单一因素,要创造方案,扩大选择范围。

(3)不要认为能否达成协议取决于谁最想达成协议,谈判不是一场意愿的较量,而是利益空间的识别与探寻。

(4)善于使用客观标准,建立公平的、客观的标准,独立于双方的意愿更有利于解决冲突。

(四)掌握语言的技巧

成功的谈判也是语言技巧的一次成功运用。谈判语言的技巧主要表现在以下几个方面。

1. 陈述的技巧

（1）陈述的概念要清晰，尽量使用对方听得懂的语言。对非专业人士要避免使用术语，无法避免时，应给予必要的解释。

（2）语言简洁，避免冗长。避免偏离主题，拐弯抹角。

（3）叙述涉及具体数字材料时，应做到准确无误，尽量避免概略的描述。

（4）以肯定性的措辞表示不同意。

（5）结束语要切题、稳重、中肯，避免以否定性的语言结束会谈。避免下绝对性的结论，要注意留有余地。

2. 提问的技巧

（1）谈判专家往往也是提问专家。要利用封闭式的提问获取针对性的信息，利用开放式的提问获得广泛的信息，以驾驭谈判的进展。

（2）要围绕中心提问。每个问题之间要互相衔接，步步紧扣。提出的问题要由小到大、由易到难，逐步进入敏感点。

（3）提问要选择适当的时机。要在对方叙述有明显停顿之际发问。

3. 应答的技巧

（1）可以在谈判前预设一些难度较大的问题进行研究，制定详细的应答策略，早做准备。

（2）对于没有摸清对方真正意图的问题，不轻易回答。可采取证实性提问，让对方重复与证实，或要求对方引申与补充，或要求对方举例说明等，直到弄清对方的确切含义再作相应回答。

（3）对难以回答的问题，可采取拖延应答的方法，如要求对方重复问题或借其他事由拖延一点时间，思考妥当后再回答。

（4）对有些犯忌或事关底牌的问题，需回避时，可采取迂回的应答方法，不直接回答。

（5）对对方的质询一般不应针锋相对地直接反驳，而应先尊重对方的意见，然后再提出不同的意见。

（6）准确地把握应答范围，局部问题应局部回答，决不可全盘答出，以免过早地暴露整个谈判的意图。

4. 插话的技巧

（1）插话要注意把握时机，在对方说话稍有停顿时进行，不能随意打断对方的发言。

（2）利用应答式的插话，鼓励对方，使气氛融洽。

（3）可以通过重复对方语言的插话来确认重要的信息。

（4）可以通过概述对方观点的插话来突出重要的信息，以获取对方的确认。

（五）实施好谈判的策略

谈判是一种"竞技活动"，谈判是语言问答的过程，但语言运用技巧的背后是双方的谈判策略。谈判是心理攻防战术的运用过程，是技巧与智慧的较量。复杂的谈判，除了在谈判桌上的直接较量外，还包括谈判期间的其他活动。谈判的策略很多，常用的有：扬长避短、投其所好、软硬兼施、以退为进、投石问路、欲擒故纵、声东击西、疲劳战术、速战速决、最后通牒等。涉及谈判策略的案例和资料很多，你可以上网搜索相关资料，并自行学习。

行动：提高会议主持、谈判的能力

活动一：谈判——赌筹码

一、活动说明

活动目的：让学员感受谈判的本质；了解信赖是如何建立的，有什么风险与特性；同时让所有学员参与进来。

活动准备：准备若干颜色分别黄、红、蓝、绿、白5种颜色的筹码，为每位学员分配7个颜色随机的筹码并装入一个信封；另外，每位学员需准备1张10元纸币和10枚1元硬币。

二、活动规则

1. 游戏中需要每个参与者投资20元，其中10元由讲师统一收集后存在"银行"——一只信封里。

2. 讲师将装筹码的信封发给每一个学员加上学员手中的10枚1元硬币，这是他们在整个游戏中所能使用的全部资源。任何人不可以再使用别的钱或其他资源。

3. 利用你的资源与别人进行谈判，谈判过程中，你可以用钱买其他人的筹码，也可以用自己的筹码交换他人的筹码或钱。

4. 每次谈判只可以选择一位其他参与者作为谈判对象。每次谈判的目标由你自己决定。

三、活动流程

计分系统：每个筹码算1分，每1元钱算1分。可得到20分以上的办法：

8个任何同一种颜色的筹码——20分；

9个任何同一种颜色的筹码——25分；

10个任何同一种颜色的筹码——30分；

10个任何两种颜色的筹码，且每种颜色为5个——20分；

12个任何两种颜色的筹码，且每种颜色为6个——30分。

活动包含5段谈判，每段2分钟，段与段间隔1分钟（合计14分钟）。在每段谈判中，你都必须和另外一位参与者单独谈判，对方是你的谈判对手。你们二人必须在一起2分钟，即使你们觉得最终协议无法达成，无事可做，也不能更换对手。

在场间间隔的1分钟里，学员之间不允许交谈。在这个阶段，每个参与者应分析自己的情况，分析各类颜色筹码的供求，设想你的目标及达成目标的策略，以及下一段谈判的谈判人选等。

整个活动（5轮谈判）结束之后，讲师使用"银行"中的钱向获得20分或以上的学员每分奖励1元。得分不到20分的，不发放奖励，但他们可以保留自己手中的现金。得到30分以上的参与者可加入"谈判能手高级俱乐部"。

四、活动讨论

1. 你得到了多少分，赔了还是赚了？

2. 你是怎么得到这个分数的？

3. 你在与人谈判的过程中遇到了什么问题？

4. 你在谈判中印象最深的是什么？

5. 你觉得促使谈判成功的最主要的因素是什么？

6. 你信赖你的对手吗？

7. 你的对手信赖你吗？

8. 你采取了什么样的措施让对方信赖你？效果如何？

9. 你会不会给对方看你手中与别人谈判的记录？为什么？

10. 你一开始确定的目标是怎样的？在谈判过程中这个目标有变化吗？

五、活动总结

信任是有风险的，谈判中对方有可能会利用你的诚实。信任在谈判中的建立需要以实际行动来说明。

谈判目标要定得富有弹性和灵活性，不能太过死板。

谈判过程中需要及时调整谈判的策略和方法，以不同的方法对待不同对手。

六、活动提示

此游戏成功的关键在于，在游戏前强调："这是一次真正的谈判，而不仅仅是一场游戏。"

活动二：案例分析——开关窗户的谈判

一、案例

图书馆里，两个人正在吵架，一个要开窗户，另一个则要关上。双方斤斤计较于开多大一条缝，一半还是3/4，没有一个办法能使他们都满意。图书管理员走了过来，问两个人为什么争执。

一个人说："空气不太好，我希望呼吸一些新鲜空气，想打开窗户。"另一个人说："开窗户风太大，把纸吹得乱飞。"

图书管理员考虑了一会儿，然后把另一扇旁边没有桌椅的窗户打开，而关上了这扇窗户，这样既能让新鲜空气进来，又不会把纸吹乱。

二、讨论

1. 图书管理员使用了什么样的谈判艺术使双方平息争执？

2. 图书管理员运用了破解冲突中的哪种招数？

三、提示

这是一个为了立场而谈判，却未能理解根本利益的经典例子。谈判者双方的立场是"打开窗户"和"关闭窗户"，如果他们继续为了捍卫自己的立场而谈判，结果无论是希望打开窗户的人获胜还是希望关闭窗户的人获胜，都无法折中，达到双方的目的。管理员能够提出一个可满足双方利益的解决方法，这一方法的核心在于：

1. 关注他们立场背后的共同利益；
2. 创造新方案，扩大选择范围。

反思：怎样提升会议主持、谈判的能力？

一、你的会议组织和主持的水平如何

参考下面的会议准备流程，对照一下自己曾经组织过的一次会议，你是否做到按照以下的步骤去准备并圆满完成了会议工作？

第一步，成立会务组。请示领导，明确工作会议的精神与目的，成立会务工作小组，召开工作小组会议，对本次会议进行分工部署，明确工作责任，做到各司其职，各负其责。

第二步，拟订好会议方案。在方案中确定此次会议的时间地点、与会人员、会议议程、会议主持人、发言人顺序以及会议记录人。将拟订好的方案提交给领导审批。

第三步，发布会议通知。将会议的议题、时间、地点、要求等提前通知与会人员，并提前与发言人就发言内容进行沟通。同时，联系本区域的相关媒体，邀请他们做好会议宣传报道的准备工作。

第四步，布置会场。根据会议主题制作会标，布置主席台。对会场内的扩音、录音、照明、投影等设备和器材进行安装、调试。根据参会人数打印所需的会议材料。

第五步，维持会议秩序。在开会期间，做好参会人员的签到工作，安排人员做好引导和服务工作，随时注意维持会场的秩序，及时处理会议过程中的各种突发事件。会议结束后，做好会议资料的整理、存档及会场的清场工作。

第六步，在整个会议圆满结束之后，将会议纪要、照片、录像等资料进行汇总，向领导汇报，同时整理出一份宣传材料，选择合适的媒介做好后续宣传。

二、如果你是主持人，你该怎么办

请根据问题，找出对策，并说明你选用这个对策的理由。

（一）问题

1. 你想让讨论热烈一些。
2. 你想打断某个讨论。
3. 有几个与会者在开小会。
4. 两名与会者就一个观点发生争执。
5. 与会者问了你一个难以回答的问题。
6. 你想调查对一个观点的支持程度。
7. 你想知道自己是否成功主持了会议。

（二）对策

A. 请每个与会者总结其他人的发言。
B. 请某个与会者总结讨论。

C. 询问小组的反馈意见。

D. 把问题转回给小组。

E. 问小组一个具体的问题。

F. 问与会者一个具体的问题。

G. 问小组一个开放式的问题。

三、反思提高

（一）怎样继续提高自己组织和主持会议的水平

回顾自己曾经主持过的一次较大型的会议，检查一下自己是否掌握了会议主持人围绕主题、控制进程、落实目标的要点。

（二）你是否掌握了会议主持的要点

观看一个会议的全程录像，小组讨论或点评一次单位最近召开的大型会议中主持人的表现，总结其优点和特色并指出其存在的问题。

模块二

当众讲话

古人云，一人之辩，重于九鼎之宝；三寸之舌，强于百万之师。在当代，人们说，世界上有三大"原子弹"：舌头、金钱和原子弹。舌头代表当众讲话的能力，在当今信息社会具有巨大的威力。

现代社会中，交流沟通日益频繁，人们常常面临各式各样的演讲。在社会生活和在职场中，如竞聘职位、工作述职、汇报说明、总结报告；向领导陈述想法，提出建议；向同事表明观点，阐明主张；向下属布置工作，交代任务；向客户介绍项目、宣传产品等，都需要有当众讲话的能力。当众讲话是一个人在职场上必备的基本技能，它能使你在更大程度上影响他人的态度和行为，从而满足工作需要，达到自己的工作目标。丘吉尔说过，"您能对着多少人当众讲话，您的事业就会有多大"。

在较正式的场合，按照预定的主题，当众完整地表述自己的意见和看法的发言就是演讲。进入社会后，当众讲话的场景和机会很多，形式也多种多样，学会当众讲话、演讲是职场成功的必备本领。在口语交流中，无论是面对面交流，还是利用现代信息技术手段沟通，都需要我们进一步提升这种十分重要的能力，它是职业发展的关键能力，也是打开成功之门的钥匙。

本模块能力要求：

在与人交流的过程中，能就简单主题当众作简短发言。发言时能够做到以下几点。

1. 为发言做准备。如书面、图表或其他方式的准备。

2. 当众把话说出来。在较正式的社交场合，按照预定的主题完整地发表自己的意见和看法。

3. 把握说话的内容。保持发言的主题突出、逻辑层次清晰、措辞用语得当、举例通俗易懂，使听众能理解发言的要点和层次。

4. 把握说话的方式。使用规范的语言、恰当的语音语调和手势姿势，使发言适合社交的场合和听众的要求。

5. 借助各种手段辅助发言。利用图表和黑板等辅助手段帮助说明发言的主题。

本模块训练重点：

1. 明确演讲目标，把握听众需求，做好材料准备；

2. 在演讲中突出主题，做到层次清晰，言之有物；

3. 积极倾听，实现顺畅沟通；

4. 在演讲中把握语言技巧，生动得体；

5. 在演讲中运用辅助手段，克服紧张。

案例示范：调研会上的脱稿即席讲话

身为领导有时需要视察调研。在这种场合讲话，不能事先准备好讲稿，因为视察调研后的讲话需要结合调研的情况，联系实际来表达观点，这样才能更有针对性，让听众听到的不是套话、官话。根据调查实际情况组织的语言、表达的观点，听众才愿意听，才有实效。下面是某市人大常委会副主任在某调研会议上的脱稿即席讲话：

同志们好！

通过现场参观企业、听取部分企业汇报和今天志祥同志的介绍，我对国有企业改革发展有四点体会。

××国有企业为什么能够起死回生、脱胎换骨？为什么能够返老还童、焕发生机？为什么能够生机蓬勃、充满希望，成为我省经济发展的中流砥柱，成为我市的"第三财政"？除了市委、市政府的正确领导，特别是王市长的引领，再加上国资委一班人领导集体具有很好的执行力以外，我认为，××国有企业快速健康的发展，还得益于"四个有"。

一是有一个好的带头人。我们所接触、所看到的，首先是国有企业有一个好的董事长、好的总经理、好的厂长，带领着一支好的领导团队。这非常重要。因为政治路线确定之后，干部就是决定因素。

二是有一套好的机制。在××国有企业改革发展的进程中，机制的优越性发挥了非常关键的作用。所谓机制，我认为就是企业在发展过程中，不断地适应市场经济的变化和要求，按照现代企业制度的运行模式来强化对企业的规范、有序的运营和管理，充分发挥企业的市场主体作用。

三是有一系列好的产品和品牌。正因为有一系列好的产品和品牌，才使我们的国有企业永葆活力，在激烈的市场竞争当中披荆斩棘、获取胜利。

四是有一支负责任的队伍。在这个新时代，责任感尤其重要。一个企业就是一个团队，一支队伍如果没有责任心和责任感，必将一事无成。××国有企业这支队伍确实没有逃避责任，而是去拥抱责任，去履职尽责。实实在在地说，在这方面，他们比民营企业做得好。不管是社会责任，还是其他责任，包括职工对企业的责任，企业对社会的责任都履行得很好。真正把国有企业这支队伍的积极性调动好、利用好了，就能够为企业利益、国家利益做出巨大的贡献。在市场经济的条件下，这种主人翁意识和主人翁作用的发挥是非常关键的。也就是说，人的主观能动性如果能够得到充分的发挥，就没有干不好的事情。

因此，调研的实际情况再次告诉我们，国有企业快速健康发展的前景是美好的，我们对国有企业的改革是充满信心的。

　　谢谢！

　　[分析] 脱稿讲话贵在"言之有序"。范例中的领导讲话层次感很强，用"四个有"统领全篇，这就启发了我们在调研讲话的构思中，要善于组织语言。

　　通篇讲话的思路结构为：**启**——"通过现场参观企业、听取部分企业汇报和今天志祥同志的介绍，我对国有企业改革发展有四点体会……"；**承**——"××国有企业为什么能够起死回生、脱胎换骨？为什么能够返老还童、焕发生机？为什么能够生机蓬勃、充满希望，成为我省经济发展的中流砥柱，成为我市的'第三财政'？"**转**——"除了市委、市政府的正确领导，……我认为，××国有企业的快速健康发展，还得益于'四个有'；**合**——"因此，调研的实际情况再次告诉我们，国有企业快速健康发展的前景是美好的，我们对国有企业的改革是充满信心的。"

　　　　　　　　　　（资料来源：黄大钊、曹瑞芳，《脱稿讲话》，人民出版社，有删改）

主题一 有料可说

问题：当众讲话难吗？

我买过许多口才类的书，读着很有道理，实际工作中却不大管用；我也参加过社会上的口才班，听课时也感觉有用，可回到现实中却不知如何来应用。当众讲话怎么那么难？

其实当众讲话不难，关键是有你不知道的"秘密"！

巧妇难为无米之炊，腹中空空，怎能倒料？只有腹中有料，才能妙语连珠。技术很重要，艺术也是锦上添花，但"料"贯彻说话的始终，是说话的根本。料不足，倒来倒去就那点东西；料足，将取之不尽、用之不竭。"欲求木之长者，必固其根本；欲流之远者，必浚其泉源。"所以，如何做到有料，即"取料"，是说话的内功。

要想有料地说话有两个关键：一是料，二是说。料是前提，那么这些料怎么来的呢？它不是天生的，也不是苦思冥想得到的，而是如同蜜蜂采蜜一样采来的，这一过程可称为"取料"。取为输入的过程，只有输入无限量的素材，成为有料之人，才能从口中输出有料的东西。

一次演讲要想给你和你的听众带来预期的价值，你必须要了解演讲准备工作的所有步骤和策略，要对演讲的四要素（谁在说、对谁说、说什么、怎样说）进行一次全面具体的分析，再投入时间和精力来做最好的准备。一个成功的演讲90%取决于你事先做了多少准备。

通过本主题的学习和训练，你将能够：

1. 准确确定演讲的目标；

2. 收集演讲的内容资料，分析听众的特点和需求；

3. 学会组织演讲信息，写出演讲提纲；

4. 知道在演讲前如何演练。

认知：说话取料的方法

一、从有字之书中取料

微课：

口语表达

案例

习近平总书记书中取料

2014年春，国家主席习近平访问欧洲期间，在公开场合发表演讲。他多次引用古今中外的名著、名人名言，涉及文学、哲学、军事、艺术等许多门类，提到大量作家和作品，展现了一个富有深沉文化底蕴的中国形象。

2016年，在G20杭州峰会第一阶段会议中，习近平主席在发表重要讲话时用中国古代先贤的话"善治病者，必医其受病之处；善救弊者，必塞其起弊之原"来说明世界经济的问题。在提出对应的方案时又引用魏源《默觚》中的"孤举者难起，众行者易趋"来勉励各成员国共同行动，协调合作。

在G20杭州峰会开幕式上，习近平主席说："这几天，正值钱塘江大潮，'弄潮儿向涛头立，手把红旗旗不湿'。我同各位一样，期待着二十国集团勇做世界经济的弄潮儿。相信在各方一道努力下，杭州峰会一定能够取得成功！"习近平主席将此千古咏潮佳句信手拈来，赞扬不畏艰险、勇立潮头、敢于胜利的"弄潮"精神，期待二十国集团勇做世界经济的弄潮儿。其用典举重若轻，自然挥洒，妙用天成。

2018年，在上海合作组织青岛峰会上，习近平主席引用论语"有朋自远方来，不亦乐乎？"来欢迎远道而来的各国嘉宾。引用"孔子登东山而小鲁，登泰山而小天下"来勉励大家登高望远，正确认识和把握世界大势和时代潮流。

2018年，在金砖国家会晤上，习近平主席说："今年是曼德拉先生诞辰100周年。他有一句名言'攀上一座高山后，你会发现，还有更多的高山等着你去攀登。'金砖合作的历程，正是五国携手勇攀高峰、不断超越的历程。"

2020年，习近平总书记在气候雄心峰会上发表题为《继往开来，开启全球应对气候变化新征程》的重要讲话，在讲话的结尾，他说："'天不言而四时行，地不语而百物生。'地球是人类共同的、唯一的家园。让我们继往开来、并肩前行，助力《巴黎协定》行稳致远，开启全球应对气候变化新征程！"

2022年，在亚太经合组织工商领导人峰会上，习近平总书记发表书面演讲："当高楼大厦在中国大地上遍地林立时，中华民族精神的大厦也应该巍然耸立。我们将不断提高人民物质生活和精神生活水平，做到家家仓廪实衣食足，又让人人知礼节明荣辱。我们主张平等、互鉴、对话、包容的文明观。"

试想，若非博览群书，能像这样在不同场合引经据典、语惊四座吗？不同的书有不同的特点、不同的"料"。在说话时，要根据不同的需要，调取不同的"料"。所以，要向不同的书本取料，才能把经典在不同场合运用得灵活自如。

世界上的书何其多，如同花一样不计其数。但不同的花在不同的季节开放，不同的花有不同的香味。蜜蜂要酿出上等的蜜，要根据花期和花的种类而采，不同花期、不同种类的花养分不一样，读书取料亦如此，要从不同的书本汲取不同的料。

书本可按照古、今、中、外、文、史、哲、经两大维度八个角度来分类，不同类型的书可以带给你不同的启发和帮助。

1. 读古今

读古，乃吸收历史沉淀，有厚重感；读今，乃浸润于现代气息，有接地气的感觉。专读古不读今，会有古老而不通世事、古而不化的迂腐感觉；专读今不读古，则会显得肤浅，没有积淀，没有历史渊源，给人水流不长之感。

2. 读中外

中，乃是民族的东西、东方的东西，很亲切、习惯；外，乃是世界的东西、西方的东西，很新鲜、别致。东西方思维方式不一样，看问题的角度不一样，因此需要中外融合。专读中不读外，则缺乏国际视野，易显得保守；专读外而不读中，则会水土不服，落不了地，给人崇洋媚外之感。

3. 读文史哲经

读文，给人灵性，使人有修养；读史，使人明理，使人知得失；读哲，给人智慧，使人知事物本质；读经，使人经世致用，使人接地气。专读文不读其他，是迂腐书生；专读史不读其他，是厚古薄今的古董；专读哲不读其他，是为空洞玄乎；专读经不读其他，是为无源之水。

用餐吃菜，不能挑食，否则会营养不良，读书取料也要讲究平衡，几大类别都应该有所涉猎，不可偏废。如果偏了，专读的那类也会因为视野有限、宽度不够而无法深入下去。最好是打通古今中外、文史哲经的相连筋脉，形成一个相互关联又相互流通的巨大知识体系。说话的时候，便可以随时自如地调取这些书中取来的素材。

二、从无字之书中取料

无字之书读的是社会，社会就是工作和生活，工作和生活又由无数的事物组成，所以读无字之书，首先要读事物的道理，即事理；其次要明白事物的发展态势，即形势；因为社会是由人组成的，工作和生活是由人的行为所形成的，所以还要读人性；把事理、形势、人性综合运用于工作和生活中需要谋略，所以读无字之书，还要读谋略。合起来，读无字之书，就是读事理、读形势、读人性、读谋略，统称为"四读"。

事理不会其理自现，形势不会跃然纸上，人性不会写在脸上，谋略不会自动生成，事理、形势、人性、谋略都要去读。读懂了，阅历就越丰富，肚中就越有料，有料才能口吐莲花、妙语连珠。

1. 读事理

经常听人说：公说公有理，婆说婆有理。这是中国的中庸之说，是打圆场给台阶的说法。其实，在确定的时间、地点，同一件事情的"理"只有一个，不可能有多个，只是"理"有高下和层次之分，有歪理和正理之分。

在日常工作和生活中，争辩常常起源于"盲人摸象"，有些人坚信的理，是"点"上的理，从某个角度看是有理的；有些人坚信的理，是"线"上的理，从纵深的角度看是有理的，不可否认它比前者"点上的理"要全面些；还有人说，这理既要考虑到"点"上，也要考虑到"线"上，更要考虑到"面"上了。这样看"点""线""面"都有了，似乎比前面两者更全面。其实不然，事物是"立体"的，所以理也要是"立体"的，"立体"之理才是真正的"理"。这就是"理"的高下之分。

2. 读形势

风有风势、水有流势、山有走势、事有态势，读懂形势就是指看明白事物的发展态势和趋势。

"势"与"理"不一样，"理"是相对静止的，事定则"理"定；而"势"是动态的，随时都会发生变化。"理"是相对过去和现在而言，"势"是相对未来而言，是未来的"理"。

案例

华为的发展之势

2018年，华为有2 700人从深圳搬迁到东莞上班，面对外界的质疑，任正非解释华为的总部将永远留在深圳，但是出于发展的需要，一部分产业搬迁到东莞也是形势使然，他说道，140年前，世界的中心在匹兹堡，有钢铁。70年前，世界的中心在底特律，有汽车。现在，世界的中心在哪里？不知道，会分散化，会去低成本的地方。高成本最终会摧毁你的竞争力。而且现在有了高铁、网络、高速公路，活力分布的时代已经形成了，但不会聚集在高成本的地方。深圳房地产太多了，没有大块的工业用地了。大家知道大工业的发展特点，每一个公司都需要一定的空间发展。

任正非清醒地认识到："势"是在不断变化的。

（1）见微知著，要善于发现势。《吕氏春秋·察今》有这样的记述："有道之士，贵以近知远，以今知古，以益所见知所不见。故审堂下之阴而知日月之行、阴阳之变；见瓶水之冰而知天下之寒，鱼鳖之藏也；尝一脟肉，而知一镬之味，一鼎之调。"这就是常说的见微知著，这需要人具备敏锐的嗅觉，对事物发展的趋势要能洞若观火。

案例

柯达的落寞之势

从1888年柯达第一部照相机上市到20世纪末，这家百年老字号一直处于相机行业的龙头地位，稳坐泰山，没有人挑战它的权威。但老牌的柯达没有明白照相机的发展趋势：影像数码化。

尽管它率先发明数码相机，但死守传统相机，认为传统相机拍出来的照片是最专业、美观且最有技术含量的。战略意识上一迟疑，柯达就错失了数码转型的最好时机，等到其2003年下定决心转型，为时已晚，它已被佳能、尼康等品牌远远甩在后面，后来苟延残喘，直到2012年申请破产保护。

柯达之败就败在没有读懂相机发展的"势"。同样的百年老店诺基亚也是没有明白手机发展的"势"，最后落得被微软收购的结局。

（2）看势，要看得远。势是未来的"理"，未来的理有远近之分，有人看到了三年，有人看到了五年。在现实生活和工作中，经常出现"看到第三年"和"看到第十年"的人发生争吵，各自都想说服对方，都认为自己的推理和判断是对的，原因就在于他们所看到的远近是不一样的。

3. 读人性

在日常工作和生活中，我们经常看到或感受到，说话的人话说得很有道理，也很符合形势，其口才也很好，可是听者就是不认同。其实，理再明，势再清，话还是要说到人的心坎上。《孙子兵法》说：攻心为上，攻城为下。说话和打仗一样，有理、合势只等于在战场上有武器、有实力，但光有实力还不够，关键还是要攻心，做到让人口服心服。

一矢中的胜过乱枪打鸟。话就如同子弹，而对方内心的心理诉求，是唯一的目标靶，若是瞄不准靶子，或者根本看不到靶子，尽管妙语如珠，也是无的放矢，如同打机关枪，若命中率不高，也只是浪费子弹。读懂人性，找出对方的喜好和需求，就像狙击手，只要一颗子弹，即可命中靶心，就可以拥有你想要的结果。所以，说话要读人性。说话有理、合势、顺乎人性，听者才乐于接受。

人性就是人行事的个性和脾性，个性就是人的性格需求，脾性就是人的喜好。所以，读人性就是发现、挖掘、引导人的需求和喜好，利用人性的需求和喜好来说话，便能事半功倍。

4. 读谋略

"不谋全局者不足谋一域，不谋万世者不足谋一时。"谋就是计谋，略就是战略。谋是针对短期的，针对一件事情或一时的；略是针对长远的，针对事物发展始末的。我们在工作和生活中都有目标，要实现或加速实现目标，都会遇到各种困难，为解决困难，整合事理、形势、人性三要素所形成的行之有效的计划、方法、策略、战略，就是谋略，通俗地说，谋略就是工作和生活的方法。

倘若胸无一谋，腹无一策，面对问题，要么哑口无言，要么只能说出无稽之谈。只有"眉头一皱，计上心来"，才能口吐莲花，从容不迫。

古往今来那些巧舌如簧的说客和口若悬河的杰出政治家，都是腹有千谋、胸有成竹的。古有苏秦、张仪以辞令为长，但话中有谋，能够解决实际问题，才使得诸侯国君信服；诸葛亮之所以能巧对周瑜，在任何场合都从容不迫，就是得益于他能"三步一计"，腹有锦绣；孙膑之所以遇事冷静，顷刻间转败为胜，就在于他拥有"兵圣"孙武的真传和鬼谷子亲授的本领，腹有韬略。

读无字之书，读事理、读形势、读人性、读谋略是一个完整的体系，内容上是层层递进的。不读事理，无法读形势；不读事理、形势，无法读懂人性；不读前三者，无法读谋略。前者都是后者的基础，若不读前者，后者等于无根之木、无源之水。

三、为演讲做准备

1. 确定目标

无论是读有字之书还是无字之书，对于演讲而言，都是语料积累的过程，素材是演讲时谋篇布局的前提。具体到为一次特定的演讲做准备时，首先应该了解演讲的目标。

任何一次演讲都需要目标，目标是演讲者期望通过演讲产生的效果。目标通常有告知情况、说明事物、说服他人三种。

（1）告知情况。向听众传递事件的信息。如向新员工介绍公司情况，以帮助他们适应公司工作等。

（2）说明事物。向听众说明某个事物状态的信息，如介绍产品的构造和使用的操作程序等。

（3）说服他人。转变或加强听众的观点，以便使听众支持演讲者的观点，或采取演讲者期望的行动，如募捐演说，竞选演讲等。

2. 收集资料

（1）进行必要的调研来增加你的知识。利用自身知识和经验亲自调查、采访或研究；从文章、报告中收集些相关资料；从互联网或数据库中找到相关信息；也可以通过和别人探讨演讲的内容来获得启发。

（2）过滤你收集到的信息。根据以下两个原则进行信息过滤：一是分析听众，了解他们的期望和感觉；二是把握你的演讲目标。总之，在收集材料之前一定要依据演讲的主题和目标确定所要收集的范围和方向。

3. 分析听众

（1）分析听众的需求。分析听众就是根据听众的需求和喜好来组织演讲的内容与方式，这样能够更好地达到演讲的预期目标。这是整个准备过程中最为重要的环节。

（2）分析听众的组成。这里既包括你的首要听众——那些将亲身来参加并听你演讲的人，也包括你的"次级听众"即"隐蔽听众"——那些没能听到你的演讲，但会受到来听你演讲的人影响的一批人。

（3）分析听众的方法。到听众所在的组织进行了解；与听众面谈；设计调查问卷让听众作答。分析听众时要回答下面四个问题：

① 他们是谁？要收集听众的基本统计资料，包括年龄、性别、所属组织、团体成员等；对听众的情形进行分析，包括听众的规模、对演讲人和演讲题目的态度、对内容的了解等。

② 他们了解什么？包括有多少背景资料是听众需要了解的，关于演讲的主题他们了解多少，哪些专门用语是他们能够理解的，他们需要了解的新信息有哪些，对于演讲的主题听众还需要了解什么，他们还需要多少细节和例证，他们的期望与喜好是什么。这些取决于听众的文化、生存环境、经济状况等因素。

③ 他们的感觉会如何？包括听众对你的信息感兴趣程度会如何，你所要求的行动对听众来说是否容易做到等。

④ 怎样激发他们？可以通过听众的利益进行激发，强调内容中有可能使听众受益的要点，包括具体的好处、事业发展的机会以及自我满足或团体利益；也可以通过可信度激发听众，听众对演讲主题的关注程度，取决于演讲者本身和信息的可信度因素。

4. 撰写书面提纲

提纲如同建筑的设计图纸。有了提纲，就可以照提纲来进行演说，其能确保你的演讲内容连贯、结构完整。提纲的内容包括：演讲的具体目标是什么，开场白部分如何说，如何在主体部分组织要点和论证材料，以及在结语部分说什么。

以下为长度为10分钟的说服类演讲提纲示例：

第一部分：开场，约10%的时间

① 主题句（或标题）

② 开场白

第二部分：主体，约80%的时间

① 观众期待的收获（观点）

② 事实论据

第三部分：结尾，约10%的时间

① 强调观点

② 提出建议

③ 感谢听众

5. 克服紧张心理

（1）熟悉演讲的内容。演讲之前做好充分准备，进行必要的练习。特别是要把开头语说好，前面几句说好、说顺了，心理平静，紧张感就会慢慢消除。

（2）调整呼吸。演讲前做几次深呼吸、全身放松。想象一些美好或积极的事物，令自己感到愉快、轻松。

（3）积极暗示，给自己鼓劲。演讲前给自己一个积极正面的暗示：我是最棒的！我一定行！

6. 注意正式场合演讲时的仪容仪表

个人形象在演讲中起着重要的作用，听众在听你说之前会先看到你的形象。在正式的场合演讲，穿着打扮既要自然得体、协调大方，又要遵守某种约定俗成的规范或原则。服饰不但要与自己的具体条件相适应，还必须注意环境、场合对人的要求，即着装打扮要与你演讲的时间、地点、目的协调一致。

行动：学会搜集演讲材料

活动一：分享你的演讲准备

一、活动要求

你将要当众演讲，介绍一位你比较敬佩的著名人物（如某艺术家、企业家、科学家、政治家等），并解释他成功的原因是什么。现在，请与大家分享你做准备的过程。

二、活动提示

1. 介绍你演讲的题目和目的。

2. 介绍你收集的这位成功人士的有关材料。

3. 介绍你对听众的心理需求和特点的分析。

4. 介绍你演讲的提纲和准备演讲时用到的辅助工具。

5. 介绍你的着装设计及心理准备的秘诀。

活动二：案例分析——"葛底斯堡演说"的准备

一、案例

美国前总统亚伯拉罕·林肯向来以长达数天或数周的时间酝酿一场演讲而闻名。他会在帽子上写下随时想起来的提示，最终再将这些提示重新整理一番，抄写下来进行修改，进而形成他的演讲稿，甚至直到演讲最后一刻来临之前，他还依然在不断地沉思和推敲。

有一次，在发表一次演说前的周日，他告诉一个朋友演讲词还没有最后完稿。"我已经写过两三遍了，"他说，"但是我还得重新修改一遍才能满意。"

演讲的前一个晚上，他把自己和人群远远隔离开来练习他的演说。他忙碌了一整个夜晚，连去演讲的路上依然在琢磨不停。然而等到演讲的时候，却只用了不到5分钟的时间，其中仅仅包含了266个单词，这就是著名的"葛底斯堡演说"，也是这个世界上最伟大的演讲之一。

二、讨论

林肯作为一个经验丰富的演说家，为什么在演讲之前还要做如此细致的准备？

三、提示

每次站在听众面前，你都有责任做最好的准备，准备越充分，演讲就会越成功。我们往往只羡慕他人能够在众人面前侃侃而谈，却忽视了他们在人们视线之外切切实实所做的准备。

反思：怎样提高演讲材料准备的能力？

一、自我评估

学完了本主题的内容，请回答以下问题，检验一下自己是否掌握了其中的要点。

1. 每次演讲之前为什么要明确自己演讲的目标？

2. 分析演讲的听众要从哪几个方面着手？

3. 演讲准备中，收集资料的主要原则是什么？收集的类型主要有几类？可从什么途径收集什么类型的资料？

4. 提纲的写作方法有哪些？

二、小组评估

以《创业：让生命绽放精彩》为题写一份提纲，并在小组内做一次演讲，请同学互评，讲师点评，可参考表2-1。

表2-1　演讲评估表（1）

评估项目	优	良	一般	差
演讲目标明确				
对听众的分析准确、细致				
收集材料与演讲主题密切相关				
演讲提纲思路清晰，简洁明了				
仪态大方，动作得体				

三、反思提高

（一）自我反思

以前接到当众讲话的任务时你是否总是感到害怕？原因何在？

"不打无准备之仗"，演讲也是一样的。回忆自己最成功的一次当众讲话（演讲）经历，从演讲准备的角度分析其成功的原因，反思自己曾经失败过的一次当众讲话，找找在准备环节有何需要提高的地方。

（二）提升建议

1. 分析名人演讲精彩成功的原因，看看他们是怎样做的，在准备环节做了哪些功课。

2. 毛泽东是伟大的演讲家，他的每一篇演讲稿都是演讲范文。他曾用"到什么山上唱什么歌""看菜吃饭，量体裁衣"两句俗语，来说明文章长短要服从内容的需要。同样道理，演讲也要依据不同的对象和环境，采用不同的方式和风格。请仔细体会这两句俗语的含义，说明在演讲准备过程中，怎样适应情境、得体讲话。

主题二 有序会说

问题：演讲成功的关键是什么？

你是否曾遇到以下情况：

初到某些场合，一时发蒙，不知怎样才能轻松自然又得体地快速切入；遇到一些场合需要打腹稿时，不知应该说些什么；想好了说三点，说完第一点，结果第二点忘了；背熟了写好的讲稿，一脱稿就全乱了；一些场合的讲话构思不够合理，准备的内容也不是那么全面到位；有些场合，想说得精彩一些，但感觉自己的知识底蕴不够……

这时我们常常会想，若有个参考模板就好了。

以上问题背后的原因除了演讲者内心紧张、无话可说外，还存在当众讲话"思路与方法"的问题。要知道，当众讲话的准备思路与写文章的构思提纲既有共同点，也有区别。比如，写文章的目标群体相对宽泛，当众讲话的目标听众则相对集中；写文章的现场意识可以忽略，而当众讲话的现场意识要强；写文章时你的角色相对固定，而当众讲话时你的角色是变化多样的；写文章构思提纲是越详细越好写，而当众讲话的腹稿准备则是越简单越好记；等等。这许多的不同点，就要求我们不能惯用写文章打草稿的思路去构建当众讲话的思路。

当众讲话并不难，难的是系统地总结、归纳、留意或强化"这是什么场合""听众是谁""我是什么角色"等问题，从这里出发，着手在实际工作中应用当众讲话的技巧。

一次成功的演讲，必须主题鲜明，内容丰富，层次清晰。你是否听过这样的演讲：演讲者看上去激情四射，听起来幽默风趣，但经过仔细分析，就会发现演讲的主题不明确，演讲内容的安排显得凌乱无序，似乎是毫无目的地从一个问题滑到另一个问题，或只是在单纯地说教，而没有具体的例证。在这种情况下，即便有再好的表达方式，听众也很难理解演讲者要表达的思想。

通过本主题的学习和训练，你将能够：

1. 了解演讲内容的分类；
2. 学会设计精彩的开场白、合适的中间展开部分和强有力的结尾；
3. 合理地使用论证材料；
4. 掌握常见场合演讲的典型模式。

微课：

主题演讲

认知：突出演讲主题　有序安排内容

案例

马丁·路德·金《我有一个梦想》（节选）

我们无法回头。有很多人在问献身民权的人：你们什么时候才会得到满足？

只要黑人仍然是令人发指的警察暴力行为的受害人，我们就得不到满足。

只要我们疲惫已极的身体无法在汽车旅馆和城市旅馆里找到安歇之地，只要事情仍然是这样，我们就得不到满足。

只要黑人最基本的活动区域仍然是从较小的贫民窟到稍大一点的贫民窟，那我们就不会满足。

只要我们的孩子因为"仅供白人使用"的标志而剥夺了他的自我和尊严，我们就不会满足。

只要密西西比州的黑人无权投票，只要纽约州的黑人相信他没有可以投票赞成的东西存在，那我们永远都不会满足。

不，我们没有满足，我们也不会得到满足，除非公平之潮翻滚，滔滔向前，正义之潮涌起，汩汩不停。

在这段演讲词里，马丁·路德·金运用了大量的实例、简洁的短句、朗朗上口的词语，使得演讲的主题十分突出，内容深入人心，振聋发聩。

内容是演讲的根本，是体现演讲目的和主题的关键，其质量的好坏直接关系到演讲的成败。因此，一次好的演讲并不只依靠热情的表达，还需要具体的内容。如果内容出现问题，表达形式再完美，也无法实现演讲的目的。

一、演讲内容的分类

一般情况下，根据演讲者所要达到的目的，演讲的内容可以分为两大类：为达到告知或说明目的的告知型演讲和为达到说服目的的说服型演讲。

1. 告知型演讲

告知型演讲，即传授知识的演讲。包括：实物的演讲、过程的演讲、事件的演讲和概念的演讲等。

2. 说服型演讲

说服型演讲，即试图改变或强化听众信仰和行为的演讲。包括：事实问题、价值问题和政策问题的说服演讲等。

二、演讲如何做到突出主题，强化观点

（一）材料合理，取舍得当

演讲应有正确鲜明的主题，演讲的主题能体现演讲者的思想价值和审美品位，使演讲具有深刻感人的艺术魅力。要想突出主题，就要在选取材料上下功夫。材料要能体现演讲的主题，不能滥竽充数。

1. 选取具有典型意义的材料

所谓典型，是指既具有代表性的人或事，又有规律性和普遍性的意义。不要选取那些个别的、特殊的实例。典型意义的材料并不一定指的是名人轶事，相反，那些生活中的普通小人物的故事，甚至是你自己亲身经历的事迹往往更能感动人、说服人，更具有典型性。

2. 选取真实可信的材料

素材要真实、准确，不能夸大或伪造。材料的来源要可靠，不能道听途说，尚未核实的材料不要写进去。

3. 根据听众选取材料

材料的选取要符合不同的演讲对象。要了解你的演讲对象是些什么样的人。他们是工人，还是知识分子？是青年，还是老人？来自农村，还是来自城市？一切有经验的演讲者，都会根据不同的对象随时调整自己所需要的材料。

同时，演讲者所选择的材料，也必须与听众的切身需求相一致。不同的听众有不同的需求，你要了解他们需要什么、关心什么、喜欢什么。比如你向饥寒交迫的人演讲，那你就讲如何解决面包的问题；如果向有身份地位的人演讲，你就要谈谈他们的尊严、自我价值的实现等。

演讲材料的选择也要与听众感情一致。这是指要随时调整自己的演讲内容，使其与听众的喜怒哀乐相一致。只有这样，你的听众才能把你当作是自己人，当作是代言人，他们才能接近你、信服你。

（二）观点鲜明，逻辑有力

在说服型演讲中，你表达的观点、思想要有道理，要打动听众，令人信服。你可以采取以下两种方法来组织你的演讲。

1. "点石成金"法

通过事实论证提出观点并得出有力结论的方法即"点石成金"法。"点石成金"法中，"石"是你要表达的观点，"金"是由论据得出的结论，"点石成金"的"魔法"就是用来做论据的事实。开场直接提出观点，吸引大家注意力，接着引出能够证明观点的论据，最后便能得出你想要的结论。

2. "钩子、西瓜与刀叉"法

在做说服型演讲的时候，也可以先不提出观点，而使用具体的实例论证后得出论点，这种方法被形象地称为"钩子、西瓜与刀叉"法。"钩子"代表演讲刚开始时有吸引力的几句话，先钩住观众。"西瓜"代表实例，即使用具体实例来突出论证观

点。使用实例时，最好讲述自己亲身经历的故事或刚刚发生的、大家关注的热点事件。"刀"和"叉"是结尾，代表从实例中得到的结论或向大家提出的建议。

三、演讲如何做到内容丰富，层次清晰

（一）演讲的开头——抓住听众、引人入胜

第一印象是很重要的。你可以在完成你的演讲主体部分以后再去考虑开场白。开场白能够建立起你的可信度和信誉，唤起听众的注意力，引发他们的兴趣。常用的开场方法有以下几种。

（1）运用与主题相联系的一个故事或大家都熟悉的事情开场。

（2）通过与演讲主题相关的自我介绍，让听众感觉到你有资格来谈论这个话题。

（3）预览演讲的主题，满足听众的疑问（从演讲中得到什么）。必要时可以告诉听众演讲所需要的大概时间。

（4）巧妙的提问，即以一个提问来开始。例如："请问，你们都有几个生日？"以引起听众的兴趣，接下来再展开话题。

（5）直接引入主题，比如，可在第一句话就点出主题。

（6）使用展示物。比如演讲开始时，演讲者首先拿出了两张肺部的 X 光照片，其中一张是吸烟者的，另一张是不吸烟者的，之后开始"如何改掉吸烟的坏习惯"的演讲。

演讲开场的方法远远不止上述的六种，列举上面几种方法，旨在提供一个思路，你完全可以在这个基础上根据现场的实际情况创造出更为精彩的开头。

（二）演讲的展开——环环相扣、层层深入

演讲的展开部分是演讲的主体部分，其内容安排上可参考以下方法。

1. 内容总体安排

依据记忆曲线原理，听众的注意力有"两头集中，中间分散"的特点，在组织演讲材料时千万不要将重要的内容埋藏在中央地带，演讲重点应放在显著的位置——开头或结尾，或者两者都有。针对这一情况，可用直接法或间接法来对你演讲的主体内容进行组织安排。

（1）直接法。直接切入主题，即在记忆曲线开始时阐述重点，这种方法具有许多优点，如增进理解、面向听众、节省时间。直接法适用的情况：理性的信息，不含有情感性的因素；听众更关心结论；沟通者可信度较高等。

（2）间接法。间接进入主题，即在记忆曲线的末端才列出结论，有时又称这种方式为神秘故事法。间接法对于听众来讲，理解起来比较耗费时间，而且也比较困难。间接法适用的情况：下面几个条件同时具备时，才考虑使用这一方法。信息含有负面因素，或听众有负面的感情倾向；听众更注重分析的过程；沟通者可信度较低等。

2. 几种不同类型演讲内容的具体安排

（1）告知型演讲的内容安排。告知型演讲主要是讲述事情或介绍事物，其逻辑组织形式强调言之有序，可按照以下几种顺序来展开。

① 时间顺序：按时间发展的先后展开。当你的演讲目标是在解释一个过程、某个东西怎么运作或某事怎么发生时，时间顺序是最合适的。如告知听众如何制作网页、如何去救助溺水的人等。

② 空间顺序：通过空间的顺序或地理走向来组织演讲的要点。当你希望听众能够明白你所描述的情景、场所、物体的具体位置情况时，采用空间顺序的方法较合适。

③ 因果顺序：分析事件的特征，解释它的起因或影响。因果顺序有两大要点，你可以第一个要点说因，第二个要点说果；或者颠倒过来第一个要点说果，第二个要点说因。

④ 主题顺序：可以从事物的特征、起源、含义、益处、未来发展等角度中选取任何一个来细分主题，然后展开。如果演讲不是按照上述的几种顺序展开的话，就要归到主题顺序这一类当中，你所要讲的每个要点都是整体的一个部分。

（2）说服型演讲的内容安排。说服型演讲需要通过演讲达到说服听众的目的，因此，要突出一个"理"字，做到言之有理，其组织方式有以下几种：

① "问题—方案"顺序：第一个要点集中说明存在的问题，第二个要点集中表明解决问题的方案，最后说明这个方案是解决这个问题的最好办法，因为它将会带来一系列积极的结果。这种方法适合那些听众不太熟悉的题目，他们可能没有意识到问题的存在，对问题持中立态度或对问题持轻微的反对或同意态度。

② "问题—原因—方案"顺序：第一个要点说明问题所在，第二个要点说明问题产生的原因，第三个要点提出问题的解决方案。

③ "比较优势"顺序：在每一个要点上都要解释为什么演讲者解决问题的方案比别人的好。这种方案适合听众已经同意确有问题存在的情况，你可以使演讲集中在解决这一问题的最佳方案同其他不利方案的比较上，而不需在问题上过多地浪费时间。

④ "门罗五步法"：一种能够立刻唤起听众行动的说服型演讲方法。其包含五个步骤：注意、需求、满足、呈现和行动。

（三）演讲的结尾——简洁有力、余音绕梁

（1）结尾要发出信号，提示结束。如可以直接说"让我们总结一下""总之"等，也可通过动作、语音语调的变化作为演讲的结束提示。

（2）再次增强与听众的情感交流，强化听众对演讲中心思想的理解和共鸣。如小结主要的观点，使用一个引语或做一个有喜剧效果的陈述以回应开场白。

（3）告知型演讲应强调演讲主题，总结主要论点；说服型演讲应提建议或要求，引发听众的反应。

行动：提升突出演讲主题和组织演讲内容的能力

活动一：案例分析——胡适先生的毕业致辞

一、案例

1930年，胡适先生在一次毕业典礼上发表了一篇演讲，内容如下。

诸位毕业同学：

你们现在要离开母校了，我没有什么礼物送给你们，只好送你们一句话。

这一句话是：珍惜时间，不要抛弃学问。

以前的功课也许有一大部分是为了这张文凭，不得已而做的。从今以后，你们可以凭自己的心愿去自由研究了。趁现在年富力强的时候，努力做一种专门学问。少年是一去不复返的，等到精力衰竭的时候，要做学问也来不及了。

有人说：出去做事之后，生活问题急需解决，哪有工夫去读书？即使要做学问，既没有图书馆，又没有实验室，哪能做学问？

我要对你们说：凡是要等到有了图书馆才读书的，有了图书馆也不肯读书；凡是要等到有了实验室方才做研究的，有了实验室也不肯做研究。你有了决心要研究一个问题，自然会节衣缩食去买书，自然会想出法子来设置仪器。

至于时间，更不成问题。达尔文一生多病，不能多做工，每天只能做一点钟的工作。你们看他的成绩！每天花一点钟看十页有用的书，每年可看三千六百多页书；三十年读十一万页书。

诸位，十一万页书可以使你成为一个学者了。可是每天看三种小报也得费你一点钟的工夫；四圈麻将也得费你一点半钟的光阴。看小报呢？还是打麻将呢？还是努力做一个学者呢？全靠你们自己选择！

易卜生说："你的最大责任就是把你这块材料铸造成器。"

学问就是铸器的工具。抛弃了学问便是毁了你自己。

再会了，你们的母校眼睁睁地要看你们十年之后成什么器。

二、讨论

1该演讲属于哪种类型的演讲？

2你认为开场白和结尾的效果如何？

3. 胡适的这篇演讲在内容表达方面使用了哪些技巧？

三、提示

1. 这个演讲属于说服型演讲。

2. 开头直入主题，结尾部分强调主题，提出建议。

3. 胡适用词简洁明了、比喻恰当、通俗易懂，使用了大量的事例来说明珍惜时间的道理，使用了名人名言来强化所讲的道理。

活动二：把握说服型演讲的内容

一、活动说明

活动目的：学会掌握说服型演讲的要点

练习内容：门罗五步法

二、活动要求

选择一个按照"门罗五步法"组织的电视广告片，就此准备一份简要的分析报告，在小组内分享。在报告中你要说明：

1. 本广告的目标受众是哪些人？

2. 将广告的内容对应到"门罗五步法"的每一个步骤中。

三、活动启示

有些说服型的演讲，只是达到了分享信息的效果，这是演讲者的失败。说服型演讲的最终目的是要唤起听众的某些具体行动。这需要在内容的组织安排上使用一些技巧，"门罗五步法"就是一种非常有效的方式。

反思：如何提升清晰表达主题的能力？

一、自我评估

学完了本主题的内容，请回答以下问题，检验一下自己是否掌握了其中的要点。

1. 突出演讲类型主题的方法有哪些？

2. 演讲材料使用的基本原则是什么？

3. 怎样使演讲的内容表述清晰？

二、小组评估

学员进行演讲时，请其他学员和讲师对其进行点评，可参考表2-2。

表2-2 演讲评估表（2）

评估项目	优	良	一般	差
演讲的主题是否突出				
演讲的内容表达是否清晰，层次分明				
内容是否丰富，举例是否通俗易懂				

三、反思提高

（一）反思分析

分析一次你准备讲话（演讲）的成功经历，分析一下在突出主题、清晰表达方面你有什么经验。除此之外，你有无即席演讲中失败的经历？若有，在主题突出、清晰表达方面你得到了什么教训？

（二）总结应用

除了学术型和说服型的演讲外，回忆一下我们在工作和生活中特定场合讲话、演讲的思路安排和主题内容，总结归纳一下在以下两大特定场合当众讲话、演讲时，其主题内容或讲话思路安排的基本模式是什么？

1. 工作中主要场景的主题内容（讲话思路安排）

（1）入职欢迎会上。领导讲话的主题：欢迎（祝贺）—希望—祝福；被欢迎者讲话的主题：感谢—感想（感知）—表态（决心）。

（2）欢送会上。领导讲话的主题：心情—希望—祝福；被欢送者讲话的主题：感谢—感受（回忆）—表态（决心）；同事讲话的主题：心情—希望—祝福。

（3）就职演说会上。就职者讲话的主题：感谢—岗位认知—表态；领导讲话的主题：祝贺—希望—祝愿。

（4）表彰会上。获奖感言讲话的主题：感谢—感想—表态。

（5）工作总结会上。报告者讲话的主题：感谢—情况总结（提炼主要特点、主题思想）—表态（决心）。

2. 生活中主要场景的主题内容（讲话思路安排）

（1）婚礼上。祝贺者的讲话主题：祝贺—希望—祝福。

（2）宴会上。受邀讲话的主题：感谢—感受—祝福（祝酒）。

记住这些基本的讲话思路模式，在告知性讲话演讲中，主要表达这些内容基本就能扣住主题，按照这个顺序安排讲话内容，层次会比较清晰。

在生活和工作中，要经常分析其他人（领导、同事、客户、朋友）讲话的思路和主题。同时，在自己需要讲话或演讲的场合，试试运用这些模式，看效果如何，进而不断总结，逐步提高。

主题三 有趣巧说

问题：如何表达得准确得体、生动自然？

你有过这样的困惑吗？

每当会议中轮到自己发言时，感觉比上刑场都难受、紧张，头脑一片空白。

每次当众讲话总是面红耳赤、心跳加速、手心出汗，哆哆嗦嗦，手脚不知往哪放。

一上台就紧张，舌头打结、声音发抖，不敢注视听众。

演讲时，总是语无伦次，词不达意，思维不清晰，逻辑混乱。而且讲话缺乏感染力，抓不住他人的注意力，说不到5分钟，台下就开始玩手机，场面无奈又尴尬。

上述问题就是我们常常说的当众讲话恐惧症，这是演讲时的紧张心理所致。对于初学演讲的人来说，这些症状很正常，也很普遍。

一个成功的演讲者离不开语言表达的锤炼。演说的成败一方面取决于对听众的了解，在内容表述上准确简洁、生动有趣，语气上表达得体，与听众保持和谐一致；另一方面取决于发音规范、清楚、没有说错字、没有口头禅，语速、语调、停顿、节奏等把控合适。

同时，除了丰富的演讲内容和应场的胆量外，还需要恰当的表现方式来配合，如得体的姿态手势、丰富的PPT，或者实物模型等辅助手段。

没有人是天生的演说家，凡事都有方法，只要我们去遵循一些原则和技巧，并加以强化和训练，就一定能做好在公众场合的发言。当你通过练习完成一场成功的演说，你会发现当众说话不再是种痛苦，而是一种享受。

通过本主题的学习和训练，你将能够：

1. 了解准确得体、生动自然的表达方法；
2. 学会即席发言；
3. 学会调适演讲时紧张的情绪；
4. 学会使用恰当的辅助手段辅助演讲。

认知：学会准确得体、生动自然的表达方法

一、怎样表达更准确得体

（一）使用规范简洁的语言，准确表达

1. 发音规范，读音准确

演讲的语言要确切、清晰地表现出所要讲述的事实和思想。发音要规范、清楚。除特殊情况外，要使用普通话。同时，要注意字的读音正确。对那些把握不准的字，要及时查一下。

2. 语言简洁，语句清爽

在当下的信息化时代，时间很宝贵，要吸引眼球、吸引听众，必须以最少的语言表达出最丰富的内容。要做到语言的简洁，就必须对自己要表达的思想内容认真思考，演讲时明确中心、抓住要点，简洁清晰地有序表达。切忌说车轱辘话，颠来倒去，啰唆重复。另外，要去除口头禅，如"这个""然后""那么"等，保持语句清爽干净。

你可以录下自己与别人的一段谈话或一次演讲，回放检查，听听有哪些字发音不标准，哪些用词不规范，是否带有口头禅。试着纠正它们，不断改善自己的表达能力。

3. 语调丰富，语速恰当

一般在公众面前演讲，其效果会有两种：一种是演讲者语言生动、活泼，语音语调跌宕起伏，听众兴致高、现场气氛活跃；另一种则是演讲者语言单调乏味，语音语调呆板犹如催眠曲，听众感觉索然无味，甚至酣然入睡。没有感染力的症结主要在于语言的表达，包括语音语调的灵活运用。

（1）丰富的句调。句调指全句语音的高低和升降变化。它和声调一样，都是"音调"的变化形式。句子高低变化是由说话的人对他所说事物的态度决定的。

句调高低变化的基本类型有升、降、曲、平。疑问句或语义未完时的停顿常用升调；肯定、感叹的语句常用降调；陈述、说明等语句或者感情比较悲痛、庄重的语句，常用平直调。

（2）恰当的停顿。停顿是口语表达的标点符号。适当的停顿，能够使演讲的语句和段落层次分明。在需要听众思索理解时，作适当的停顿，能加强听众的理解和意义的强调。

（3）准确的语速。语速变化也是表情达意的重要手段。一般的演讲表达语速在每分钟200个字左右。演讲过程中，若语速过快，听众则听不清楚，同时会认为这是你怯场的表现；语速过慢，则显得拿腔拖调，使听众厌烦。特别需要注意的是，在演讲过程中语速不能一成不变，应根据不同内容和情感表达的需要，使用不同的语速。如：欢快愉悦的氛围——语速较快，节奏轻快；肃然起敬的氛围——语速较慢，节奏沉稳而有力，音节加长；静谧幽远的氛围——语速舒缓，语气柔和；紧张激动的氛围——语速急迫，语音强而有力。

（二）使用得体的语言，语气平和

演讲表达的语气表现在两个方面，一是句子内容表达的功能意义，如陈述的语气、反问的语气、祈使的语气等；二是演讲者与听众之间的关系定位，无论是对领导汇报讲话，还是对同事、客户和其他听众演讲，语气都要把握得体，需要营造和谐的氛围，才能有效沟通。

1. 平视交流

在演讲中，你表达的观点、所用的材料、使用的语言词汇和表达方式必须符合平视交流的原则，即和对方的理解力水平保持一致，和自己的身份保持一致，和所处的场合保持一致，从而让你的讲话走入听众心里。

2. 让听众变成你的合作者

要想让听众成为你的合作者，必须把听众置于讲话中，常用的方法有以下几种。

（1）尽量少用"你们"称呼对方。用"你们"称呼对方，除了把自己排除在听众这个群体之外，还容易给人一种居高临下、教训别人的印象。除非对下属讲话时需要强调权威性，一般情况下，用"我们"或"大家"更能增加亲切感与和谐度。

（2）通过提问让听众参与。用提问的方式可以牢牢地抓住听众的注意力，引起听众的关注和思考，形成很好的沟通和参与状态。无论你是提出问题让听众回答，还是采取自问自答的形式，都会增强你的对象感，让你更像在和听众交谈。为了达成有效的沟通，不妨在讲话中设计几个有力的提问，这将大大提高讲话的沟通指数。

（3）适当提及听众的名字。在讲话中能提到部分听众的名字，也是加强沟通的好办法。

二、怎样表达更生动自然

1. 根据内容不同，确定基调

定好基调是为了增强表现魅力，演讲的内容不同，演讲的基调就会有区别。一般来讲，号召类的演讲内容可用慷慨激昂式，激情澎湃，语调高亢；反思类的用深沉凝重式，语速较慢；故事类的用潺潺流水式，娓娓道来。

2. 学会语音造型，形象表达

语音造型讲究形神兼备，形是指听众根据你的声音，还原出的形象；神是指听众根据你的声音所获得的神韵，形神兼备就更容易让对方想象和接受。俗语说"看景没有听景好"，就是说听景的时候可以发挥自己的想象，会想得更美。

比如说天很热，怎么把事实表达得更加形象生动呢？

视觉上：阳光白得耀眼，空气中热气一浪又一浪。

听觉上：空调整天发出嗡嗡的声响，树上知了不停地鸣叫。

嗅觉上：柏油马路上散发着被晒化的沥青的味道。

味觉上：感到口渴，口干舌燥。

触觉上：太阳晒得脸发热，地烫脚，身体直往外冒汗，衣服湿透了贴在身上。

同时，在表达中，要加入自己的强烈情感，才能感动听众。

3. 多用口语，少说术语

演讲时要善于使用口语，尽量少用书面语和华丽的辞藻；避免向非专业人士使用专业术语；可以巧妙地使用比喻，增加表达的形象感和生动性，增强感染力。

案例

洪昭光：一二三四健康法

我国健康教育专家洪昭光教授在开展健康科普讲座时介绍了他的"一二三四健康法"。

一个中心：以健康为中心。两个基点：糊涂一点，潇洒一点。三大作风：助人为乐，知足常乐，自得其乐。四大基石：合理膳食，适量运动，戒烟限酒，心理平衡。四个最好：最好的医生是自己，最好的药物是时间，最好的心情是宁静，最好的运动是步行。

洪昭光教授的健康科普讲座，讲的是在日常生活、饮食起居中如何保持健康长寿的原则和例子，他把深奥的科学理论、复杂的医学知识乃至独特的医疗处方，通过高度概括、生动幽默的语言娓娓道来，变成了普通人易懂易记的"健康箴言"，既生动浅显，又鞭辟入里，从而风靡全国，深受欢迎。

4. 多讲故事，增加兴趣

在演讲中，多讲故事可以增加听众的兴趣，留给听众思考的余地。

案例

唱高调、说空话连野猪都骗不了

1992年1月25日，某位领导干部在会上讲了这样一个小故事：湖北神农架的野猪把庄稼糟蹋得厉害，群众叫苦不迭。为此，乡村组织民兵巡逻驱赶，花费了很多人力。后来有人想了一个高招，用录音机录上狮子、老虎的吼声和人声、枪声，用高音喇叭播放。开始果然有效，吓得野猪跑得远远的。几天后，野猪试探着往庄稼地里凑，并用身子靠了靠绑着高音喇叭的杆子，发现仍然只是叫喊而没动作，于是便把绑着喇叭的杆子给拱倒了。

同志们，唱高调、说空话连野猪都骗不了，何况人呢！

针对某些人讲空话、不干实事的问题，这位领导干部引用了神农架野猪的故事。故事短小，却跌宕起伏，引人入胜；用拟人手法讲野猪被吓跑、试探、拱倒杆子的经历，生动形象，活灵活现；最后画龙点睛，突出演讲主题，即唱高调、说空话连野猪都骗不了，点明唱高调、说空话无济于事的深刻道理，使听众恍然大悟、深受启迪。

5. 使用提纲，脱稿表达

初级的演讲者，常常先写好讲稿，照稿讲，或者背演讲稿，这样能避免由于紧张导致的内容表达不完整，或者语言表述不清楚。但照稿念或背稿子，常常会给人不自然、不亲切之感。

成熟的演讲者，常常是自己打下腹稿，脱稿讲话，或者列出一个书面提纲，按照要讲的思路，写出基本要点或各段的标题，在小标题下面简单地记下一些要讲的重点或者关键词、要举的案例或者论证材料。这就如同主持人的"小抄"，在讲话的时候可以偶尔看一下提纲，以避免次序错乱或遗漏一些重要的内容。

当然，一些重大的场合讲话需要用到讲稿，但在讲话的时候，不能简单地念稿，需要在演讲前就熟悉讲稿的内容，多练几遍，熟悉表达方式，做到自然表达。

三、怎样精心设计开头和结尾

演讲的开头和结尾很重要，开头是第一印象，要能唤起听众兴趣；结尾要给听众留下印象、引起共鸣，要注意精心设计并巧妙运用。

（一）开头引人入胜

古人云："善于始者，成功已半。"开场白是演讲者与听众之间架起的第一座桥梁，成功或精彩与否，将直接影响演讲的效果。好的开场白要做到既新颖别致、引人入胜，又能营造相宜的气氛、激发听众的兴趣，让人翘首以待。

1. 以故事开头，吸引注意

演讲开始时可以列举一个实例、先讲一个故事，或者从自己身边的事例讲起，引起听众的兴趣，然后引入正题。这样，一下子就抓住了听众的注意力。

2. 以悬念开头，引人入胜

演讲者可以利用听众的好奇心，采用"挤牙膏"的方法，先提出一个问题、制造一个悬念，让听众一头雾水、感到十分好奇，将听众的兴趣吸引到演讲中来。

3. 以幽默诙谐的语言开头，活跃情绪

演讲者用幽默的语言开场，能一下子抓住听众的心，很快打开场面，切入主题。

案例

幽默的自我介绍

在下凌峰，这两年大江南北走了一道，男观众对我的印象特别好，因为他们见到我都有点优越感，本人这个样子对他们没有构成任何威胁，他们很放心，他们认为本人长得很中国，中国五千年的沧桑和苦难都写在我的脸上了。一般说来，女观众对我的印象不太好，有的女观众对我的长相已经到了忍无可忍的地步。她们认为我是人比黄花瘦，脸比煤球黑。

这个自我介绍别开生面，演讲者勇于自嘲，幽默诙谐，把现场男女观众的情绪都调动了起来，增强了大家的参与意识，很好地活跃了现场的气氛。

4. 以即景生情的场面开头，增强感受

你可以以现场听众眼前的人、事、景为话题，延伸开去，把听众不知不觉地引入演讲之中。

需要注意的是，好的开头，既要能激发听众的兴趣，又要取得听众的信任。开场要避免使用谦虚过度的谦辞。我们常常听到有人一开始演讲就先说："我水平有限，有许多不对的地方""我没有准备好""我在这里班门弄斧，请各位原谅"等。这类语言容易使听众产生逆反心理，引起听众的反感。同样，也要避免自我吹嘘的开头。不要一开口就自吹自擂，或炫耀自己的学识、或标榜学历，为自己涂脂抹粉，这同样会造成听众的反感。

（二）结尾画龙点睛

俗话说："编筐编篓，重在收口；描龙画凤，难在点睛。"演讲的结尾，就是演讲的"收口""点睛"。好的结尾既收拢全篇、画龙点睛，又简洁明快、耐人寻味。说服型演讲的结尾要富有鼓动性。常见的演讲结尾有以下几种。

1. 总结归纳式

每个人的记忆时长是有限的，演讲进入尾声时，前面讲的内容可能会被遗忘，因此，在演讲结束之前，要给听众做一个要点的总结归纳，以加深印象。

2. 名言警句式

结尾时，引用名言、警句、谚语、格言、诗句等作为总结，不仅能使表达精练、生动、富有节奏和韵律，而且还可使演讲的内容丰富充实，具有启发性和感染力，给人以生动活泼、别开生面之感。

3. 激情号召式

演讲本身是一种思想和激情的燃烧，结尾时，把要表达的思想观点或号召呼吁浓缩成一两句话，用排比等修辞方式表达出来，感情要激昂，再次带动听众的情感共鸣。

4. 余音绕梁式

这种结尾语尽而意不尽，意留在语外，像撞钟一样，余音袅袅，回味无穷。余味式结尾好像秋天瑰丽的晚霞一样，伴有"渔舟唱晚"的娓娓之声，让听众流连忘返，久久回味。

5. 风趣幽默式

除了某些较为庄重的演讲场合外，利用幽默风趣的语言结束演讲，可使演讲更有趣味，令人在笑声中深思，并给听者带来愉快的心情。

案例

意外的结尾

著名作家老舍先生在一次演讲中，开头即说，"我今天给大家谈六个问题"，接着，他第一、第二、第三、第四、第五，井井有条地谈下去。谈完第五个问题，他发现离散会的时间不多了，于是他提高嗓门，一本正经地说："第六，散会。"听众起初一愣，不久就欢快地鼓起掌来。

老舍运用一种"平地起波澜"的造势艺术，打破了常规的演讲模式，从而出乎听众的意料，收到了幽默的效果。

结尾是演讲内容的自然收束，是演讲稿的有机组成部分。有的演讲者在结尾处要么草草收兵，要么画蛇添足，要么采用陈词滥调的套话。例如，"关于某某问题我再补充几句"，或"我前面讲的某一点是很重要的，在这里再强调一下"，或"我的话讲完了，讲得不好请大家批评指正"等，都会使听众感到索然无味。

四、演讲时有哪些方法、手段与技巧

（一）即席讲话有技巧

能即席做出精彩的讲话，是成熟的标志。好的即席讲话应主题突出，思路清晰，语言表达准确、生动，开头结尾巧妙有趣，给听众留下深刻的印象。

一般的演讲者在进行即席讲话时，通常会出现三种情况：第一是站起来以后头脑一片空白，不知从何谈起，结果造成冷场；第二是由于来不及思考，说出来的话欠妥当，甚至跑题；第三是没有思路，语无伦次，丢三落四，让听众听得云遮雾罩。

针对第一个问题，你可以运用"四个W法则"来应对。先围绕三个"W"，即Where、Who、When，最后落实到第四个"W"即What上。具体方法如下：

站起来先思考，这是什么场合（Where）？联系场合说几句感谢或是点题的话。

现场有什么人（Who）？在发言中提到现场的听众，会让大家感觉亲近，接着可以说说和时间（When）有关的话，如今天的日子、天气等。

这样，通过一分钟左右的铺垫，你已经平缓了紧张，赢得了思考的时间，这时就可以进入发言的主题（What）。这个技巧的思路在于：当我们在毫无准备、乍一站起来无话可说的时候，围绕前三个"W"说一些贴近现场的话，既显得从容不迫，又能为我们争取到理清思路的时间，解决最后一个"W"，即说什么的难题。

即席演讲最关键的是，大胆站起来，不要怕。任何名家大腕、演讲明星，都是从敢讲到能讲、再到会讲的。

（二）体态语言巧利用

体态语言是对语言符号系统起重要辅助作用的交际符号，科学实验发现，由眼睛通往脑部的神经比由耳朵通往脑部的神经多得多，眼睛对外界的注意力是耳朵对外界的注意力的25倍，所以传递信息时要给听众更多视觉上的刺激，运用好体态语言可以使演讲更具感染力。

1. 站姿要稳，移动适当

男士双脚落地，距离保持与双肩大体同宽，注意体态的挺拔；女士两脚站成丁字形，更能体现女性的柔美。

在能够活动的场合演讲，身体可以自然移动，移动时应考虑三点：第一是人数，一般来说，人多移动可以大一点，人少就少动；第二是契合演讲的内容，一般严肃的话题少动，活泼轻松的话题可多动；最后，当然是要与你个人的风格相搭配。

2. 两臂自然下垂，手自然放松

在站立时，要避免遮羞式（双手交叉在前面）、检阅式（双手交叉在背后）、受伤式（手握另一侧胳膊）、挑战式（叉腰）、随意式（插兜）。有讲台时，双手可以自然地放在讲台的边沿，注意防止双手撑在讲台上。

3. 目光平视，与听众交流

以前视（注视前几排听众）为主，同时，要不时通视全场，避免只低头看讲稿、看着天花板或盯住一个地方凝视不动，要交替使用虚视和凝视，听众人数多时，可以分区域凝视，与听众建立起灵敏的信息反馈通道。

4. 手势大方，动作明确

要根据演讲内容，配合适当的手势。演说的手势应该明确简洁、突出个性、顺其自然、大方得体，帮助澄清或强化信息，适应听众和演说场合的要求。一般来说，在表达积极和以鼓励为主的内容时，应手掌朝上，反之则手掌朝下。手势动作要在腰部以上，幅度可稍微大一点。

5. 注意仪表，讲究风度

仪表指演说者的身材、容貌、姿态、服饰等外在因素，以及由这些因素综合体现出来的外貌形象。演说者的着装要与肤色、发型、体形、性格、职业、气质以及所处的情境和演说内容相适应。穿着整洁漂亮可使人增强自信，提高自尊。经验表明，如果外表打扮得很得体，心理上便更自信和轻松，最终结果也更容易达到成功。这就是衣着对人产生的潜在影响。

风度是演说者的精神风貌、气质修养等在言谈举止方面的外在表现，是听众评判演说整体效果的重要指标。

以上方法与技巧，平时多加练习，演讲时无须刻意体现。要结合自身特点来灵活应用，做到自然流露。

（三）辅助手段不可少

演讲的辅助工具有PPT、实物、模型以及其他多媒体等，有效地运用这些工具可以增强演说效果。

1. 有效利用PPT

现代社会多媒体越来越发达，也越来越普及。PPT是现代演讲中最常用的辅助手段之一，其能显示文字、声音、图表、图像等静态和动态的信息。PPT主要呈现演讲的纲要内容和重要的案例资料，不必把演讲的所有内容都放在PPT上。同时，每屏文字最好不超过8行，字体和颜色不宜太杂、太花哨。PPT上可以多使用图形，展现一些生动的案例（图片和链接的视频、音频资料），表达丰富生动的信息，帮助听众理解演讲的逻辑，把握重要的信息、观点和结论。在演讲过程中，不能照念PPT，PPT在演讲中只是扮演辅助性角色，不能本末倒置。

2. 利用合适的图表、图像

一图胜千言。在演讲中，通过PPT或板书，用图表、图像的方式，可以使听众一目了然，更容易、更准确地明白演讲者的目的。制作的图表要够大，使每人都能看得清楚。讲解图表时，要不时回头面对听众。

3. 借助实物、模型

根据表达内容和听众接受的需要，选取恰当的实物和模型，能有效辅助复杂深奥的理论阐述或对事物的说明，增添说服力。当你采用实物或模型来辅助演讲时，可先保持一些神秘感，不要提前展示出来，以增强听众的好奇心和兴趣。展示完毕后，应尽快收起，展示品不宜在讲话过程中让听众传递观看，以免分散听众的注意力。

五、怎样调适心理，缓解紧张

（一）正视恐惧事实，找到根本原因

实际上并非只你一人害怕当众演讲，许多著名的演说家都没有完全消除登台的恐惧。心理学的研究成果告诉我们，适度的恐惧与紧张可以提升人的反应能力，加快思维的运作。因此，在演讲时首先要视"紧张"为演讲过程的一部分，告知自己，在这种状况下紧张是正常的。要适度运用紧张感，积极乐观地鼓励自己，把自己调整到最佳状态。

语言表达训练专家黄大钊在《敢说会说巧说》一书中归纳了人们不敢当众讲话的六大原因。

一是性格内向。有的人从小就比较内向，害怕在众人面前讲话，遇到机会能推就推，能躲就躲。不得不在众人面前讲几句时，就紧张恐惧得不得了，浑身都不自在。这是性格内向的原因导致的。

二是缺乏自信。有的人在一些场合，自己有准备，也想发言，但听到别人的发言后，觉得别人比自己强，便没有自信了。还有的人在讲话之前，不是在想如何去说、怎样更好地去表达，而是瞻前顾后，尽想一些诸如"我说出来别人怎么看我""我能说好吗""万一说错了怎么办"的消极问题。于是长期以来养成了一种弱势心理，对自己缺乏自信。

三是追求完美。有的人性格外向，从小到大各方面表现得都比较优秀，有着极强的自尊心，尤其在公众场合特别爱惜自己的面子。当众讲话时，最怕说不好，让别人小瞧了自己。总想把一个完美的自我展现在大众面前，但每次又总有一些遗憾。当理想与现实冲突，不可避免地就会出现紧张。

四是不良心结。有的人因为过往曾在一次比较重要的场合讲错了话，或由于种种原因没讲好，自认为丢了面子，是一次重大的失败。他们过于严重化了此次失败，将其深埋心底，形成一个很大的心结，以致每当遇到类似的场合，就有种类似过敏的反应。

五是有所贪求。有些人的紧张和恐惧分人群和场合。在一般场合或下属面前没有半点紧张的感觉，可一遇到正规场合，或者在领导和专家面前，就表现得语无伦次、紧张、不自在，犯了"恐高症"。这种现象的深层次原因就是这些人对某一部分人群或某些场合看得太重或有所贪求。

六是场合恐惧。有的人从小习惯与人私下聊天，却不习惯当众讲话。如果没有平时的练习积累，偶然需要当众讲话时，看到那么多的眼睛集中在自己的身上，难免会怯场。

对照上述种种现象，你可以透过它们，分析制约自己有效表达的深层原因是什么，找到自己紧张恐惧的症结。克服这些心理问题，你就会不断走向自如从容。

（二）掌握有效方法，调适紧张情绪

恐惧和紧张情绪是可以通过训练来控制或克服的，下面介绍一些简单有效的方法。

1. 深呼吸

深呼吸的目的是供给你充足的氧气，帮助你在演讲中更好地控制自己的声音。你可以找一个安静的场所，站立时微微闭上眼睛，全身放松做深呼吸，心情放松，不去想即将进行的演说，而是想象面前有一幅优美的景象。

2. 肌力均衡运动

有意识地让身体某一部分肌肉有规律地紧张和放松，比如你可以先握紧拳头，然后松开。这样做不仅可以放松这部分肌肉，而且能更好地放松整个身心。

3. 准备充分

熟记演说提纲，对安排好的层次结构和内容进行口语化加工，进行必要的练习。特别是要把开头语说好，前面几句话说好、说顺了，心态就会趋于平静，紧张感就会慢慢消除。

同时，要尽量早到演讲会场适应环境，包括对演讲空间的熟悉、对需要使用的视听设备的测试等，以保证在演讲过程中能得心应手。与场地更好地融合，会让你更加从容，更多一份成功的把握。

4. 转移注意力

用一些简单的方法转移注意力，可以消除紧张的情绪。如演讲前与身边的主办方或熟悉的人简短交谈几句来转移注意力，这样可以更好地放松身体和思想。

5. 积极暗示

给自己鼓劲："我已经准备得很充分，一定会演讲成功。"

6. 不怕失败

最能让自己对当众讲话感到轻松的方法就是不要害怕出丑、不惧怕失败，不要放过任何一个发言的机会，讲一次不行，就讲十次、二十次，不断积累成功的经验，你肯定会越来越强。

记住，这个世界没有人在乎你失败了多少次，你要做的就是勇敢地站起来，把你事先准备好的讲出来，哪怕你认为它并不足够精彩。尝试的结果只有两个，第一个是尝试成功了，第二个是成功地尝试了。

行动：体会表达技巧，提高演讲能力

活动一：练习当众讲话的几种基本功

一、活动要求

针对以下几种基本功，自我练习。进行体态练习时，可以对着镜子自我审视，纠正不妥的身姿、手势和目光；进行声音练习时，可以在无人的地方放声练习。

集体训练时，可以指定学员做演练示范，请其他同学点评。

二、活动内容

（一）身态练习

1. 站姿练习

打造出现在公众面前的良好形象，站立规范是关键。站相姿态，体现修养；练习站如松，挺胸平视，身体不晃动。

2. 目光练习

（1）练习目光表情。分别练习亲和力与威严力的表达，目光交流时，应避免斜视、蔑视和俯视的目光。

（2）练习目光注视。分别练习环视、巡视和点视的运用。目光注视的区域，要注意回避身体某些敏感的部位。

3. 表情练习

练习喜、怒、哀、乐、惊、忧、恐等各种表情。

4. 手势训练

结合一段演讲词，设计一下主要的手势并练习运用。从网上下载闻一多《最后一次讲演》的视频或该演讲词的朗诵音频，配合演讲词，做手势的练习。

（二）紧张调适练习

1. 扬声练习

打开喉咙，大声练习数数，声音由低向高上升，由短向长拉动，利用这种方法，可以调整紧张情绪。

2. 唱歌训练

大声唱歌（如《中华人民共和国国歌》《生日快乐歌》等），帮助激发自信心。

3. 气息放松练习

通过腹式呼吸法做放松练习，能马上缓解来自生理方面的紧张。

活动二：演讲训练

一、活动要求

请讲师随意给出3～5个关键词，请学员将这些词语用在一段演讲中，演讲应意思表达完整、逻辑清晰、语言流畅。

二、关键词

1. 阳光明媚、下午茶、网球、汽车、女人

2. 邂逅、水果、精彩纷呈、说服、龙飞凤舞

3. 游戏、老虎、热带雨林、老师、鲜花

4. 卫星、海洋、功勋、明天、民族复兴

……

反思：提升你的演讲心理素质与能力

一、自我评估

学完本主题的内容，请回答以下问题，检验一下自己是否掌握了其中的要点。

1. 演讲语言准确得体要达到哪些要求？

2. 生动自然的表达技巧有哪些？

3. 开头结尾有哪些好的方法？

4. 你应对即席讲话有什么技巧？

二、小组评估

学员进行演讲时，请其他学员和讲师对其进行点评，可参考表2-3。

表2-3 演讲评估表（3）

评估项目	优	良	一般	差
演讲用语是否规范、准确				
与听众交流是否恰当				
演讲语言表达是否生动自然				
演讲开头、结尾是否有新意				

三、反思提高

（一）对照提示，反思差距

对照以下展示口才魅力的15个提示，思考一下，自己的演讲有哪些差距？下一步应该怎样缩短这些差距，让自己的演讲更具有魅力？

1. 最好脱稿，做到准备和即兴相结合；

2. 不能脱稿时，尽量记住开场白、内容纲要和结论；

3. 站上讲台时要气定神闲、自信、有权威感；

4. 正式讲授之前，眼光在听众身上巡视一遍；

5. 在听众中选几位友善的面孔交流目光，开始演讲后保持笑容；

6. 和听众保持良好的视线接触。必须要看讲稿上的重点提示时，先暂停说话，低下头快速看讲稿，看好之后抬头，再继续说话；

7. 双手的高度保持在腰际，手势要自然，身体不可僵硬；

8. 要始终面对听众，不要背对他们；

9. 讲到重要的地方，说话速度要适当放慢；

10. 适当地暂停，好让听众消化听到的内容；

11. 音调的高低要有变化，抑扬顿挫以突显重点；

12. 句子要短，表达要清楚，一口气说一句话；

13. 做你自己，可模仿他人的优点，但切莫鹦鹉学舌，应充分发挥自己的个性，呈现出独特的个人风格；

14. 敏锐觉察演讲现场的情境，适时应变；

15. 结束时请明确地让听众知道你的结论，然后稳步下台。

（二）自我诊断，对症下药

本主题开篇所列的这些问题（表2-4）是否也出现在你身上？你还存在这些困惑吗？请再对照检查，看看自己还有没有这些问题。若有，请根据我们所学的内容，对症下药，在后面提出解决办法。并在实践中试一试，看看有无改进效果。

表2-4　问题对照解决方案单

把脉症状	自我诊断：有没有？	对症下药：你的解决办法
1. 每当会议中轮到自己发言时，感觉比上刑场都难受、紧张，头脑一片空白		
2. 每次当众讲话总是面红耳赤、心跳加速、手心出汗，哆哆嗦嗦，手脚不知往哪儿放		
3. 一上台就紧张，舌头打结、声音发抖，不敢注视听众		
4. 演讲时，总是语无伦次，词不达意，思维不清晰，逻辑混乱		
5. 讲话缺乏感染力，抓不住他人的注意力，说不到5分钟，台下就开始玩手机，场面无奈又尴尬		

模块三
书面表达

阅读是人们获取信息的重要渠道。对所获取的信息资料进行判断、分析、推理，并归纳出准确的中心意思，才能更好地与人交流。

在平常的工作和生活中，我们阅读的范围十分广泛，包括实用文、科技论文、新闻报道、艺术作品、古文、现代文等。在职业场所，为获取有用的信息资料，我们必须具备阅读实用性文体资料的核心能力。本模块主要训练对实用性资料的阅读，以提高你获取与整理书面信息的能力。

写作是对阅读的一种消化和运用，是在与人交流的过程中不可或缺的重要表达形式。书面表达，要求我们选择文体、借助图表、利用资料来规范清晰地表达主题，需要我们运用基本写作技巧并采用适当的写作风格，增强说服力，准确表达。

本模块能力要求：

1. 找到需要阅读的资料。根据工作的要求，从不同类型的文字资料中，找到或筛选出有用的部分。

2. 找到需要的信息。略读篇幅较长、容易确定要点的材料，如3页以上的报告、文件、文章等，能了解其内容大意，并找出所需要的信息。

3. 看懂资料所表述的观点。通过领会作者的写作风格、修辞方式、文章结构等，判断作者的写作目的和观点。

4. 看懂资料的思路和要点。通过文章中的关联词语和段落关系，了解作者的推理思路，并根据正文中的图片或图表归纳出文章要点。

5. 整理汇总资料。能根据工作需要，如准备发言或起草书面报告，从收集和整理出的文字资料中，归纳、汇总自己所需的文字资料。

6. 根据需要撰写应用文。能根据任务要求选择实用文体，撰写主题鲜明、层次清晰、语句通顺、用词规范的应用文；能按版面编排的基本要求编辑文本。

本模块训练重点：

1. 能利用各种渠道找到自己需要阅读的资料；
2. 学会阅读、分析、评价资料；
3. 把握公文的基本文体和写作的基本要求；

4. 学会撰写基本的应用文；

5. 在书面表达时注意文章的语言风格；

6. 掌握基本的写作技巧，准确恰当地表达。

案例示范：某公司项目会议记录

××公司项目会议记录

时间：2018年6月5日上午9时—12时

地点：公司第一会议室

出席人：各分公司与直属部门经理

主持人：李××（集团公司副总裁）

记录：钟×（总经理室秘书）

主持人讲话：今天主要讨论一下"××康乐城"的兴建立项以及如何开展前期工作的问题。（略）

发言：

第一分公司齐总：该项目的选址应定位在亚运村以北，清水河以南……（略）

第二分公司刘总：该项目应以体育健身为龙头，带动其他餐饮娱乐项目（略）

市场部郭总：汇报市场调查与预测的结果（略）

财务部洪总：汇报公司的资金状况（略）

技术部王总：汇报建筑项目招、投标情况（略）

决议：

（一）……（略）

（二）……（略）

（三）……（略）

（四）……（略）

散会。

主持人：李××（签名）

记录人：钟×（签名）

［分析］这份会议记录格式规范，条理清楚。记录依据会议程序，分为主持人讲话、集体讨论和会议决议三部分。整个会议记录紧扣会议议题，重点突出。

主题一　阅读与思考

问题：如何阅读、分析、评价资料？

王继坤在《现代阅读学教程》中这样定义阅读：阅读是阅读主体对读物的认知、理解、吸收和应用的复杂的心智过程，是现代文明社会人们所不可或缺的智能活动，是人们从事学习的重要途径和手段之一。

在职场中，除了口语交流外，书面交流也是十分重要的一部分。书面交流包括"读"与"写"两个方面，通过阅读可以获取信息、接收信息，从而为运用信息服务。在日常生活和工作中，每个人都需要掌握获取、识别、整理、确认所需书面资料的阅读基本功，以更好地与人交流。

要完成任何一项较为复杂的文字工作，人们都需要经过这样一个过程：

有目标、有计划地搜集资料→阅读、理解所占有的资料→分析、评价资料的观点和使用价值→综合筛选可利用的资料和信息，表达自己的观点。

通过本主题的学习和训练，你将能够：

1. 能利用各种渠道找到自己需要阅读的资料；
2. 能识别并收集阅读资料中有用的信息，归纳其主要内容和要点；
3. 能整理需要的资料；
4. 能使用字、词典和其他文件确认资料内容。

认知：掌握阅读、分析、评价资料的方法

阅读是人们获取信息的重要渠道。在职场中，为获取有用的信息资料，我们要掌握查询、判断、理解、归纳、辨别所需信息的基本技能。

一、怎样查询资料和获取主要信息

1. 确定查询内容

如何制作要查询资料的关键词清单呢？怎样确保查询的内容是本行业所需要的呢？如果你对本次工作任务内容不熟悉，简单易行的办法是向专业人士（例如同事、

微课：

阅读思考

老师等）请教，或者通过多种途径查看一些文章的题目以及关键词，也可以使用电子数据库或索引，浏览本工作任务主题范围内的相关内容以及关键词，以确定查询方向。制作准确的搜寻项目清单，你会取得事半功倍的效果。

2. 获取文章大意

当今社会，信息量每10 ～ 15年就会增加一倍，如何在信息的海洋中快速获取你所需要的信息至关重要。灵活、成熟、高效率的读者能通过调节阅读速度来适应阅读的目的和所读的材料，你可以采用浏览（surveying）、略读（skimming）、寻读（scanning）、研读（studying）的"4S阅读法"。

（1）浏览。在仔细阅读前，对全文进行浏览式的整体阅读，目的是知其大意，以确定选择哪种方法来阅读。

（2）略读。以很快的速度阅读并略去部分内容，来获取文章的要旨和自己需要的内容，可选用纲目式略读、重点式略读和跳跃式略读等方法。

① 纲目式略读：标题→目录（小标题）→全文。

② 重点式略读：略去非重点部分，有选择地阅读部分内容。

③ 跳跃式略读：断续略读，读第一段或前两段，每段只读首尾句或前几行。

（3）寻读。阅读时，注意提示词，从资料中快速找出你关心的某些信息。

（4）研读。当需要对作品作出评价，或者吸收全文的观点、理论时，应进行细致的、思辨性的研读。

为了获取文章大意，通常可以采取浏览、略读、寻读的阅读方法。在阅读时，还可以充分利用文章的格式细节，如书或文章的标题、副标题、小标题、斜体词、黑体词等，这些地方往往代表了文章的重点，可以让你快速获取文章大意。

二、怎样理解内容并归纳信息

1. 怎样理解关键信息

阅读能力的核心是理解，为了理解读物的内容，在阅读过程中可以按读物的结构进行分解性阅读。

（1）分解句子，抓住关键性词语。一篇文章是由词、词组、句子、自然段落和篇构成的。句子是表意的基本单位，理解了句意，就有了理解自然段落的基础。阅读时，要从文章中分解出承载基本意义的关键性实词，把关联词语、形容词、副词等非关键性词语排除在外。关键性实词一般在标题中或每段开头的语句中，这些词语大多是起概括要点或画龙点睛的作用。还有些转折词、过渡语、表示顺序的词语也往往是关键词。另外，有些读物用醒目的黑体、大号字等标出某些关键词语，抓住了这些词语，就便于理解资料的内容。

（2）分析自然段，寻找中心句。自然段能表现出一篇文章结构的规律，揭示这些规律就容易确定每一段的基本内容，也就了解了整篇文章。自然段是由一个个句子组成的，但往往仅有一个表达自然段主旨的中心句，其他句子都是围绕它从不同角度、不同方面展开的，准确把握自然段的中心句，就把握了自然段的核心。因此，寻找中心句并排除那些过渡性句子和关联、照应的句子就至关重要。通常，中心句出现的位置有三种情况：一是"首括式"，即出现在一段的开头，对本段的内容进行概括或揭示；二是"结尾句"，即具有总结式画龙点睛的作用；三是"中领式"，即在自然段中间安排一句话统领全段。掌握自然段的意思，阅读时就有了一个清晰的思路，就容易领会文章的要点及各个部分在全文中的作用。

（3）归纳段意，理解要点。一个自然段所容纳的内容是有限的，通常需要多个自然段才能详尽地描述一个完整的意思，为此就要将文章中的多个自然段划分段落。通常可以按照事情发展的顺序、地点的变换、描写或说明的内容、文章的总说与分说关系等划分段落。归纳段意的一般方法有抓中心句、提炼段落中各层的意义、找到段落的中心词并扩展成为段意等。文体不同，归纳段意时的技巧也不一样。例如，说明文可按要说明的项目内容来归纳段意；议论文可按所论述的分论点或论据来归纳段意。分清了文章的段落并归纳了段落大意，文章的要点也就明确了。

2. 看懂资料的思路

每种文体都有各自的阅读技巧。阅读文章时，你可以按照文体的特点和规律有侧重地进行阅读，以便更好地了解资料所表述的思路和观点。从表达的角度分，一般的文章、资料可以分为记叙文、议论文和说明文三种，针对不同文体，运用合适的方法理解它们的内容尤为重要。

记叙文是以记叙、描写为主要表达方式，以记叙真人真事为主要内容的一种文体。阅读记叙文时，要注重搞清楚记叙的六要素，即时间、地点、人物、事件、原因和结果。此外，要注重把握记叙文的线索，线索是贯穿全文、安排组织材料的链条，有了线索，不同时间、空间发生的事情便串联在一起，沿着它就可以一步一步弄清各个段落、层次，作者的写作思路就显而易见了。

说明文是以说明为主要表达方式，解说事物、阐明事理、传播知识，达到让读者明白为目的的一种文体。所以，读说明文时，要注重了解被说明事物的特征和本质。阅读时，可从文章的结构开始进行分析。一般的说明结构是先提出要说明的对象，并作简单扼要的说明；接着具体描述它的特征，一般按照时间顺序、空间顺序和逻辑顺序来描述要说明的对象；最后是总结性的结尾。

议论文是以议论为主要表达方式，分析事理、阐明观点和主张，以达到说服读者目的的一种文体。读议论文就要抓住论点，把握论据的选择以及论点和论据之间的逻辑关系。

三、如何归纳汇总资料

1. 怎样分类整理

整理资料时，力求真实、准确、完整、统一和简明，并且尽可能做到新颖。

在整理资料时，可以将同一方面或相近的资料归类。主要的分类方法有以下两种：一是主题分类法，即按照一定的观点把资料编成组，这些观点可以是综合而成的观点，也可以是自己拟定的观点。二是项目分类法，即按照一定的属性，把收集的资料分项归类。在分类的同时可以进行合并工作，即把内容相近的资料归纳合并在一起。

2. 整理资料要注意什么

（1）整理出的资料要准确，有适用性。根据指定的任务来决定什么资料可用、什么资料不能用，要围绕主题来选内容。

（2）要鉴别资料的真伪。对材料进行筛选、取舍，资料应真实，选择时不能夹杂个人的好恶与偏见，不能歪曲资料的客观性与真实性。

（3）整理出的资料需要具有典型性和代表性。

（4）汇总的资料要全面、完整。避免缺失、遗漏或前后矛盾。如果材料不全面，缺少了某一方面的材料，可能会出现偏颇和漏洞，或由于证据不足难以自圆其说。

（5）汇总资料时，要尽可能简单、明确、有条理，并注明资料的来源和出处。

四、如何辨别、评价材料

辨别所读资料中所涉及的事实、观点及知识的真实性、准确性、可靠性和实用价值，也是阅读能力的一个重要组成部分，即阅读评价能力。在阅读理解资料的内容后，你可能会遇到以下问题：这些资料的实用价值大不大？可靠性强不强？资料中表达的观点是否正确？能否可以直接使用？这都需要你再做下一步的工作评价、鉴别资料。

评价、鉴别资料需要调动你全部的知识和经验，来更好地辨别真伪、判明是非。

1. 阅读评价过程

阅读评价过程是对读物的内容、形式及观点进行分析、比较的过程，也是去粗取精、去伪存真、由表及里，抓住文章内容本质的分析判断过程。阅读评价首先要解决真实性、可靠性问题。

2. 注意评价的客观性

在阅读与主题相关的文章或资料时，还应该努力跳出作者的观点，想一想，文章资料中写的是事实，还是作者个人的主张？作者写这篇文章时，有没有加入个人的偏见？本文的观点与其他文章中的观点有何异同？哪一个观点与社会需求相一致？文章中的知识及观点是否经过社会实践的检验？哪一种观点较为实事求是，可以被采纳和利用？作者的观点、文章内容是否代表当今该领域的主要趋向？

这一系列询问，不仅要调动你的逻辑思维能力、形象思维能力和联想、想象能力，还要调动你的全部社会生活经验、你已有的知识储备及个人修养，在思辨的过程中，逐步形成你对阅读资料的辨别、分析、评价能力。

比如，某市教育局局长要撰写一份在本市中小学普及计算机教育的报告，当需要找到政策性支持时，一般性的学术文章不足为凭，而教育部部长代表政府所做的讲话和官方网站发布的文件则可以成为重要的依据。

行动：阅读、分析、评价资料

活动一：阅读资料，回答问题
一、背景资料

习近平在中国共产党第二十次全国代表大会上的报告（节选）

马克思主义是我们立党立国、兴党兴国的根本指导思想。实践告诉我们，中国共产党为什么能，中国特色社会主义为什么好，归根到底是马克思主义行，是中国化时代化的马克思主义行。拥有马克思主义科学理论指导是我们党坚定信仰信念、把握历史主动的根本所在。

推进马克思主义中国化时代化是一个追求真理、揭示真理、笃行真理的过程。十八大以来，国内外形势新变化和实践新要求，迫切需要我们从理论和实践的结合上深入回答关系党和国家事业发展、党治国理政的一系列重大时代课题。我们党勇于进行理论探索和创新，以全新的视野深化对共产党执政规律、社会主义建设规律、人类社会发展规律的认识，取得重大理论创新成果，集中体现为新时代中国特色社会主义思想。十九大、十九届六中全会提出的"十个明确"、"十四个坚持"、"十三个方面成就"概括了这一思想的主要内容，必须长期坚持并不断丰富发展。

中国共产党人深刻认识到，只有把马克思主义基本原理同中国具体实际相结合、同中华优秀传统文化相结合，坚持运用辩证唯物主义和历史唯物主义，才能正确回答时代和实践提出的重大问题，才能始终保持马克思主义的蓬勃生机和旺盛活力。

坚持和发展马克思主义，必须同中国具体实际相结合。我们坚持以马克思主义为指导，是要运用其科学的世界观和方法论解决中国的问题，而不是要背诵和重复其具体结论和词句，更不能把马克思主义当成一成不变的教条。我们必须坚持解放思想、实事求是、与时俱进、求真务实，一切从实际出发，着眼解决新时代改革开放和社会主义现代化建设的实际问题，不断回答中国之问、世界之问、人民之问、时代之问，作出符合中国实际和时代要求的正确回答，得出符合客观规律的科学认识，形成与时俱进的理论成果，更好指导中国实践。

坚持和发展马克思主义，必须同中华优秀传统文化相结合。只有植根本国、本民族历史文化沃土，马克思主义真理之树才能根深叶茂。中华优秀传统文化源远流长、博大精深，是中华文明的智慧结晶，其中蕴含的天下为公、民为邦本、为政以德、革故鼎新、任人唯贤、天人合一、自强不息、厚德载物、讲信修睦、亲仁善邻等，是中国人民在长期生产生活中积累的宇宙观、天下观、社会观、道德观的重要体现，同科学社会主义价值观主张具有高度契合性。我们必须坚定历史自信、文化自信，坚持古为今用、推陈出新，把马克思主义思想精髓同中华优秀传统文化精华贯通起来、同人民群众日用而不觉的共同价值观念融通起来，不断赋予科学理论鲜明的中国特色，不断夯实马克思主义中国化时代化的历史基础和群众基础，让马克思主义在中国牢牢扎根。

实践没有止境，理论创新也没有止境。不断谱写马克思主义中国化时代化新篇章，是当代中国共产党人的庄严历史责任。继续推进实践基础上的理论创新，首先要把握好新时代中国特色社会主义思想的世界观和方法论，坚持好、运用好贯穿其中的立场观点方法。

——必须坚持人民至上。人民性是马克思主义的本质属性，党的理论是来自人民、为了人民、造福人民的理论，人民的创造性实践是理论创新的不竭源泉。一切脱离人民的理论都是苍白无力的，一切不为人民造福的理论都是没有生命力的。我们要站稳人民立场、把握人民愿望、尊重人民创造、集中人民智慧，形成为人民所喜爱、所认同、所拥有的理论，使之成为指导人民认识世界和改造世界的强大思想武器。

——必须坚持自信自立。中国人民和中华民族从近代以后的深重苦难走向伟大复兴的光明前景，从来就没有教科书，更没有现成答案。党的百年奋斗成功道路是党领导人民独立自主探索开辟出来的，马克思主义的中国篇章是中国共产党人依靠自身力量实践出来的，贯穿其中的一个基本点就是中国的问题必须从中国基本国情出发，由中国人自己来解答。我们要坚持对马克思主义的坚定信仰、对中国特色社会主义的坚定信念，坚定道路自信、理论自信、制度自信、文化自信，以更加积极的历史担当和创造精神为发展马克思主义作出新的贡献，既不能刻舟求剑、封闭僵化，也不能照抄照搬、食洋不化。

——必须坚持守正创新。我们从事的是前无古人的伟大事业，守正才能不迷失方向、不犯颠覆性错误，创新才能把握时代、引领时代。我们要以科学的态度对待科学、以真理的精神追求真理，坚持马克思主义基本原理不动摇，坚持党的全面领导不动摇，坚持中国特色社会主义不动摇，紧跟时代步伐，顺应实践发展，以满腔热忱对待一切新生事物，不断拓展认识的广度和深度，敢于说前人没有说过的新话，敢于干前人没有干过的事情，以新的理论指导新的实践。

——必须坚持问题导向。问题是时代的声音，回答并指导解决问题是理论的根本任务。今天我们所面临问题的复杂程度、解决问题的艰巨程度明显加大，给理论创新提出了全新要求。我们要增强问题意识，聚焦实践遇到的新问题、改革发展稳定存在的深层次问题、人民群众急难愁盼问题、国际变局中的重大问题、党的建设面临的突出问题，不断提出真正解决问题的新理念新思路新办法。

——必须坚持系统观念。万事万物是相互联系、相互依存的。只有用普遍联系的、全面系统的、发展变化的观点观察事物，才能把握事物发展规律。我国是一个发展中大国，仍处于社会主义初级阶段，正在经历广泛而深刻的社会变革，推进改革发展、调整利益关系往往牵一发而动全身。我们要善于通过历史看现实、透过现象看本质，把握好全局和局部、当前和长远、宏观和微观、主要矛盾和次要矛盾、特殊和一般的关系，不断提高战略思维、历史思维、辩证思维、系统思维、创新思维、法治思维、底线思维能力，为前瞻性思考、全局性谋划、整体性推进党和国家各项事业提供科学思想方法。

——必须坚持胸怀天下。中国共产党是为中国人民谋幸福、为中华民族谋复兴的党，也是为人类谋进步、为世界谋大同的党。我们要拓展世界眼光，深刻洞察人类发展进步潮流，积极回应各国人民普遍关切，为解决人类面临的共同问题作出贡献，以海纳百川的宽阔胸襟借鉴吸收人类一切优秀文明成果，推动建设更加美好的世界。

二、回答问题

1.《报告》指出，中国共产党为什么能，中国特色社会主义为什么好，归根到底是马克思主义行，是中国化时代化的马克思主义行。请分析中国化时代化的马克思主义之所以行的历史与实践依据。

2.《报告》指出，要把握好新时代中国特色社会主义思想的世界观和方法论，请简要概述贯穿其中的立场观点方法。

活动二：给策划部提供论证报告的参考资料

一、活动背景

某文化公司准备在新年之际推出一款面向欧美企业高层客户的丝绸印染画礼品专辑，印染画的内容需要经过严格考据，该公司的策划部接受了策划任务，并需要拿出论证报告。请你和你的小组成员一起，搜集整理一份可以提供给策划部参考的资料，帮助他们提出打造这一款礼品的文化创意。

二、活动要求

1. 通过多种途径确定自己要找的资料。

2. 准确理解资料中包含的思路和要点。

3. 鉴别和评价资料中观点的正确性、合理性与真实性。

4. 正确、合理地筛选并综合利用所找到的资料。

反思：怎样提高阅读、分析、评价资料的能力

一、自我评估

学完了本主题的内容，请回答以下问题，检验一下自己是否掌握了其中的要点。

1. 能否有的放矢地找到与主题相关的资料？

2. 能否理清文章的思路，归纳文章的要点？

3. 能否找到文章的论点、论据和论证方法？

4. 能否分析、评价所取材料的价值和鉴别资料中存在的问题？

二、小组评估

在你的小组同学面前展示你对资料观点的评价，请小组同学为你打分，并将结果记录在表3-1中。

表 3-1 资料筛选情况评估表

评估项目	优	良	一般	差
所筛选材料切合主题				
所筛选材料真实可靠				
所筛选材料观点正确				
所筛选材料事实数据充分				
所筛选材料取舍得当				

三、反思提高

（一）计划、反思

反思自己在阅读和获取资料时，是否能够做到以下几点。

1. 找到需要的资料和信息。为一个实际问题或研究课题，查找和阅读有关文件、资料、文章和报告等，并获取需要的论据、观点和数据。

2. 看懂资料中包含的思路和要点。通过阅读和使用数据库、技术书籍等专业参考资料，或请教专家等手段，帮助理解文章和图表中的内容及其复杂的推理思路。

3. 看懂资料本身存在的价值或问题。通过对文件、文章内容和形式的分析和鉴别，理解和确定其提出的观点和意见的价值或存在的问题。

4. 利用资料表达自己的观点。能按照自己的需求，对所得到的资料和信息进行综合分析、筛选和利用，以表达自己的观点或意见。

（二）实践、体会

对照反思结果，结合工作实际，进一步提升你查询资料，归纳要点与思路，找到观点、论据和论证方法，评价及归纳整理材料等方面的能力。

主题二　文体与规范

问题：如何根据工作需要选择恰当的文体？

现代社会中，提供给我们表情达意、与人交流以及完成日常工作任务的文字表达形式越来越丰富，比如日记、随笔、电子邮件、博文、求职信、计划、总结、请示、批复、报告、论文等。

作为职业人，应当掌握的应用文体主要是行政文书，或称公务文书，它是党政机关、企事业单位、社会机构等组织在行政管理中为处理公务而按规定格式写作的书面材料，它具有其他文体所没有的权威性，有法定的制作权限和确定的读者，有特定的行文格式，并有行文规则和管理办法。

通过本主题的学习和训练，你将能够：

1. 了解应用文的范围和基本规范；
2. 学会撰写基本的应用文。

认知：了解公文的基本特点和格式

常用的文书有多种分类，按照基本用途可以分为两大类，即用于行政管理的公务文书和用于处理日常事务的事务文书。公务文书简称公文，种类主要包括命令、议案、决定、公告、通告、通知、通报、报告、请示、批复、意见、函、会议纪要等；事务文书主要有会议记录、计划、总结、简报、述职报告、可行性报告、市场调查报告、说明书等。

微课：

书面表达

一、行政公文的格式

行政公文的写作有固定的格式与要求。一份完整的行政公文一般由三个部分组成，即文头、主文和文尾。其中，主文部分尤为重要，它包括：标题、主送机关、正文和落款，是行政公文的核心部分，也是写作的一个难点。

（一）标题

1. 规范式

规范式标题由三部分组成，即：发文机关＋事由＋文种。这种规范式标题一般用于重要、庄重的公务。

2. 灵活式

灵活式标题还可分为以下两种：

（1）由两部分组成的。如：发文机关＋文种（标题下可加时间）、事由＋文种、转发＋始发机关及原通知标题。

（2）由一部分组成的。这种灵活式标题只有文种，一般用于不太重要的、周知性的公文。

（二）主送机关

机关名称要清楚、正确，机关简称要规范。

（三）正文

1. 缘由

交代行文的依据、目的、作用和意义，叙述时间、单位、地点、人物和事件等，常用"目前……""根据……""为……"等句式。

2. 事项

交代事项有以下两种写法：

（1）并列式。一般交代横向的、静态的公务情况。各部分之间无紧密联系，独立性强，共同为说明主旨服务。其好处是概括面广、条理性强。

并列式内容的序码可用数字式，也可用分段式；段中并列的内容可用数字、分号，也可用句子并列式。要求轻重有序，重要的内容放在前面，依次类推。

（2）递进式。一般交代纵向的、动态的公务过程或者事理。各部分层层递进，每一部分不可缺少，前后顺序不能颠倒。其好处是逻辑严密。

在一篇公文中，两种方法可以交叉使用，即以一种方法为主，在某一部分或某一层次中用另一种方法。

3. 结尾

常见的结尾有两种：一是各文种专用语，如："以上请示，妥否""特此通知"等；二是希望、号召类结束语。有的公文结尾部分可省略。

4. 落款

写清楚成文日期（用汉字书写），并加盖印章。

二、公文写作的步骤

（一）明确发文主旨

任何一份公文都是根据工作中的实际需要来拟写的。因此，在动笔之前，首先要弄清楚发文的主旨，即发文的主题与目的，要明确以下几项内容。

（1）文件的中心内容。例如，关于相关工作的改善，就要提出目前情况怎样、存在哪些问题、解决方式、需注意的事项等。

（2）根据文件内容，准备采用的文种。例如，汇报工作情况，是写专题报告还是写情况简报。

（3）明确文件发送范围和阅读对象。例如，是向上级汇报工作，还是向有关单位推广、介绍经验；是给领导、有关部门人员阅读，还是向全体人员进行传达。

（4）明确发文的具体要求。例如，是要求对方了解，还是要求对方答复；是供收文机关贯彻执行，还是参照执行、研究参考、征求意见等。总之，发文必须明确采取什么方式、主要阐述哪些问题、具体要达到什么目的，只有对这些问题做到心中有数，才能够落笔起草。

（二）收集有关资料，进行调查研究

发文的目的和主题明确之后，就可以围绕这个主题搜集材料并进行一定的调查研究。当然，并非拟写每一份公文都要进行这一步工作。例如，拟写一份简短的通知、公告，一般来说就不需要专门做搜集材料和调查研究工作，在明确发文主旨之后，稍加考虑就可以提笔写作了。但对于较为复杂的问题，还要进行具体的分析和归纳，如拟订篇幅较长的文件、拟订工作计划、进行工作总结、起草规章或条例、拟写工作指示等，往往都需要搜集有关材料并进行进一步的调查研究工作。

（三）拟出提纲，安排结构

在收集材料的基础上，草拟一个写作提纲。提纲是所要拟写的文件的内容要点，把主要框架勾画出来，以便正式动笔之前，对全篇做通盘安排，胸有成竹才能使写作进展顺利，避免半途返工。

（四）落笔起草，拟写正文

结构安排好后，要按照要求所列的顺序，开宗明义、紧扣主题、拟写正文。写作中需要注意：要清楚地表达主题思想，且文稿的层次清晰、逻辑概念要清楚，做到语句通顺、用词规范、标点恰当、书写工整，版面编排要符合要求。

（五）反复检查，认真修改

初稿完成后，要认真进行修改。写文章，需要下功夫。自古以来好文章都是要经过反复修改的，写文件也一样，尤其重要的文件，往往要经过几稿才能完成。要推敲主题是否明确，论述是否集中，观点是否正确，材料是否适当，结构和行文是否规范、严谨，语言是否准确、简明、得体等。

三、怎样写通知、请示、报告、会议纪要和函件

（一）怎样写通知

通知是要求下级机关办理或相关单位周知及执行的事项、批转下级机关的公文、转发上级机关和不相隶属机关的公文、任免人员时使用的公文。

1. 种类

按照内容和功能的不同，通知可以分为六种：

（1）指示性通知。指示性通知是具有指示性质的公文。主要功能是指导下级机关开展工作、提出任务、阐明工作活动的原则与方法，具有指挥性和强制性。

（2）知照性通知。主要功能是传达信息、通报情况、告知事项。例如设立或撤销机构、启用或废止印章、变更时间或地点等。其内容具体单一，不需要接收者执行办

理，只写出告知内容即可。

（3）批转、转发性通知。批转性通知是上级机关对下级机关呈报的公文认可并认为其具有广泛学习、推广、借鉴作用时，加上批语、表明态度，并转发给下级的公文；转发性通知是将上级机关、不相隶属机关的公文转发给自己的下属机关与部门的公文。这类通知一般正文较短，将批转、转发的文件作为附件一同下发，并提出执行的要求，具有指导作用。

（4）发布、印发性通知。发布性通知是用来发布由本机关撰写的并以本机关名义发出的公文；印发性通知主要用于印发本机关撰制的工作要点、计划、纲要、领导讲话等非法定公文材料。这类通知的执行要求比较严格，发布、印发的文件会作为附件随通知一并下发。

（5）会议通知。其主要功能是对参加会议的有关事项进行说明，包括会议的时间、地点、事项、要求等。

（6）任免通知。其主要功能是公布任免事项。

2．特点

（1）广泛性。在所有公文中，通知是使用最广泛的。首先，其不受机关或组织性质、级别的限制。其次，通知不受内容轻重繁简的限制，比较灵活、实用。

（2）时效性。通知事项往往要求立即办理、执行等，不允许拖延。有的通知只在一定时间内有效，如"会议通知"。

（3）内容单纯，行文简便。一份通知一般只布置一个工作事项，对写作格式无严格要求，与其他公文相比，较灵活简便。

3．写作要求

（1）明确目的，分清种类。通知种类较多，行文也有差异，因此行文前应先弄清通知的目的和内容，再选用正确的通知种类，写出符合题旨的通知。

（2）事项明确，措施具体。通知的目的旨在要求有关单位或人员执行、办理，其事项要明确、措施要具体并切实可行。

（3）用语得体，讲求时效。通知既可下行，也可平行，因此用语应得体。通知下行时要突出权威性和指令性；平行时要体现尊重性和协调性。讲求实效、提高效率，不能贻误时机。

4．正文写法

指示性通知的正文缘由是发通知的依据、目的和意义，力求简短概括，随后用"特作如下通知"或"特通知如下"转入通知的内容。通知事项应分条列项写，并提出具体要求、措施、办法等。指示要明确、切合实际。

批示性通知的正文一般包括转发对象和批示意见两个部分。转发对象要写明被转发公文及原发单位的名称。批示意见根据实际情况可长可短，要求下级机关执行的通常用"参照执行""遵照执行""研究执行""认真贯彻执行"等。

发布性通知的正文都很简短，只需写明发布的意义和目的，提出执行要求即可。

会议通知的正文一般包括召开会议的机关、名称、起止时间、地点、内容和任务、参会人员的条件和人数、报到时间及地点、与会人员应携带的文件和材料等。

任免通知的正文要写清楚决定任免的时间、机关、会议或依据文件及任免人员的具体职务。

一般性通知的正文，要交代办什么事、什么时间完成和要求等。

（二）怎样写请示

请示是用于下级机关向上级机关请求指示、批准的一种公文。是常用的上行文。

1. 特点

（1）请求性。请示与批复是公文中唯一的双向对应文体。故请示的行文往往带有一定的意愿和要求，具有鲜明的请求性。

（2）专业性。一份请示只能就一项工作或一种情况、一个问题进行请示，在一份请示中不可提及多个事项，对"一文一事"的要求最为严格。

（3）时效性。请示涉及的问题和情况，大多较为重要或紧急，需要在一定时间内办理和解决，因此，应及时撰写并及时呈报，以免延误解决问题的时机。

（4）针对性。请示的针对性很强，必须是本机关没有政策依据、没有审批权限或没有能力解决的重要事项。

2. 写作要求

（1）不越级请示，不横向请示。如果需要请求平行职能部门审批其管辖范围内的事项，可使用"函"。

（2）不应多头主送。请示主送机关只能是一个，即主体的直接上级机关。

（3）注意"一事一文"。如果一项工作涉及多个问题需要上级批准解决，应该将问题分解，分别行文请示。

（4）请示事项必须明确具体。请示切忌事项模棱两可或不提具体要求。

（5）内容宜实事求是，准确具体。请示要理由充分，语言简洁明了。提出的意见、问题或建议应合情合理、有法有据。

（三）怎样写报告

报告是适用于下级向上级汇报工作、反映情况、提出意见或建议、答复询问的一种公文。

1. 特点

（1）汇报性。汇报应以事实和具体数据为支撑，常采用叙述形式直陈其事。

（2）陈述性。以陈述事实为主，将事情的来龙去脉交代清楚，便于上级机关能迅速、准确地掌握有关情况，不需要作者对汇报内容作任何评价。

（3）单向性。行文方向为单向，由下级机关向直属上级或业务主管部门汇报工作、反映情况。常在某事件进行中或后行文，便于上级掌握情况，一般不需要回复或批示。

（4）客观性。反映的情况必须是真实信息，不允许弄虚作假。

2. 种类

（1）工作报告。用于汇报工作，让上级了解工作进展情况，接受上级的指导和监督，并为上级机关制定政策、部署工作提供依据。正文主要构成为：基本情况、主要成绩、经验教训和存在的问题。结束语可用"特此报告""以上报告请审阅"等。

（2）情况报告。向上级机关及时反馈工作的进展，以及工作过程中反映出来的带有倾向性的问题和动向。写作时要抓住事物的重点，反映典型的事件。

（3）答复报告。上级单位询问某一项工作的执行结果时，下级单位根据询问的内容给予答复的报告。

3. 写作要求

（1）目的明确。一是根据目的确定报告种类；二是根据目的选择典型材料和重点内容。

（2）内容真实。任何未经调查的材料不得写进报告，汇报必须实事求是，既不夸大成绩，也不掩饰缺点和问题。

（3）重点突出。撰写报告时宜抓住重点，突出中心，合理安排结构，分清主次，详略得当，材料的处理要点面结合。

（4）不能夹带请示事项。

4. 请示与报告的区别

（1）从实际作用看，请示是"办件"，要求上级机关给予批复，报告是"阅件"，供上级机关参考，不需要办理与回复。

（2）从内容上看，请示强调"一文一事"，内容单一、篇幅短小；报告内容广泛，涉及面可大可小，篇幅也可长可短。

（3）从写作格式上看，请示原则上只报送一个主送机关，报告则没有严格规定。联合报告比较多见，联合请示则较为少见。请示的结束语一般较为固定化，如"当否，请批复"等，报告的结束语则较为多样。

（4）从行文时机看，请示必须事前行文，待上级机关批复以后，按上级要求开展工作或处理相关事项。报告可以根据实际情况随时行文，事中、事后均可。

（四）怎样写会议纪要

会议纪要是专门记录会议基本情况和会议内容的文书，是根据会议记录、会议文件及其他相关材料加工整理而成的。会议纪要是反映会议基本情况和精神并要求有关单位执行的一种文体。

1. 特点

（1）内容的纪实性。会议纪要应如实反映会议内容。

（2）表达的要点性。会议纪要是依据会议情况综合而成的，撰写会议纪要应围绕主旨及主要成果进行整理提炼。强调介绍会议成果，而不是叙述会议的过程，切勿记流水账。

（3）称谓的特殊性。会议纪要常采用第三人称写法。由于会议纪要反映的是与会人员的集体意志和意向，常以"会议"作为表述主体。

2. 格式

会议纪要通常由标题、正文、主送和抄送单位构成。

标题有两种情况，一是会议名称加纪要，如《促进高校毕业生就业工作会议纪要》。二是召开会议的机关加内容加纪要，如《××公司关于安全保卫工作会议纪要》。

正文一般由两部分组成：

（1）会议概况。主要包括会议时间、地点、名称、主持人、与会人员、基本议程。

（2）会议精神和议定事项。常务会、办公会、日常工作例会的纪要，一般包括会议内容、议定事项，有的还可概述议定事项的意义。工作会议、专业会议和座谈会的纪要，往往还要写出经验、做法、今后工作的意见、措施和要求。

3. 写法

根据会议性质、规模、议题等的不同，大致有以下三种写法：

（1）集中概述法。概括叙述会议的基本情况，讨论研究的主要问题，与会人员的认识，议定的有关事项，包括解决问题的措施、办法和要求等。多用于召开小型会议，讨论的问题比较集中单一，意见比较统一，容易贯彻操作，纪要的篇幅应相对短小。如果会议的议题较多，可分条列述。

（2）分项叙述法。大中型会议或议题较多的会议一般采取分项叙述法，加上标号或小标题，分项写。侧重于横向分析阐述，内容相对全面，常常包括对目的、意义、现状的分析，以及对目标、任务、政策措施等的阐述。

（3）发言提要法。整理会上具有典型性、代表性的发言，提炼出内容要点和精神实质，然后按照发言顺序或不同内容，分别加以阐述说明。其能比较如实地反映与会人员的意见，某些根据上级机关布置，需要了解与会人员不同意见的会议纪要，可采用这种写法。

（五）怎样写函件

各级机关或各类企业在开展工作和业务往来的过程中，经常需要就某些工作事项与平行或不相隶属的机关或兄弟企业交流信息，或联系业务、协商工作，或表达意愿、提出请求等，这种联系的"桥梁"和"纽带"就是函件。

1. 商洽函

平级机关、不相隶属机关、兄弟企业之间商洽工作，联系事宜的函。如《关于联合主办产品发布会的函》。

2. 答问函

向有关单位询问情况，征求意见的函，是询问函；针对来函给予明确答复的函，是答复函。

3. 申请与批复函

向没有隶属关系的业务主管部门请求批准事项的函。如市属某集团公司给省土地规划局《关于扩建职工宿舍所需用地的函》，请求予以批准。

按行文方向分为发函（来函）与复函（回函）。从格式上分为公函与便函。

案例

××公司关于联系员工学习事宜的函

×司函（2019）2号

××大学：

　　为提高我公司信息中心员工的业务能力和管理水平，我司拟选送1名业务主管，到贵校进修学习半年，主要学习内容为信息化管理。从2019年2月15日开始，到2019年8月15日结束。由我公司安排脱产走读的有关进修费用，按贵校文件规定交纳。

　　以上事项，同意否，敬请函复。

（印章）

二〇一九年一月五日

　　上文案例是一篇给不相隶属机关的商洽函。行文简洁，开门见山，语言得体。

案例

关于员工学习事宜的复函

×函（2019）2号

××公司：

　　贵单位关于联系员工学习事宜的函（×司函（2019）2号）收悉。经研究，答复如下：

　　同意贵单位的1名员工到我校进修学习。

（印章）

二〇一九年一月十五日

　　这是某大学接到来函后，根据实际情况给予的回复，表明态度简洁明了。

行动：学习行政公文的写作方法

活动一：情景写作——请示、批复和通知

一、写作情景

请以下面的材料为主，完成后面的一系列练习：

市南山区丰华食品厂1996年年初开始建厂，同年12月开始边建边生产，目前处于试产阶段。该厂要求给予免征工商税的照顾。该厂在试产期间，由于电力不足，设备不完善等原因，导致1997年1月至10月先后停产5个月，1997年总产量1 477吨，总成本××万元，总销售量××××吨，销售总收入××万元，销售税金×万元，亏损额为××万元。经调查，以上情况属实。

二、写作任务

1. 代××市南山区财政局写一份为丰华食品厂免税的请求性的公文。

2. 代××市财政局写一份同意免税的答复性的公文（注：答复性的公文叫"批复"，是上级机关对下级部门或个人的请示给予答复的下行公文）。

3. 代南山区财政局写一份转发性的通知。

活动二：评析案例

一、报告案例

关于申请增设××派出所的请示报告

××市局领导：

我分局下属的淮河派出所管辖战线长、地域广，近年来由于城市经济的快速发展，导致人口迅猛增多。该派出所辖区又系城乡接合部，治安情况极为复杂。据此我分局向市局请示，拟增设××派出所，管辖原淮河派出所管辖的部分地段。这样可以加大管理力度，缓解淮河派出所警员的工作压力，从而提高工作效率，确保一方平安。请领导尽快研究，早日答复。

当否，请批示。

×分局（公章）
2021年5月10日

二、活动要求

请从标题、主送机关、缘由、事项、结语、成文日期以及语言表达等方面评析上面的写作案例是否规范。

反思：你是否掌握了常用应用文的基本写作规范？

一、自我评估

请你以"报告"和"请示"为例，谈谈它们的区别，填写表3-2。

表3-2　"报告"与"请示"的区别分析

区别＼文体	报告	请示
行文目的	呈报性　单向	呈请性　双向
行文时间		
内容与容量		
收文处理		

二、小组评估

××公司要在元旦举行公司十周年庆典活动，请你以××公司的名义给员工写一份参加公司十周年庆典活动的通知。

1. 要求

写明会议的时间、地点、事项、要求等，并请组员为你评定等级。

2. 评分等级

优秀：格式规范，表述清晰恰当；

良好：格式规范，表述比较清晰恰当；

一般：格式比较规范，表述比较清晰；

不及格：格式不规范，表述不恰当。

三、反思提高

（一）反思分析

通过本主题的学习，你对公文在职场中的价值是否有了新的认识？过去，你接触得比较多的可能是诗歌、散文或演讲稿，未来，当你进入职场，你就会更多地需要使用常用的公文进行工作沟通。

本主题我们只举例介绍了常用的公文写作规范，请利用互联网查找更多资料或找到专门的公文写作书籍，扩大一下知识面，看看公文具体有多少种类。同时，根据你的专业性质，归纳一下，看看未来你可能要用到的有哪几种。

（二）提升攻略

请通过阅读报纸刊登、网站呈现的公文资料和你单位的文件，体会一下几种公文的写法，包括它们的格式、用词等方面。结合我们这节课所学的内容，记住这些公文主要的写作要求，以便自己灵活应用。

主题三　写作与表达

问题：如何运用公文写作的基本技巧？

在公文写作中，除了选择恰当的公文格式，组织和利用好材料外，还需要有基本的写作技巧，要做到：主题突出，观点明确；逻辑严密，条理清楚；结构严谨，布局恰当；表达方式正确，语言准确规范。

应用文写作看似简单，似乎没有什么技巧，实际上要写一篇主题清晰，逻辑层次分明，语句通顺，用词规范，版面编排符合要求的应用文并不是一件容易的事情。这就需要我们多写，多练，多琢磨，多比较。

写文章要"言之得体"。不同的文体有不同的语言风格，如果你用应用文的语言表达形式去写艺术散文，就会使人食之无味。反过来，如果用写艺术散文的笔调去写应用文，寻求辞藻之华丽、修辞之丰富，结果也会给人以不伦不类的感觉。所以，书面表达时，必须注意文章的语言风格，只有这样，才能很好地达到书面交流的目的。

通过本主题的学习和训练，你将能够：

1. 在书面表达时注意文章的语言风格；
2. 撰写会议记录、计划、总结、简报；
3. 掌握基本的写作技巧，准确恰当表述。

认知：学会公文写作的基本技巧

一、选择应用文合适的语言风格

在写作应用文时，必须根据文章主题的特点，采用适当的语言风格，来支持自己的观点，提高文章的说服力。应用文主要有以下语言特点：规范、准确、简约、平实。

（一）规范

规范，是指语言形式要遵守约定俗成的语言习惯，不随意打破语言常规，不自造新词，不滥用方言。应用文的语言要求合乎社会的、时代的、科学的语言标准。

1. 使用名词要规范

应用文特别是公文、事务文书和专业文书，使用名称、时间、数量都要规范。机关名称要用全称或规范的简称，使用缩略语要慎重。

2. 遣词用语要规范

不能随意生造新词，不能任意缩减词语，如"装布"（装饰布置）、"败乱"（败坏搞乱）、"妥确"（妥当确切）之类的词，容易使人费解。不能随意将成语、惯用语等固定词组中的词素更换，如"五波三折""离题万丈"等词语，特别是当前在网络上出现的一些新造词语，在约定俗成之前，不能随意运用在公文中。

3. 语法要规范

要遵守通用的表述习惯。

（二）准确

准确就是表达得明白清楚，做到不产生歧义，不引起误解，能够使人们看了就懂，并可以付诸实践。必须做到：

（1）所用的词语有明确的单义性，表意确切，避免歧义。

（2）一般不用语气词、感叹词和儿化词。

（3）不用富于描绘性、形象性的词语。

（4）不用口语词语和方言。

（5）不滥用简称、略语。

（6）正确运用各种数量的概念，多用数据说话，忌虚晃漂浮。

（三）简约

简约就是叙事简洁完备，约而不失一词；说理精辟透彻，简而不遗不缺；既不冗长累赘，又不能言不及义。应做到开门见山、直截了当、实话实说，不绕弯子、不穿靴戴帽、不故弄玄虚、不矫揉造作，力求简明扼要、不蔓不枝、干净利索地清晰表达。

书面表达要达到简约的语言风格，就必须做到：词语精当、句式简洁、篇章严谨。

（四）平实

平实就是所使用的句子平淡无奇，实实在在，朴实而不虚浮。其特点是不用或少用形容词之类的附加成分，不用或少用比喻、夸张、渲染、烘托之类的各种修辞方式，而是实实在在地叙述事实、铺陈景物、解析事理。

二、怎样写会议记录、计划、总结、简报

（一）怎样写会议记录

会议记录是开会时当场将会议基本情况和会议报告、发言、讨论、决议等内容如实记录下来的文书（图3-1）。

1. 特点

（1）真实性。会议记录是对会议情况的客观记录。

（2）资料性。会议记录是分析会议进程，研究会议议程的依据，是编写会议简报和撰写会议纪要的重要资料，还可以作为原始资料编入档案并长期保存，以备需要时查阅。

2. 结构

会议记录一般由标题＋正文＋尾部三部分组成。

（1）标题。会议名称＋文种，如"××集团第三次股东会会议记录"。

（2）正文。首部＋主体＋结尾，具体如下。

首部：会议概况。包括会议名称，会议时间，会议地点，会议主席（主持人），会议出席、列席和缺席情况，会议记录人签名等。以上六项需在主持人宣布开会之前填写好。

主体：会议内容。包括：① 会议议题，如果有多个议题，可以在议题前分别加上序号；② 发言人及发言内容，记录每个人的发言时都要另起行，写明发言人的姓名，然后加冒号；③ 会议决议，决议事项应分条列出，有表决程序的要记录表决的方式和结果。

结尾：另起行，写明"散会"并注明散会时间。

（3）尾部。右下方写明：① 主持人：（签字）② 记录人：（签字）。

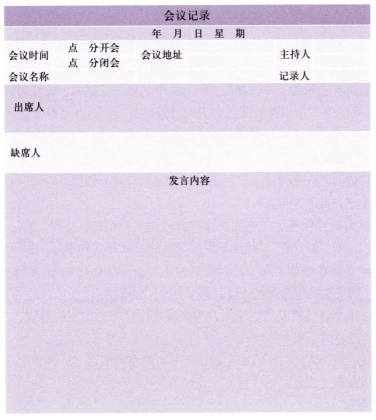

图 3-1　会议记录

（二）怎样写计划

计划是国家机关、企事业单位、社会团体或个人对今后一段时间的工作、生产

（项目）等提出目标以及实现目标的步骤、方法和措施等的文书。由于计划涉及的内容和期限不同，其有不同的名称，如规划、方案、安排、设想、打算、要点等。

1. 特点

（1）预见性。计划是为做好未来工作、完成今后任务而制定的，具有鲜明的预见性。制定计划前，必须总结前段时间工作的经验教训、对现有的和可能的有利和不利因素、对计划执行中可能出现的各种情况等进行研究、分析，并制定相应的对策、方法、步骤和措施。

（2）目标性。制定计划时要将一定时期内要完成的基本任务、实现的预期目标或达到的效益等写清楚。

（3）可行性。制定计划的最终目的是指导实际行动，因此，在制定目标和任务时要切合自身实际，制定的措施、办法宜切实可行，以确保目标的实现。

（4）权威性。有些计划要求单位或组织内全体员工必须贯彻执行，是需要所有人努力完成的共同目标。一经法定会议通过或行政机关批准的计划，就具有正式文件的权威性和约束力。

2. 格式

计划一般由标题、正文和落款三部分组成。

（1）标题。标题通常有四种写法：① 由单位名称、计划时间、计划内容和计划名称四要素构成。如《×公司××××年度工作计划》。② 由计划内容和文种组成。如《关于镇务公开的工作计划》。③ 由单位名称、计划内容和计划名称组成。如《××公司提高网络安全事件处理能力的应急预案》。④ 由计划时间、计划内容和计划名称组成。如《××××年度项目推广工作安排》。

（2）正文。正文包括前言、主体、结尾三部分。

前言是计划的开头部分，主要阐明制定计划的背景、依据、目的、意见和指导思想等。前言部分的表述宜简明扼要。

主体一般由目标任务、措施和步骤三部分构成。目标任务是工作、活动要达到的标准和要求，即"做什么"。措施是完成任务的具体方式和手段，如采取哪些手段、创造哪些条件、运用哪些方法、进行哪些分工等，即"如何做"。步骤主要指时间、人力、物力、财力的具体分配和安排，即"什么时间做完"。

结尾即结束语，包括补充性说明，为完成目标任务而提出的希望、号召与建议，或执行计划应注意的事项等。

（3）落款。在正文的右下方写上制定计划者的名称或名字，并署上日期。如作为文件外发，还应加盖公章。

3. 写作要求

（1）实事求是，统筹兼顾。撰写计划必须实事求是，要充分分析客观条件，所撰写的计划既要有前瞻性，又要留有余地，使执行者通过一番努力才能完成。如事关全局性计划，还应将各方面的问题思虑周全，如计划需分解到部门，要处理总计划和分计划、整体和局部之间的关系，做到统筹兼顾。

（2）突出重点，条理清楚。一段时间内要完成的事情有很多，先做什么、后做什么，主要做什么，次要做什么，必须有重有轻、有先有后，点面结合、有条不紊，这样才有利于工作的全面开展。

（3）明确目标，步骤具体。计划的目标必须明确，这样才有利于执行者明确努力的方向；步骤和进程宜具体，使其有利于实施和检查。

（三）怎样写总结

总结是党政机关、企事业单位、社会团体及个人对前一阶段工作进行系统回顾、分析评价，从中得出规律性认识并指导今后工作的文书。

1. 特点

（1）客观性。总结是事后回顾，所回顾的都是客观存在的事实，做过什么、成功与否等都必须符合客观实际。真实客观地分析情况，总结经验，不能言过其实，也不必文过饰非。

（2）理论性。总结离不开实践，应用事实说话。但总结也不宜停留在事实表面，宜透过事物的现象看本质，用大量的感性材料进行去伪存真、去粗取精的工作，进而得出规律性认识。

（3）启发性。启发性的意义并不能停留于对实践的理性认识，更是为了对今后实践的启发和指导。通过总结，可以加深对实践的认识和理解，从而再接再厉、继续前行；也可以在原有基础上调整或整顿，避免重蹈覆辙，从而打开新局面。

2. 格式

总结一般由标题、正文、落款三部分组成。

（1）标题。总结的标题常有以下三种形式：① 公文式：即由单位名称、时间、内容和文种组成，如《××××公司2019年度工作总结》。② 文章式：由总结的内容或观点概括而成。此种标题一般不标明"总结"二字，如《缩减办公经费，提高经费使用效率》。③ 正副标题式：正题用来概括文章的主旨和中心，副题具体说明单位、时间和文种，如《改变管理方式，提高服务质量——市场部经验介绍》。

（2）正文。正文由开头、主体和结尾三部分组成，具体包括以下内容。

基本情况：简单交代总结的时间、背景、事情经过、基本成绩与收获等。

现有成绩与不足：此为总结的主要内容。一般先叙述成绩，成绩表现在哪些方面，收获有哪些；然后指出工作中存在的不足，并分析导致失误的原因与危害。

经验教训：通过对实践活动进行客观分析，得出经验与教训，挖掘日常工作中深层次的内涵，将具体问题上升到理论高度，从中总结出规律以便指导今后工作。

改进意见及设想：在总结经验教训的基础上，明确今后的方向并提出改进措施与建议。

（3）落款。一般是署名和日期，要写单位全称和完整的年、月、日（中文式）。

3. 写作要求

（1）实事求是，一分为二。实事求是是写好总结的基础。要如实反映工作中的成绩与问题、经验与教训，不能只报喜不报忧，更不能脱离实际随心所欲地拔高观点。

反映的情况不能片面化，更不能前后矛盾。

（2）抓住重点，切忌平淡。总结应根据目的、内容和性质的不同而有所侧重，要抓住主要的、本质的和规律性的问题。

（3）突出个性，注重特色。总结要写出不同单位或同一单位不同时期的不同特点，不能千篇一律。故要求写作前先充分了解情况、准备丰富的材料，认真梳理和深入剖析，把握本质和规律，形成特点，防止一般化和老一套。

（四）怎样写简报

简报是机关、团体及企事业单位编发的简要反映情况、报道工作、交流经验、揭露问题的一种文书，也叫"动态""简讯""摘报""工作通讯""情况反映""情况交流""内部参考"等，它是内部编发的常用文书，内容涉及面非常广泛，是进行对内、对外交流的一种很好的媒介。

1. 特点

（1）快。指反应迅速及时，简报具有新闻性，追求时效性，要求发现、汇集情况快，撰写成文快，编印制发快。

（2）新。指内容新鲜、有新意，简报要提出新情况、新问题和新经验。善于捕捉工作、社会生活中的"新"，使简报具有更强的指导性和交流性。

（3）实。反映情况要客观，即简报所反映的情况和问题要真实准确，不能随意夸大或缩小。

（4）短。指简短，文字短，内容精，开门见山，直接叙事，一语中的。尽可能一事一议，少做综合报道。简报字数一般为几百字，至多不过一千字。

2. 种类

（1）工作简报。反映本地区、本单位、本部门日常工作的简报。包含内容较为广泛，定期或不定期编发，在一定范围内发行。

（2）会议简报。是会议期间反映会议情况的简报，其内容包括会议的进行情况、讨论发言及会议决定等。

（3）动态简报。包括情况动态简报和思想动态简报。

（4）专题简报。是将某一项专门工作的动态、进展、问题、经验向有关部门通报的简报。内容集中，事件单一，能够及时地将动态进展、问题、经验反映出来，以便于推动工作。

3. 写法

简报一般包括报头、正文、报尾三部分内容。

（1）报头。一般应占第一页的1/3版面，由名称、期数、编写单位名称、日期和分隔线几部分组成。

（2）正文。正文由标题、主体和总结三部分组成。标题要醒目、简明，使人一看就能抓住即将表达的内容。简报开头应有一个总的概括性说明，用简要的文字把事件的时间、地点和意义、作用交代清楚，揭示简报的中心思想。也可先写出事情的结果，然后再分析、说明，以引人注意，具有统领全篇的作用。主体承接开头，用充分的、典型的、真实的材料和数据说明开头提出的问题，起着阐述中心内容或说明主要观点的作用。最后简要总结，如提出希望、要求、号召等。

（3）报尾。需注明"报：上级机关"或"送：同级或不相隶属的下级单位"。

行动：公文写作方法体验

活动一：对比评析，体会公文的语言运用风格和规范

一、活动要求

下面是两篇请示类的公文材料，请对比阅读，从应用文语言风格和公文规范角度点评一下"材料1"的问题所在。

【材料1】

关于解决实验室笔记本电脑问题的请示报告

公司领导：

实验室原有一台专用于实验的笔记本电脑，因使用多年经常出毛病，维修多次、花了不少钱还是不能正常使用，准备报废处理。我们FTS项目和OCT项目的软件测试都要用到该笔记本。这样一来，问题就大了。这个有问题的笔记本会严重拖慢项目进度呀！可见，笔记本对实验室工作的关系是多么大！这也足以证明，实验室无笔记本不行！因此，我们要求领导资助购买一台新的笔记本。据闻，这种笔记本只需大约五六千元，请你们赶快拨款，以便购买使用。

拜托了，不胜感激之至。

此致敬礼
FTS项目组
2019年3月3日

【材料2】

关于拨款购买实验室笔记本的请示

公司领导：

实验室原有一台用于实验的笔记本电脑，因使用多年，故障甚多，已近报废。为了不拖延项目进度，急需添置一台新的笔记本电脑，所需购机款合计5 500元，恳请公司给予拨款购买。

妥否，请批示。

FTS项目组
二〇一九年三月三日

二、评析与提示

材料1在写作语言上的主要问题是：

1. 用词准确上，使用了较多的语气词、口语词，缺乏书面语，不够严谨；

2. 用词简洁上，语言比较啰唆，废话较多；

3. 用词规范上，标题的"请示报告"合并使用不规范，"请示"与"报告"是两

种不同的公文，不能合并使用。结语不规范，"此致敬礼"使用不当。另外，落款日期要使用中文日期的写法。

活动二：分析问题，学会写报告

一、活动要求

下面这个报告有多处用语不当，请修改，并从谋篇布局和公文规范的角度，指出其错误所在。

关于南山乡柳编厂火灾事故的检查处理报告

2018年5月8日，我县南山乡柳编厂发生了一起重大火灾。由于该厂领导的防火意识不足，造成很大损失，烧毁部分设备和成品柳框万余个，经济损失达70万元。事故发生后，我们立即进行了检查处理。

从调查情况看，这次火灾是一起严重的责任事故，其直接原因是该厂工人方新宇违反用电规定，发出电火引燃附近备用柳条垛。我们虽然调集6台消防车参加灭火，保住了厂房和部分原材料，但因该厂消防组织不健全，缺乏得力配合，致使火灾蔓延，造成严重损失。经上下通力合作，该厂于5月10日正式恢复生产。

我们对这次火灾造成的损失极为痛心，一定要吸取教训。我们采取了以下措施。

一、……（略）

二、……（略）

三、……（略）

我们一定要吸取教训，严格防范，防止类似事故的发生。

南山乡派出所
2019年5月11日

二、评析与提示

这篇公文的主要问题是层次混乱、内容不全、结构不完整。

1. 段落层次混乱。第一段写事故的一般情况，但又混杂了事故的原因（领导不力）；第二段主要分析事故原因，但又掺杂了抢救情况。

2. 内容不全。标题是检查处理报告，但只写了火灾原因的"检查"和事故防范的三点措施，只字未提对该次事故的处理情况。

3. 结构不完整。前面缺乏应有的主送机关，后面缺少结语，日期没有使用汉字日期的规范用法。

反思：怎样提升公文写作的能力

一、自我评估

检查自己对以下公文的概念和写作规范是否清楚：

1. 会议记录与会议纪要的关系与区别在哪里？

2. 简报与报告的区别是什么？

3. 简报的常见种类与写法有哪些？

二、小组评估

在你的小组同学面前讲述你模拟公文写作的过程，并展示你的写作文稿，请小组同学参照表3-3为你打分。

表3-3 模拟公文写作评估表

内容	优	良	一般	差
选择的文体合适得当				
与听众交流是否恰当				
行文规范，语言表达准确、精练				

三、反思提高

（一）自我反思

在工作岗位处理日常事务时，需要掌握常用公文的写法，这是基层管理者和员工需要的基本功。了解基本的公文文种，学会基本的表达技巧，也是我们社会交流表达需要的核心能力。通过上面的学习，你是否有收获？回顾一下，本节的学习与实践使你在哪些方面得到了锻炼，还有哪些方面需要进一步努力。厘清自己，是进步的开始。

（二）提升策略

语言表达能力是一种需要长期锻炼才能逐步提高的能力，词语精当、句式简洁、篇章严谨，这些都是书面语言表达的要求，我们可以通过多读多思多写来获得这些能力。比如，我们可以读一读国家颁布的文件，如党代会、人代会的工作报告，这些都是经过多人反复修改后定稿的公文。同时，我们可以揣摩一下其谋篇布局的方法，体会其规范、准确、简约的表达风格。孔子说，"学而不思则罔，思而不学则殆"，学而思，是能让你快速提高能力的重要方法。

当然，学了还要用，你可以通过实践，自己动手写一写公文。不敢写，永远也可能不会写。不断实践，才能不断提高。

/阅读清单/

[1]《交流，使人生更美好——赵启正 吴建民对话录》，赵启正、吴建民著，世界知识出版社，2010年

导读：赵启正，曾任上海市副市长、中国国务院新闻办公室主任。吴建民，曾任中国外交部发言人、中国驻法国特命全权大使。二人在各自领域发挥着独到的交流艺术，其成就被广为称道。

赵启正的交流特点：幽默，人情味浓，亲和力强，反应机敏，知识渊博，在高层次的国际交往中出类拔萃。他善于思辨，通过思辨促进心智交流。吴建民的交流特点：儒雅，持重，言辞犀利而不失风度，说理深刻而令人信服，在高层次的外事交锋中大放异彩。他善于说理，通过说理赢得外交胜利。在本书中，二人结合自己的人生经历，从交流的意义和艺术的角度叙述各自的心得体会、经验教训，纵论关于交流的真知灼见。

[2]《电话行销教练》，刘景澜著，中国致公出版社，2010年

导读：销售是企业利润的源头活水，是企业成长发展的原动力。企业真正产生利润的环节是生产和销售，生产带来商品，销售则是把商品变成利润，所以说销售也能创造财富，销售人员则是经济时代商业社会重要的组成部分。电话行销是销售的一种重要方式，而且是一种最快捷、最高效的方式，好的电话行销能很好地把商品变成财富，产生利润。

如何使自己对电话行销产生正确的心态和信念？如何使自己在电话中的声音充满魅力？如何使客户一开始就对你产生好感？如何使客户愿意继续听你讲下去？如何使客户无法拒绝你的邀约？如何有效处理客户的各种反对意见？如何用吸引力法则使你的业绩倍增？如何打动客户的心，让客户喜欢你、信赖你？本书详细介绍了作者15年来关于电话行销和口才的经验和心得，读者可以很轻松地掌握并在工作中运用这些技巧，从而快捷有效地提升自己的业务水平。

[3]《敢说·会说·巧说：当众讲话三部曲》，黄大钊著，中国书籍出版社，2005年

导读：这是一本专门训练现代人在职场上当众讲话的实用教程，旨在训练站着思考的思路、方法和技巧，提高在众人面前的表达能力。书中的内容循序渐进地引导你客观地认识自身在当众讲话方面存在的问题，明白其中的原理，掌握克服紧张的方法，知道在各种场合说什么，又怎么说，挖掘自身的潜能，发挥出自己的正常水平，从中找回那本属于自己的自信。

作者黄大钊先生曾是一位内向、胆怯的人，他把成功改变自己后的实践经验，结合相关的理论学说，加上多年的教学经验，融为一体，创作成书，旨在让有这方面需求的朋友从中受益。书中介绍的当众讲话思路、方法和技巧，具体实用，好理解、易掌握、操作性强。按照书中的要求做，定能提升你的讲话欲望，突破敢说，达到会说，进而步入巧说，让能说会道、侃侃而谈不再只是他人的特长。

第二篇 | 团队合作与工作协调力

>> 团队合作能力是一个人在职业活动中，与其他成员协商合作目标、相互配合工作，并调整合作方式，不断改善合作关系的能力，是从事各种职业必备的社会能力。

>> 这种团队合作能力，在一对一或者团队的工作环境中，个人与他人、个体与群体的条件下，以职业工作条件和环境为背景，通过沟通的方式，结合其他解决问题的能力、信息交流等技能或手段，以完成工作任务和解决实际问题为目的，适用于所有工作岗位和人员。

在"协商合作目标"阶段，要理解与他人合作的目标，共同制订合作计划；准确、顺利地执行合作计划；调整改进工作方式，完成合作任务。

在社会生活中，特别是在加入新的团队，或由自己组建团队，完成某个项目或创业时，合作的过程和应对会考验我们每一个职业人的合作协调能力，因此，我们必须进一步强化合作精神，提升合作能力。

本模块能力要求：

1. 能明确团队合作的利益共同点，认同合作目标；
2. 能展示个人的合作优势，找准在团队中的角色定位；
3. 能了解和利用已有合作资源，参与制订合作计划；
4. 能遵守团队合作规则，提出防范内耗的措施。

本模块训练重点：

1. 了解团队的特点与要素，明确自身的角色定位；
2. 正确理解合作目标，明确工作要点和关键任务；
3. 与伙伴建立合作关系，赢得团队信任。

案例示范：合作从一块面包开始

18岁的小赵离开家乡外出打工时，因为走得仓促，身上只有很少的钱。当他晕晕乎乎地走出某南方大都市S市的火车站，小赵饥肠辘辘，身上只剩5角钱。面对滚滚而来的热浪和熙熙攘攘的人群，举目无亲的小赵坐在火车站的广场上发呆。

小赵想买东西吃，车站售货点的面包最少也要一元钱一个。到了晚上，他看到许多人睡在广场上，一些人看起来很熟悉情况的样子，他瞄上了一位40多岁样子的人，凑到近处寒暄几句，知道了对方姓钱，便亲热地叫他"钱叔"。小赵问："钱叔，您有没有五毛钱，我们合起来买个面包，一人分一半。"钱叔也饿了，舍不得一人吃掉一个面包，欣然同意小赵的提议。

两人吃完了面包，又聊了一阵，彼此感觉很投缘。他们一个熟情况、善谋划，但体力较弱；另外一个身体棒、脑子灵，但人地两生。二人的优势正好可以互补，商议过后，他们决定合起伙来在车站做零工。

通过钱叔的帮助，小赵在车站站稳了脚跟。二人同心，其利断金。6年后，小赵24岁，他会同车站某部门和某乡镇企业，三方合作，开办了一家储运公司，小赵成为赵老板，钱叔也当上了副总经理。又过了10多年，赵老板的公司年收入上亿，钱叔退休，过上了优渥自在的晚年生活。

[分析] 每个个体加入团队，成为团队一员时，大概都会思考一个问题："我为什么不自由自在、优哉游哉，而非要加入团队，受到条条框框的约束呢？"其实，一个人加入团队总会有一定的动机或目的，这目的不外乎是"加入团队要比我单干更好、更有利"，也就是首先认为有必要，然后就有了一起干的意愿，这时成立团队、相互协作就顺理成章了。案例中小赵和钱叔的第一次合作，便是合买一个面包充饥。但他们俩一个钱不够，另一个又舍不得买一整块面包。他们俩都有买面包的意愿，但是每个人单买面包都有困难。这时小赵提出合作的意向，则正合钱叔之意。于是他们便合作起来，成了一个小小的团队。后来，他们的合作便一步步发展起来。

主题一　表达意愿　融入团队

问题：怎样融入新的团队？

合作需求是双向的。"萤仅自照，雁不孤行"，你要与别人合作，别人也要与你合作。新人有弱点，如能力不够、经验不足、人微言轻等，需要资深员工的提携和带动；新人更有优势，如服从指挥、精力充沛、时间充足等。只要你表现出强烈的合作意愿，积极地创造合作机会，就可以增进合作。

制定合作计划的时候，要有可以利用的资源正如俗话所说，巧妇难为无米之炊。在你的职业圈中，合作资源不是显露的，而是隐藏在难以发现的地方，需要你来挖掘。蒿草之下，或有兰香；茅茨之屋，或有侯王。"挖掘"就是要采用各种方法，使得资源从隐性变为显性。挖掘资源要有章法，东一锄头、西一铁锨，难以挖出宝物。善于挖掘者，能够根据合作目标，将各种资源聚合到一起。

为了能够被领导和同事们认可并顺利地成为团队中的一员，我们必须知道：

（1）怎样合适地表达自己的合作意愿？

（2）更好地融入团队，要从何入手？

通过本主题的学习和训练，你将能够：

1. 积极地表达自己的合作需求，创造合作机会；

2. 学会表达合作的意愿；

3. 掌握融入团队的步骤和要点。

认知：理解团队的特点与要素

一、团队有哪些特点与要素

（一）什么是团队

管理学家斯蒂芬·P·罗宾斯认为：团队就是由两个或两个以上相互作用、相互依赖的个体，为了特定目标而按照一定规则结合在一起的组织。

一个人构不成团队，两个以上的个人的集合体也未必是团队。同在车站等车、码头候船的乘客，电影院里的观众，排队买东西的顾客等，都称不上是团队。

团队是一些才能互补并为共同目标而奉献的少数人的集合。其重要特点是团队内

微课：

寻求合作机会

成员间在心理上有一定联系，彼此之间发生相互影响。那些萍水相逢、偶然会合在一起的一群人，虽然在时间、空间上有某些共同的特点，但他们之间在心理上没有什么相互影响和相互作用，因而称不上团队。团队的核心是共同奉献，动力是共同愿景，关键是才能互补。

（二）团队有哪些基本构成要素

团队的基本构成要素有5项，它们分别为：

（1）目标，即团队最终要共同达到的目的。它为团队成员导航，让大家知道要向何处去。没有目标，这个团队就没有存在的价值。

（2）人员，即构成团队的最核心的力量。目标是通过人员来具体实现的，团队成员的选择是团队中非常重要的部分。

（3）定位，即各成员在这个组织中的位置角色和分工。作为一名成员，你在团队中扮演的角色可能是计划者、实施者或评估者。

（4）权限，即每名成员拥有的权力大小。权力与责任相对，权力大小与团队的发展阶段和规模相关，一般来说，小团队权力比较集中，大团队权力会比较分散。

（5）计划，即达到目标的策略、方法和步骤。团队因项目和工作任务而设，目标最终的实现，需要一系列具体的行动方案，可以把计划理解成目标的具体工作程序和进度管控。

二、如何表达合作意愿，融入团队

（一）合作的必要性

你已经进入了一个新的工作团队，在一个岗位上接受了一项新的工作任务。你必须能够回答这样的问题：完成我的工作，与他人有多大关系呢？如果不涉及别人，自己能否独立完成工作？

合作不仅仅是一种共事的缘分。"世间最难得者兄弟"，这里的"兄弟"，泛指你的合作者。缘分的出现，是团队生存和发展需要的结果。多人做事，受到场地、工具、进度的影响，很可能会互相妨碍。但是，人们必须进行合作。你可以通过案例分析，通过人类生产劳动合作的历史回顾，通过分析团队成员之间的合作规则，认识合作的本质，了解合作中各个方面所存在的共同利益。你要通过客观的判断以及集体活动，来确定自己是否具备合作意愿。

在职业领域，雇员与雇主、下级与上级、员工与客户、个人与同事组成了复杂的利益关系。合作可以达到双赢，使每个合作者都获得利益。

（二）合作的价值

1. 合作创造生机

是否与人合作，生死攸关。经过漫长岁月的磨炼，经过一代一代的经验积累，人类领悟到这样的道理：合作创造生机。有一则非常经典的故事：一个盲人和一个跛子同住在一个屋子里。一天，屋子突然着了火。危难之时，他们两个人决定合力突围。盲人借助跛子的眼睛，跛子借助盲人的腿。最后，盲人背着跛子，跛子给盲人指路，两人迅速逃离了火海，幸运地保住了生命。灾难面前，盲人和跛子能够携手逃出火海，这就是合作的结果。但是，不是所有的人都具备合作意愿。有人觉得自己很强、很有能力，与人合作只是多一些拖累，那些单打独斗，刚愎自用的人，就是被这样的想法给害了。

2. 合作提高工作效率

很多小孩在一起玩，通常都会吵架；成年人在一起做事，也会发生矛盾。一个和尚挑水吃，两个和尚抬水吃，三个和尚没水吃。这表明，多人做事，一定会有障碍。

有一道独特的算术题：一个人单独挖一个土坑，四天能完成；四个人来合挖这个土坑，可以几天完成？小学生可以迅速地回答：一天。成年人却难以得出确切的答案。因为场地狭窄、工具不足、分派工作不均衡等因素，四个人挖坑，必然出现矛盾。吵架的时间可能多于干活的时间，不仅一天无法完成，可能四天也无法完成。

既然存在障碍，为什么还要合作呢？因为只有安排四个人合作挖土，才有可能使四天的工期缩短。工程日期不容许拖到四天，就必须安排几个人而不是一个人来挖土。如果合理分工，有人挖土、有人运土，有人白天做，有人夜间做，有人连续挖土，有人准备食物和水，工期不仅可以缩短到一天，还有可能不到一天就完成了。

懂得合作、善于合作，才能不断创造高效率和高效益。这个特征在现代生产劳动中，表现得十分明显。现代社会，没有任何一件事情，是能够由一个人完全独立完成的。个人与团队的关系，如同小河与大河的关系：大河无水小河干，小河无水大河浅，小河齐往大河流，大河小河一起满。

3. 合作提高收益

我们可以通过一条谜语，来领悟合作者的利益关系。谜面是：兄弟七八个，围着柱子坐，双手一分开，衣服就扯破。有生活常识者易知道谜底：大蒜。谜语的意思是，同胞兄弟的利益是维系在一起的，若兄弟反目，大家的利益都受损害。

在原始社会，人类为了获得食物，主要是靠打猎。但是为了猎取巨大猛兽，又不被猛兽所伤害，必须几十人、数百人合作狩猎。阅历丰富者，负责测算天气和狩猎时机；身体强壮者，负责拉弓射箭；手脚灵活者，负责瞭望观察；耐心细致者，负责看火烧柴。每一个岗位都十分重要。其中一人因负伤而无法行动，只能留在山洞里负责照看火堆。这个人身体强壮但是粗心大意，觉得看火堆的事情太过简单。殊不知部落几百口人，是多么地依赖那个火堆。结果他睡过了头，忘记添柴，导致火堆熄灭了。在火种十分珍贵的原始社会，部落因此会蒙受巨大的困难，这个犯错的人必须被处死。部落首领用疏忽者的生命，使众人领悟到部落成员休戚相关的利益关系。

（三）怎样积极表达合作的意愿

你今天来到一个新的团队，和同事们结成了新的合作伙伴关系，这并非偶然或意外，而是彼此明确的合作意愿所决定的。

具备了合作意愿，你还要积极地表达出来。如同在一个大型的宴会上，你所围坐的席面上，左右的客人都是你不熟悉的。菜肴摆上来了，如果你主动用公用餐具给左边的客人夹菜，向右边的客人敬酒，这个席面的气氛马上就会热烈起来。在一些企业的宣传栏上，登载着这样一个故事：

有两个部落的人都用长柄勺子吃饭，其中一个部落的人总是吃不饱，饿得面黄肌瘦，而另一个部落却人人都能吃饱，生活得非常满足。这是为什么呢？我们来到吃不饱饭的部落，看见那里的人们拿着长柄勺子，无法将饭菜准确地送到自己的嘴里，愁眉苦脸。再看另一个部落，那里的人们也拿着长柄勺子，却互相将饭菜送到他人的口中，其乐融融。

用长柄勺子将饭菜送到别人的口中，这就是一种积极的表达方式。企业登载这样的故事，也是要向员工表达合作的意愿。

行动：体验合作过程，培养合作意识

活动一：集体表达合作意愿

一、活动背景

公司为完成政府有关部门再就业安置任务，承担了就业困难群体的就业安置工作，决定雇用一位临时工。该临时工为女性，年龄四十岁，曾短暂失业。该女性员工在三个月的试用期中，每天负责信函收发、内务整理、来访接待、电话接听等杂务。大家感到办公环境整洁多了，工作很有秩序。为此，公司领导决定与她签订为期一年的聘用书，并承诺如果需要，将长期聘用。为了激励她的工作积极性，领导委托大家写一封欢迎信。

二、活动要求

通过阅读材料，小组商谈讨论，拟写欢迎信，培养合作意识并锻炼表达合作意愿。

1. 欢迎信的字数是700～1 000字，行文通畅，符合规范，并充分表达对新同事的欢迎之情。信件中必须引用一句关于合作的谚语，同时要列举至少一个她曾经与大家合作过的事例。

2. 欢迎信要提及这名普通员工给予大家的帮助和价值，同时，要明确合作的意愿与需求，并且评价彼此合作的效果。

三、活动总结

可以从欢迎信内容的真实性、情感性、简洁性等几个维度做总结，并对不合适的地方做出修改，对重点语句加以标注。

还可以选代表轮流口述欢迎信的内容，并且进行评比，用这样的方法来锻炼大家情感表达的真挚性、流畅性与语言表达能力。

活动二：帮助他人提升合作目标

一、活动背景

一天晚上，已经过了某公司下班时间。一位女性新员工整理好物品正要离开时，被部门主管叫住。

主管说，今天晚上总公司召开年度表彰大会，并举行合唱比赛。公司原有60人参加，可是一人突然生病，人员出现空缺，需要她临时顶替参加大会，担任合唱队员。

这位女员工只好换上服装，边化妆边熟悉歌词，边给自己的男朋友发短信：

"亲爱的，真倒霉，晚走一步被经理抓住，要我作为替补人员参加什么总公司表彰大会，还要上台合唱。你自己吃饭吧，10点接我！"

二、活动要求

这条短信字里行间反映出了这位新员工的消极情绪。请你以这位女员工男友的口吻，回复一条短信。

短信的字数不超过100字，请在5分钟之内完成。

三、活动提示

短信要明确说明的内容有：第一，在公司需要员工提供帮助的时候，必须尽力。第二，有机会参加公司组织的合唱队，这是公司员工的荣誉。第三，可以抓住机会了解公司情况，熟悉高层管理者，促进同事关系的融洽。

反思：你是否具备合作意愿和合作精神？

一、自我评估：测测你的团队合作意识

企业中的团队合作是效率和品质的重要保证，每个人因为自身性格的不同，会对团队表现出不同的态度，从这种态度可以判断出这个人与团队的亲密程度，也是检验一个人是否具备团体合作意识、合作精神的标准。请完成下面的测试题，只需按自己的真实意愿回答"是""不一定"或"否"即可。

（一）测试题

请扫二维码查看"团队合作意识测试"

测试：

团队合作意识测试

（二）计分规则

本测试的计分规则见表4-1，请根据规则计算你的总分。

表 4-1　团队合作意识测评计分规则

题号	1	2	3	4	5	6	7	8	9	10
是	1	1	1	0	1	1	1	1	0	1
不一定	0.5	0.5	0.5	0.5	0.5	0.5	0.5	0.5	0.5	0.5
否	0	0	0	1	0	0	0	0	1	0
题号	11	12	13	14	15	16	17	18	19	20
是	1	1	0	1	1	1	0	0	1	0
不一定	0.5	0.5	0.5	0.5	0.5	0.5	0.5	0.5	0.5	0.5
否	0	0	1	0	0	0	1	1	0	1

（三）结果分析

如果你的得分为16～20分，证明你具有很强的团队合作精神，愿意为团队做出自己的贡献，你也很受同伴们的欢迎。

如果你的得分为9～15.5分，说明你具有一定的团队合作精神，但不够积极主动，容易使事情半途而废，应该端正自己在团队合作方面的态度。

如果你的得分为0～8.5分，那你可要注意了，你可能总是我行我素，很少有朋

友，不愿意付出行动去解决问题，有时容易自以为是。

二、培训师评估

1. 各小组派代表当众宣读本团队所撰写的欢迎信，进行横向比较。

2. 经过讨论，安排一人代表小组评价其他小组的欢迎信。培训师进行综合评价，选拔出表达清晰、诚挚热情的小组，对执笔者提出表彰和奖励。

3. 由获得奖励小组的执笔者发表获奖感言。其实这封虚拟的欢迎信是写给自己的，执笔者可以通过写信，理解合作的意义与价值。

4. 培训师从其独特的视角，了解大家的合作愿望，判断合作意识的强弱，同时给大家做总结性的点评。

5. 针对大家的表现，可以进行话题延伸，请有工作阅历的员工回忆其进入公司的第一顿工作午餐是如何安排的。

（1）你怎样知道食堂位置的？

（2）有人主动邀请你一起去食堂吗？

（3）有人向你介绍进餐的注意事项吗？

（4）你是和自己的同事坐在一起进餐的吗？

（5）如果公司没有午餐，你会主动邀请一位同事一起去吃饭吗？

（6）如果有人主动邀请你，你会婉言谢绝还是欣然接受？

如果学员没有工作阅历，可以向自己的父母以及其他亲人或朋友询问相关细节。

三、反思提高

（一）回顾、反思

我的合作态度怎样？

1. 你是否具备了积极融入团队的意识和态度？如果还有不足，表现在哪里？下一步怎样改进提高？

2. 在目前的工作岗位上或集体中，你有哪些问题需要进一步思考，以便更好地融入团队，更好地发挥你的作用？

（二）实践、体会

1. 你是否能及时表达出你的合作意愿？你的表达是否能得到对方积极的反馈？你将如何改善这种合作关系？

2. 在你目前的岗位或角色上，为了完成团队安排给你的工作任务，你在哪些方面需要与他人进行合作？

3. 你在组织成员中的角色分工是什么？你在组织中应该承担的责任是什么？你在以往的工作中是否做好了自己的部分？

4. 你的同事和直接上级的工作中，有哪些方面需要你的协助，或无法离开你的配合与帮助？

5. 你对于组织的价值是什么？大家通力协作、相互配合，是否一定能够增加彼此的共同利益？

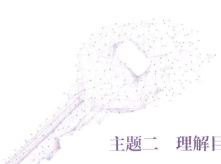

主题二　理解目标　定位角色

问题：怎样理解合作目标，定位自己的角色？

与人合作，必须明确要做什么事，想要达成什么样的结果和目的，即正确理解合作目标。一个团队中，每个成员都有各自的工作重点和岗位职责，需要相互协作。

合作的起点是目标，而且是共同明确的目标。在执行工作之前如何与领导和同事们达成一致并真正形成合力，是至关重要的。在共同目标之下，每个人有着各自的目标，必须将个人目标与共同目标结合起来，明确自己的角色定位，脚踏实地，同时关注共同利益，将个人目标升华为共同目标。

通过本主题的学习和训练，你将能够：

1. 及时、全面地了解所在工作团队的宗旨和目标；
2. 准确定位自己的角色，明确工作任务。

认知：理解合作目标　定位自己的角色

 微课：

一、怎样清晰理解团队目标

（一）明确共同目标，合作完成

目标是指引团队发展和方向的原动力，目标可以使个体提高绩效水平，也可以使群体充满活力。

确定合作目标

> **案例**

非典疫情中的钟南山团队

2019年底，武汉暴发新冠肺炎疫情，84岁的中国工程院院士、国家疾控中心高级别专家组长钟南山成为中国人心中的英雄。其实，早在2003年的SARS（重症急性呼吸综合征）疫情中，钟南山就已被全国人认识和称颂。

2003年春节，一场突如其来的非典型肺炎疫情把钟南山推到了大战的最前线。钟南山领导的广州医学院第一附属医院呼吸疾病研究所成了非典型肺炎救治的攻坚重地。钟南山身先士卒，全力以赴投入工作。在他的带动下，医院上下拧成一股绳，形成一个团结战斗的集体，表现出大无畏的献身精神，在紧张抢救病人的同时，钟南山和他的研究团队日夜攻关，终于在短时间内摸索出了一套行之有效的救治办法，这就是世人皆知的"三早三合理"，即"早诊断、早隔离、早治疗"和"合理使用皮质激素、合理使用呼吸机、合理治疗并发症"。临床实践证明，这套方法大大提高了危重患者的成功抢救率，降低了死亡率，且明显缩短了患者的治疗时间。很快，钟南山以医学专家的渊博学识，沉稳地告诉大家，非典型肺炎并不可怕，可防、可治、可控。很快，社会情绪开始趋稳。钟南山和他的团队为我国取得抗击非典型肺炎战役的胜利立下汗马功劳。

对此，广东省委、省政府给予高度评价：广州医学院第一附属医院在抗击非典型肺炎事件中起到了主导性作用，钟南山院士功不可没。

案例中，钟南山和他的团队很清楚他们在干什么，他们的共同目标是寻找病源、研制抗病药品并制定患者的治疗方法，使社会情绪趋于稳定。2003年，钟南山领导的呼研所成为广东省非典型肺炎救治的攻坚重地，在抢救非典型肺炎患者的同时，要在短时间内迅速摸索出一套行之有效的救治非典病人的办法，平息社会上"闻典色变"的恐慌。医疗团队中的每一个人都有明确的分工，都有一个共同的奋斗目标。为了这个共同目标，很多医护人员放弃自己的休息时间、抛下需要照顾的家庭，形成了一个团结战斗的集体，最终取得抗击非典型肺炎疫情的胜利。

华为公司在创立初期曾一度出现工作结果和预期目标不符的问题，让公司多次陷入危机。那时候，无论是计划部门还是员工，都承受了很大的压力。公司不得不求助于咨询专家，请他们帮忙找出原因。咨询专家在访问了一些员工之后得知：大部分华为的项目经理在领导分配任务后，竟然不清楚自己应该在什么时间执行任务、什么时间完成、怎么去操作、具体完成到什么程度才算合格……这些人习惯于听到任务以后什么都不考虑就召集员工埋头工作，也不理会自己理解的任务与领导交代的任务是否一样。

在找到了问题出现的原因后，解决问题也就不难了。项目经理在接手一个项目任务以后，首先要弄清楚"我究竟要做什么""这个项目的具体目标是什么"等问题。只有项目任务的目标明确了，项目成员才能有正确的工作方向，整个项目团队才能少走弯路，自然也能更快速地完成项目工作的目标。

（二）升华个人目标，凝聚共识

个人的工作目标与集体的共同目标并不完全一致。大家为了共同的利益走到一起，合作就是为了扩大合作双方的共同利益。在平时的工作中，人们大都有着确定的个人利益，由于利益的驱动，人们往往容易看到个人的目标而忽略团队共同的目标。钟南山院士领导的团队清楚地了解所要达到的共同目标，并坚信这一目标一定要实现，也一定能实现。这个共同目标激励团队中的所有成员把个人目标升华为共同目标，并为团队目标的实现而不遗余力。

二、怎样正确定位自己的角色

在团队中，如果老板去做员工做的事，或者领导去做下属该做的事，那这个团队离解散也就不远了。特别是领导，领导应该做最重要的事，比如思考团队的战略方向，总结团队哪里做得好、哪里还可以做得更好，学习同行中好的经验方法，掌握行业内外大量的资讯。同时，还要提升自己的领导力，随时随地为团队挖掘、招聘优秀人才等。

（一）了解团队角色类型

团队角色是指一个人在团队中某一职位上应该有的行为模式。认识各种团队职责和每种职责的长处和缺点十分重要，这样可以帮助我们评估自己在团队中的地位，以及判断自己和队员如何为团队作出最有价值的贡献。

每个团队都由不同的角色组成。英国剑桥产业培训研究部贝尔宾博士和他的同事们经过多年的研究与实践，提出了著名的贝尔宾团队角色理论，即一支结构合理的团队一般有八种不同的角色，它们是实干者、协调者、推进者、创新者、外交家、监督者、凝聚者和完美者。其基本思想是：没有完美的个人，只有完美的团队。

要发挥团队的最大功效，团队中的每个角色都不可缺少，同时，要根据团队中成员的不同性格分配他们的任务。对于外向性格的人，可以让他们负责协调队员之间的人际关系等任务，如担任协调者、统领者、创新者、资源收集者等角色；而对于内向性格的人，则适合一些中规中矩、比较专业的工作。

（二）正确定位角色

了解角色后，团队成员要正确认识自己在团队中的位置，认识该位置所处的级别，明确该位置要求的标准、职能和职责范围。此后，团队成员要做到情、事交融，既要做到在其位、谋其政，还要干一行、爱一行，这样才能达成团队的总体目标。

以我们所在的班级为例，一个优秀的班集体不仅仅需要班主任来进行统筹管理，还需要班长、副班长、文体委员、宣传委员、劳动委员、各科课代表和小组长们的帮忙。彼此各司其职，要么协助班主任管理日常事务，要么带头组织班级的文娱活动，要么辅助各学科的教学活动，共同组成了一个"团队"，稳定维持着班集体的运转。

尺有所短，寸有所长。团队成员在正确地定位自我角色后，还要客观评价自己所扮演角色的实际价值和意义，既不要过高看待自己，也不妄自菲薄、盲目自我否定，更不能随意贬低他人，如相互之间能做到"取他人之长，补自己之短"，就一定会创造出更好的团队工作绩效。

（三）避免角色错位

人生舞台上，人人都是演员，每时每刻都需要按照社会规定的角色要求说该说的话、做该做的事。尤其当你进入社会在工作岗位上，你必须严格按规章办事，不得冲撞、冒犯领导，要尊重领导、尊重同事。如果你是新人，即使你学历高、工作能力强，你也必须懂得"先来后到"的做人常识，必须脚踏实地地从基层干起，从点点滴滴做起。

（四）学会扮演配角

作为职场新人，在一个工作团队中，你可能要扮演"蘑菇"的角色，即被安置在不受重视的部门，平时做打杂、跑腿、传话的事情，当团队工作出现问题时，尽管不是你的原因，你却可能会受到批评或指责，甚至连辩解的机会都没有。遇到这种情况，你一定要冷静对待，正确认识"蘑菇"角色，并认定这种磨炼是职业发展的必然过程，无须背上沉重的思想负担，如果你能做到这些，就能在境界上跨一大步、在行动上有收获，进而获得来自团队中更多人的帮助和支持。

行动：理解团队目标，寻找自身定位

活动一：案例分析——徒步行走

一、案例

某企业在对员工进行培训时，组织了一项员工户外徒步行走的活动，参加训练的30人被分为三组，由培训讲师分别带队，每组行走的管理方法各不相同：

第一组：不告诉他们去哪里，也不告诉他们目的地有多远，只让他们跟着培训师走。

第二组：告诉他们去哪里，要走多远。

第三组：既告诉他们去哪里和有多远，又在沿途每隔一公里的地方设置一个标识性的路牌，将整段路程划分为几个阶段性的目标直至达到终点。

在行走过程中，管理者发现，队伍刚走了三公里左右，第一组的员工就开始抱怨且情绪低落；再走了一段路程，第二组的员工情绪对比活动开始时明显降低，当走完路程的2/3时，员工们已兴致全无，只是无精打采地缓慢前进；第三组的员工，因每走一段路，便知晓完成目标的情况，一路上，大家兴致较高，最后，领先其他两组到达目的地，第二组次之，第一组最后到达。

二、讨论

1. 三个组同时出发，为什么结果不一样？

2. 目标管理对建设高效的团队有什么意义？

三、提示

1. 第一组完全没有目标，他们很快便因为行动过程中没有方向而毫无精神；第二组虽然有了目标，但在行动中缺乏达到目标过程中应有的成就感，最后他们也失去了斗志；第三组不但拥有目标，而且在实现目标的过程中，清楚地知道目标的完成情况，在此过程中他们不断地受到激励，享受到了目标达成给他们带来的快乐，最终他们情绪高涨地到达了目的地。

2. 对比这三个小组徒步的过程和结果，我们可以清楚地发现，高效率的团队必须有一个明确的目标，同时在实现目标的过程中需要进行团队目标管理，这对高效实现目标具有重要的意义。

活动二：勇于承担责任

一、活动内容

全体学员围成一个圆圈，按照培训师的口令做动作，当有人做错时，做错的人走出队列站到大家面前，鞠躬并举起右手高声说："对不起，我错了！"

二、活动目的

通过勇于承担责任的游戏，培养学员勇于担当、敢于认错的品格。

三、活动要求

全体学员围成一个圈，互相之间相隔一臂之遥。

1. 培训师喊"1"时，向右转；喊"2"时，向左转；喊"3"时，向后转；喊"4"时，向前跨一步；喊"5"时，不动；

2. 当有人做错时，做错的人走出队列，站到大家面前先鞠躬，然后举起右手高声说："对不起，我错了！"其他学员以掌声鼓励。

四、活动分享

1. 通过本次活动，你对承担责任有了什么新的理解？

2. 第一次向大家承认错误时，你的感受是什么？

反思：你对团队的目标和自己的任务的认知是否清晰

一、自我评估

在企业中，角色认知能力是指自己作为下属、同事、上司三者之间的角色感知和转换能力。请通过回答下列问题对自己的角色认知能力进行差距测评。

（一）角色认知能力自测题

请扫二维码查看"角色认知能力测试"。

（二）计分规则

选A得3分，选B得2分，选C得1分。

（三）得分分析

24分以上，说明你的角色认知能力很强，请继续保持和提升；

15 ~ 24分，说明你的角色认知能力一般，请努力提升；

15分以下，说明你的角色认知能力不足，需要提升。

二、反思提高

（一）反思分析

反思一下在职场经常性的任务完成过程中，自己属于哪一种角色？这种角色具有什么特点？你是否在团队中有效发挥了自己的特点？

（二）持续改进

1. 你是否对每一次工作任务的目标有主动的、清晰的认识？如果你常常处于被动模糊的状态，下一步应该怎样提高自己对目标的理解，怎样准确把握、主动感知目标？

2. 怎样进一步提高自己的全局观，怎样站在更为客观的角度去看待自己当下的个人工作与团队目标的紧密关系？

测试：

角色认知能力测试

主题三　建立关系　商议规则

问题：如何建立关系、商议规则？

合作过程是一种有明确分工，成员之间有密切联系和信息交换，并且相互协作、补充和促进的共事过程。组建或者进入一个团队，当目标和角色定位清楚、各自的任务明确后，成员之间就会形成一定的职场工作关系：上下级、同事、搭档、主次等。成员慢慢地会依据合作的紧密程度，形成自己的职业圈：内圈、中圈、外圈。在职场，为了发展自己，取得职业的成功，要不断巩固自己的内圈，协调维护好中圈，不断拓展自己的外圈，扩大自己的业务关系和人脉，这些都是如今人们合作的重要资源。

同时，为保护双方利益和共同目标的实现，在合作过程中，要共同商议合作的规则，来约束团队的行为。俗话说："不以规矩，不成方圆。"做任何事都要有一定的规矩、规则，否则无法成功。只有通过公平、合理、通透的规则制定，才能为执行合作任务、实现合作目标提供保障。

通过本主题的学习和训练，你将能够：

1. 掌握建立合作关系的方法；

2. 学会商议合作规则，遵守合作承诺。

商议合作规则

认知：建立合作关系　商议合作规则

一、怎样建立合作关系

（一）维护和扩大职业圈

在社会中，人要建立相应的合作关系，才能实现合作。人的社会关系可以分为血缘关系、地缘关系和业缘关系。业缘，是指职业范围所涉及的人际关系，这是从业者最重要的人际关系。

职场中，用人单位喜欢有工作阅历的人，喜欢拥有适宜的合作关系、善于解决问题的人。很多单位雇佣新员工时都心存疑虑，主要是担心新职业人尚未建立起自己的职业圈，做事缺乏必要的支持和帮助，从而影响任务完成的质量。所以，你一定要花费一些精力去构建、维护和扩大你的职业圈，并主动融入社会，与周围的人建立起相互信任的合作关系，不断增加社会资源。

　　在现代社会，在本单位之外，人们往往充分利用会议、会展、培训，甚至参观、旅游等活动，不断地交友，结识同学、同业者、大咖、名师等，扩大自己的外圈，从而拓展学习提升、资源共享、业务拓展的渠道。

　　在信息社会，发展自己的业务、组织产品和服务营销时，还可以利用各种新媒体平台，其营销能量可能让你惊奇。

　　（二）区分合作关系的远近疏密

　　我们可以用一种形象的说法来描述职业关系，即职业圈（图4-1）。以自己为圆心，依据合作关系的远近疏密，画出三个同心圆套在一起。离圆心近些的称为内圈，中间状态的称为中圈，远一些的称为外圈。

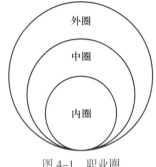

图4-1　职业圈

　　内圈，主要是你的直接领导、工作搭档或者直接下属的员工。内圈之人是你最重要的工作合作者。中圈，主要是本部门的同事、其他部门的相关员工、外部相关部门的人员，工作合作虽没有内圈频繁但也属经常往来。外圈，指大范围的合作关系，有客户、高层领导、间接下属和职业生涯中各方面的朋友，大家合作的频率较低，但在关键时刻，外圈之人也有着重要的作用，因此，平时还必须保持正常的联系，切不可抛在一边不顾不问。

　　（三）重点关注关键合作者

　　与人交往是为了与人合作，日常工作中，和你或多或少有接触的人成百上千，按照合作计划，你需要确定合作的重点对象，这一点对于职场新人尤其重要。

　　由于个人的精力、时间限制，在职业合作中，合作关系必然有亲有疏，可以列入内圈的合作者，实际数量是很少的。在规范的职业关系中，一个人的直接上级是唯一的，在完成工作任务的过程中，一个人不可能同时接受两个人的指令。

　　关键的合作者，对于多数职业人来说，一般只有几个人，必须明确这些人是谁，重点关注和协调投入的时间、精力和感情，这样才能确保工作进展的顺利和达标的效率。

　　二、怎样把握合作规则

　　（一）为什么要有合作规则

　　规矩就是制度，每个团队都应积极组织团队成员建立各种工作制度，使每个人都按照规则来办事情，形成团队的合力，它是实现合作目标的制度保证。如果团队中出现每个人都有各自不同的思想和行为，各做各的事情，没有制度约束，那么只会成为一盘散沙而毫无战斗力。

案例

分粥的故事

有7个流浪汉住在同一个收留所里，每天分食一桶粥。但人多粥少，无法完全满足7个人的需要。一开始，他们以抓阄方式决定由谁来分粥，每天轮一个人，可一周下来，他们只有一天是饱的，就是自己分粥的那一天。于是，他们推选出一个道德高尚的人出来分粥。强权产生腐败，大家都挖空心思去讨好他，贿赂他，搞得整个团队乌烟瘴气。后来，他们组成3人的"分粥委员会"及4人的"评选委员会"，但互相攻击扯皮下来，粥吃到嘴里全是凉的。最后，大家想出来一个方法：轮流分粥，但分粥的人要等其他人都挑完后再拿剩下的最后一碗。为了不让自己吃得最少，每个人都尽量分得平均。从此，大家都快快乐乐、和和气气，日子越过越好。

公平是人们一直追求的目标，但在没有合适的解决问题的办法的时候，规矩下的公平就是一种制度，能创造相对和谐的氛围。同样是七个人，不同的分配制度，就会有不同的风气。所以，一个单位如果有不好的工作习气，一定是机制出现了问题，没有执行公开、公平、公正的原则，没有严格的奖勤罚懒制度。因此，如何制定共同遵守的制度是每个团队都必须要考虑的重要问题。

（二）怎样建立合作规则

规则是团队文化的精髓，团队如果没有规则，就不能称之为团队。大家合作共事，有些问题事先讲好，可以避免误解和麻烦。"咸菜拌豆腐，有言（盐）在先"。每个团队建立之初的第一件事情，就是组织员工，按照"求大同，存小异"原则，集思广益，形成合理化、规范化、条文化的规则，如遵守时间的规则、沟通汇报的规则、共同进退的规则、保守秘密的规则、市场开拓的规则、技术开发的规则、利益分配的规则等。一支富有战斗力的团队，必定有明确的规则；一个合格的员工，也一定要有强烈的组织观念。

（三）怎样遵守合作规则

团队准则和规范是团队成员共同遵守的行为指南和评价标准，坚定不移地执行团队准则和规范是团队精神得以生存的首要条件。新成立的企业虽然人数不多，也必须有自己的基本规矩，如倡导的道德规范、日常的行为规范、着装规范以及接待客户的工作语言规范等，这样就能摒弃一些不良的个体习惯，促进团队健康发展。

案例

公司的"搬运工"

一支刚刚成立的初创团队在制定公司的规章制度时，要求每次会议迟到的人都需要承担一天的"搬运工"角色，其主要职能是帮助公司内的员工拎外卖、取快递和进行诸如买咖啡等的跑腿行为。这种规定看似在惩罚迟到的人，但实际上服务了全体成员，大家都非常乐于接受。有次团队的负责领队在路上遇到堵车，迟迟没有出席会议，虽然这是客观原因，但领队一到场就先向团队中的伙伴表示歉意，并主动揽下了"搬运工"的工作，他以身作则的行为赢得了大家一片掌声。

这个案例说明一致认同的规则不仅能提高工作效率，而且能形成一种制度文化。同时也说明身为领导，必须以身作则，共同遵守规章制度，只有这样才能得到下属的信任和尊重。

进入职场，服从单位的管理规范、遵守规则是员工要达到的基本要求。在创办新企业时，首先要高度重视形成合作规则，带头遵守规则，这将成为我们职业生涯发展的优势，也是我们走向成功的第一步。

行动：梳理合作关系，商议合作规则

活动一：检查社交软件，绘制职业关系图
一、活动方式
1. 检查自己的社交软件，区分一下哪些是你的内圈群，哪些是你的中圈群，哪些是你的外圈群。你置顶的联系人或群组除了与家人相关的以外，有哪些是与工作相关的？
2. 针对已经有明确工作岗位的学员，画出自己的职业关系位置图。根据合作计划以及工作任务，勾画合作圈，列出需要合作的关系图，标注出合作者的名字、岗位和职务。重点掌握职业内圈、中圈的情况。位置图有若干方框，可用一些粗细不同的线条连接起来，不同线条用来作为区分合作关系密切程度的标准。列举出自己对他人完成任务的意义，以及他人对自己完成工作的意义。
二、交流分享
1. 小组交流：你是怎样维护内圈，又是怎样不断扩大外圈的？
2. 绘制你的职业关系位置图，如不涉及隐私，可与同学分享。
活动二：制定会议期间手机管理规则
一、活动背景
维持会议秩序一直是会议主持者比较头痛的问题，会场上，总有人现场接听手机或频繁出去接电话，因此，如何避免电话干扰，成为提升会议效率的关键因素之一。但有时候，与会者中有些人要参加其他会议或有重要工作需要布置；有时会议时间较长，与会者需外出一下放松情绪或与熟人私下交流观点；有时生产、经营上发生突发事件急需处理等。遇到这些情况，如何做到既不中断联系，又能够保证会议秩序呢？
二、活动任务
小组讨论，共同制定一份《会议期间手机管理规则》，字数不超过200字，注意

在细节方面要考虑周全。需考虑的因素有：

（1）如何控制振铃、短信息、报时钟声音？

（2）与会者可否小声接电话？如何控制通话时间？可否阅读消息或者发送消息？可否到外面接听电话？正在发言的人，若接到重要来电，可否停下发言去接电话？

（3）应间隔多长的休息时间，以方便大家接、打电话？

（4）若有人违反规则，将面临什么后果？如何掌握惩罚的尺度？由谁来监督落实？

反思：你的人脉和合作的规矩意识如何

一、拓展学习与思考

1. 复述"分粥"的故事，你是否理解了其寓意？你是否能够接受"人很自私、计较、懒惰"的这种假设？你能理解"婚前财产公证"这样的做法吗？在制定规则方面，你有哪些具体的建议？

2. 结合活动二小组拟定的《会议期间手机管理规则》，继续思考：（1）制定这些详细规则的基本原则有哪些？制定这些详细规则的意义何在？（2）在自己的单位或团队，有没有关于工作的类似的规则？如果没有，该怎样补充完善？

二、反思提高

1. 自我检查一下，除了由血缘关系形成的亲友群，由人生经历形成的"同学群""战友群"外，你还有哪些朋友群？你在他们中间受欢迎的程度如何？他们对你的发展有帮助吗？如果朋友少，特别是能与你共同成长、帮助你发展的益友良师较少，请反思一下，是什么原因？这种原因可能是多方面的，如人品、性格、修养等。能否找到进一步改进的方法，提升自己与人合作的能力，拓宽自己的人脉？

2. 与人合作是一个很大的课题，可以供人一辈子学习修炼。观察你身边善于合作、发展得很好的同学或同事，分析一下他们的成功之处在哪里。请向他们学习，在生活与工作中模仿他们，从而改进自己、提升自己。

模块五
协商合作过程

在与别人合作的过程中，除了明确合作的目标，准确、顺利地执行合作计划，还要保证任务的完成。不仅是自己的任务要完成，还要保证总体任务的完成。

因此，你需要与其他成员协商，创造互相信赖的状态，理解不同个性或不同文化背景的合作者，能够应对影响合作的突发事件。

明确了合作的目标之后，问题的关键就变成了如何与其他成员协调合作过程，共同努力，克服困难，化解冲突，团结一致推进任务进程。这种协调合作过程的能力是我们需要重点掌握的能力。

本模块能力要求：

1. 能厘清责任，按照工作指令进入工作状态，执行计划；
2. 能及时反馈进程，及时处理遇到的障碍和困难，避免延误、失误，整体推进；
3. 能取得上级信任和同事信赖，调整协同的状态，发挥优势；
4. 能理解差异，正确对待矛盾与冲突，宽容和弥补过失。

本模块训练重点：

1. 怎样执行合作任务，把握合作节奏；
2. 怎样尊重彼此差异，赢得相互信赖；
3. 怎样应对突发事件，有效化解冲突。

案例示范：众龟突围

在一条小河里，一群乌龟在水里自由自在地游着，它们快乐地捕捉着小鱼。正当它们无忧无虑地嬉戏时，灾难突然降临，一只巨大的渔网将它们全都装了进去。

群龟本能地缩起它们的脑袋和手脚，不敢睁眼向外张望，只好听天由命。

四周是那样的安静，没有一点声响，年龄最大的乌龟开始小心翼翼地伸出它的脑袋，想观察一下周围的情况。等它睁开眼睛的时候，发现它们全部被关到了一个瓦罐当中。

这个瓦罐不是很大，也不是很高。老乌龟经过判断，发现周围的确没有任何危险，才用手推了推其他的小龟们。这时它们也陆续地睁开了自己的眼睛，发现所有的同伴都成了"瓮中之鳖"，全都不顾一切将各自的身体竖立起来，手和脚不停地趴着瓦罐的壁，试图爬上去。

可是瓦罐又光又滑，它们所有的努力都无济于事，最后全都累得双脚支撑不住自己的身体，摔倒在罐底起不来，有的还仰面朝天，样子十分狼狈。

只有那只老乌龟没有任何举动，因为根据多年的阅历，它心里十分清楚，这样做全都是徒劳的，要想脱险，没有一个好办法是不行的。它苦思冥想，终于想出了一个好主意。

小龟们的精力开始恢复过来，又开始纷纷跃跃欲试，准备继续向上爬。此时老乌龟大喊一声："如果你们想从这个鬼地方出去的话，就不要再蛮干，全都听我指挥。"

这句话还真管用，大伙全都一动不动，想听听老乌龟有什么好办法。老乌龟清了一下嗓子，继续说道："凭我多年的经验看，关住我们的是一个瓦罐，如果单靠我们每个龟的力量，是绝对出不去的，我们只有团结起来，才有可能出去。你们看过人类盖房子吗？我们不妨也学一学，一个爬上另一个的背上，直到离罐口不远，这样我们才能爬出去。"

大伙一听，觉得有道理，可是每只乌龟都想最先出去，没有一个愿意趴在最底下，所以，大家全都迟迟没有行动。

老乌龟把身体向下一蹲，对大伙说："来吧，踩着我上去！"

老乌龟这一带头，大伙纷纷地拥了上来，按照刚才制定的计划，有条不紊地进行着，最后陆续有小乌龟爬了出去，只剩下了老乌龟和另外两只小乌龟，无论如何也爬不出去。

无论是已经爬出瓦罐的乌龟还是仍然留在罐中的乌龟都很焦急，不知道下一步该怎么办。这时老乌龟对外面的乌龟喊道："把这个鬼东西推倒！"爬出罐外的小龟们立刻行动起来，不一会儿就推倒了这个瓦罐。

这样，所有的乌龟都脱险了。

［分析］在完成任务的过程中，所有成员需要彼此配合，相互信赖，也需要承担一定的风险。这种风险表现为合作者是否可靠、是否值得信赖。按照合作计划，大家分头做事。工作期间，如果有人滥竽充数、阳奉阴违、得过且过、敷衍了事，那么，共同的目标就难以实现。尤其是面对突发事件时，更需要群策群力，同心协力。

主题一　执行任务　把握节奏

问题：团队如何有效执行和保持节奏？

服从工作安排、有执行力，是任何单位、上级对员工的基本要求。

在团队中，当合作目标确定、工作任务明确后，我们要做的就是严格执行，有效落实工作任务，直至达成目标。在合作过程中，成员之间要协调一致，共同推进。

在新的职业场所，面对的团队成员、伙伴可能比较多元，情况比较复杂，需要我们具有担当意识及高超的团队协调能力。

通过本主题的学习和训练，你将能够：

1. 积极有效地接受工作安排，有效地执行任务；
2. 学会把握工作节奏，共同完成任务。

认知：有效执行　协同一致

微课：

学会宽容接纳

一、怎样有效执行

（一）接受工作任务，不找任何借口

找借口、不担当是工作中最大的恶习，是一个人逃避应尽责任的表现。它所带来的，不仅是工作业绩的大打折扣，甚至会给单位带来损害。所以，在工作中，我们要克服各种障碍与困难，坚决执行任务，不找任何借口。

1. 控制逆反心理

在合作中，多数人要听从指挥。安排你工作的人，有可能年龄比你小、学历比你低。处于这样的合作位置，心理上总是有些不舒服。对于年龄较长、学历较高、能力较强的职业人来讲，这样的逆反心理可能更加强烈。

在接受工作安排的时候，有些人能够接受领导的命令，服从权威人士的指挥。可是，在与自己资历相仿、地位接近者合作的时候，心里总觉得被这样的人指挥很别扭，不服气。

这个时候，你应当控制自己的逆反心理。在团队中听从指挥并不代表低人一等，而是为了保证团队步调一致。

2. 接受他人的帮助

工作不是单打独斗，接受他人的帮助是合作过程中必然会发生的情况。所有人在职业生涯中都需要他人的帮助和引导，不仅是处于基层位置的员工，处于中、高层位置的领导在面对自己不擅长的问题时，也需要寻求他人的意见。在任何一个职业环境中，你都不能只靠自己解决全部问题。

人们不愿接受他人的帮助，往往是自尊心在作怪。虽然自尊是做人的根本，但是，自尊发展到极端就会成为自傲，还有可能转化为自卑。路不行不到，事不为不成，人不劝不善，钟不敲不鸣。如何把握自尊的尺度，可以通过实际工作的磨炼、观察他人的做法以及听从同事的规劝来调整自己的心态。

3. 坦然面对自身优缺点，积极进取

能否胜任岗位工作，是职业之根本，对于刚踏入社会的我们，需要学会进行角色的转换，需要不断学习新的职业本领，需要努力提高自己的业务水平，做到胜任工作。

坦然面对自己的不足，是对自己负责的表现，没有一个人天生就什么都懂，特别是身处于知识经济社会，知识更新加快，技术周期缩短，每个人都需要不断完善自己，终身学习。不要为自己所学的专业不同、学历不够、能力有限找借口，一方面要提升自己的理论知识水平；另一方面，在做中学，在工作中提升自己的能力也是十分重要的途径。任何单位的领导都是喜欢工作有能力、有效率的员工，都会把机会让给积极努力，敢于担当，能够在工作中锻炼成长的员工的。

（二）结果导向，创造商业价值

商业价值指事物在生产、消费、交易中的经济价值，通常以货币为单位来表示和测量。商业价值是以结果为导向、以创造价值为标准、以客户为中心的，绝不是以自我为中心。

对于单位和企业来说，让员工上班本身不是目的，只有创造效益，产生价值才有意义。做好本职工作的标准不是"做了"，而是要让客户满意，让客户对提供的产品、服务满意。

举几个形象的例子：企业的业务员拜访客户不是结果，拿到订单才是结果；生产工人生产出来了零件不是结果，质量100%合格才是结果；质检员检查了三遍，不是结果，没有一件次品出厂才是结果……结果是创造可以用于交换的价值。这也是为什么企业都把"客户第一""客户至上"作为企业的价值观和文化。

二、怎样把握工作节奏

（一）控制整体的工作节奏

当一个团队合作完成任务时，团队成员必须控制自己的工作节奏。每进行到一个阶段，都要检验工作进度是否符合计划安排。同时要注意与他人的工作进度、与整体的工作进度是否保持了一致，一旦发现差距，必须及时调整，否则就会拖累团队，延误合作项目的完成。

（二）合理安排工作顺序

如何安排工作的优先顺序，对于团队成员来说十分重要。按照轻重缓急设定先后次序，能够使自己的工作更加高效、有序地进行。当工作的先后顺序不能独自决定时，团队成员应征求团队合作者的意见，明白先做什么、后做什么。

（三）及时报告和沟通工作进程

团队合作的工作应及时汇报，并做出阶段总结，这是保持工作进程的有效方式。对于新成员来说，不能只闷头做事、不管他人进展、不愿向领导多说。团队领导根据项目特点、进程，应及时组织日报、周报、旬报、月报，或确定的工作阶段分期汇报，并通报项目相关成员，使大家保持统一的进度；团队成员及时报告工作进展能使领导心中有数，更方便控制进程。特别是团队成员在工作中遇到困难和问题时，更应该及时汇报，这样有利于领导及时帮助解决困难和问题、排除障碍，保障项目或工作的顺利开展，按期完成工作任务。

有些人认为，用不着经常汇报，不如等着工作全部做完再一起汇报。这种想法是不对的。你在接受任务的初期，无法马上掌握全部要求。有些事情，要做起来再看，边做边体会意图。及时沟通，可以加深理解，一旦错了，可以及时发现。谚语讲："做事不由东，累死也无功。"这里的"东"指的就是东家、老板、领导者，即指派你工作的那个人。

那么，应怎样注意职业内圈的沟通，及时向上级报告工作情况、沟通工作进展呢？

1. 消除对上级的畏惧心理

上级既是管理者，也是信息资源的拥有者，他们掌握着人、财、物、信息、经验等。有人觉得，上级有奖罚的权力，当工作出现问题的时候一旦自己的错误被发现，便会对自己很不利。有这种想法的人总是尽量减少与上级接触的机会。当迫不得已去汇报工作时，则唯唯诺诺、没有重点、不知所云。上级如果不满意，自己就会越来越逃避面对上级。我们必须重视对上级的沟通汇报，它既是展示才华的机会，也是获取信任、促进合作的机会。

2. 抓住时机，不要犹豫等待

如果在工作中出现问题不及时汇报，你的上级以及相关的人员也会通过其他途径获得相关信息。因为大家都在关注事情的进展与结果，如果上级已从其他途径获得信息，之后才接到你的报告，这样对你是很不利的。上级从其他渠道接收到的信息可能不准确，而人们容易先入为主，正所谓"真作假时真亦假，假作真时假亦真"。到那时，即使你的报告是真实的，如果他人已对你产生误解，你也将难以改变他人的看法。

3. 积极创造沟通的机会

无论是内圈的沟通，还是中圈、外圈的沟通，都不能被动地等待。你与直接上级差不多每天都要沟通，可在每天工作的某一个段落，正式汇报一下工作进度。忙起来的时候，可以采取电话、短信、电子邮件的方式，上级可能不回复，但实际上一直关注着你的进展。中圈、外圈的合作，可以登门拜访，或通过喝茶、喝咖啡、打球等方式，创造交流的机会。

4. 既要报喜，也要报忧

汇报工作情况，既要报喜也要报忧，要选择合适时机及时全面地报告。如果你在基层岗位，不了解上级的情况，则可以通过在上级身边的人，来掌握相关情况，了解上级对你的工作的关注度。

5. 事先要充分准备

汇报工作进度，主题要明确，重点要突出，抓住问题的关键。在提出问题的同时，还应提出解决问题的建议。说话要有头有尾，明确来龙去脉，用事实说话，提供具有说服力的资料和数据，同时做好接受质疑的准备。汇报工作时养成及时记录的习惯，这也是敬业、专业的表现。

6. 掌握语言沟通的技巧

在很多情况下，怎么说比说什么更重要。湘军总领曾国藩拟向朝廷禀报战事，下级拟文为"屡战屡败"，曾国藩挥笔改为"屡败屡战"。一个细微的改动，却传达出完全不同的意思。前者表达的是失败，后者突出的是顽强。朝廷获报，感受完全不同。

要检查一下自己的语言习惯。如有些人说话消极，被问起"工作怎么样"时，其回答"不怎么样"。明明做了一大堆事情，却寥寥几句就概括了。这样不是谦虚，而是封闭，不利于与人合作。要及时检查自己的工作进度，将已经完成的业绩展示出来，这对自己和同伴都是很好的激励。

行动：提高执行力，控制工作节奏

活动一：游戏——解手链

一、活动目的

体会团队中的沟通、执行及领导力。

二、活动要求

1. 8 ~ 10人为一个小组，每组成员站成一个向心圆；

2. 讲师发布指令：请大家举起你的右手，握住对面学员的右手；再请举起你的左手，握住另外一位学员的左手；现在你们已经形成了张错综复杂的网络，请大家在不松开手的情况下，想办法把这张网解开，形成一个圆。

三、活动提示

答案有两种：一种是一个大圆，另外一种是两个套着的环。

四、活动分享

1. 活动开始时你的感觉怎样，思路是否清晰？

2. 当这张网解开了一点以后，你的想法是否发生了变化？

3. 最后问题得到了解决，你的心情如何？

4. 在这个过程中，你最大的收获和体会是什么？

活动二：哑人筑塔

一、活动目的

1. 领会团队默契达成过程的几个阶段；

2. 体会个人的利益应当如何与团队的利益达成一致，怎样保持团队的工作节奏。

二、活动要求

1. 每人发一张任务字条，各自任务书不得让其他人员看到，活动中队员不得讲话，不能用语言来沟通。

2. 培训师分发积木，队员按照字条上的任务要求用积木搭建成塔，在规定时间（10分钟）内，所有人员都要完成各自任务。

3. 可以根据情况分成三组，在规定时间内轮流操作，任一组在操作时请其他组旁观。讲师重点观察队长和参与动手筑塔的队员，并记录队员违规次数。

三、活动分享

请讲师组织讨论，请各小组分享建塔感受：

1. 你是怎样明白谁是队长、谁是队员的？什么时候明白的？

2. 你们组内成员间使用什么样的方式来沟通？有效的沟通方式是什么？

反思：怎样提高执行力和团队协调能力？

一、自我评估

执行力是实现目标的必要条件。没有执行力的人，在机会到来时也会轻易失去机会；相反，执行力强的人，不但能抓牢机会，而且能主动创造机会。下面的测试题，请你根据自己的实际情况回答"是"或"否"。

（一）测试题

请扫二维码查看"执行力与团队协调力测试"。

（二）结果分析

以上各题如果你都回答了"是"，说明你行动能力很强，有自信心，有毅力，可望取得大的成就。

如果你多数选择了"否"，说明你行动能力较差，谨小慎微，敢于胜利的自信不足，善于胜利的方法欠缺，应不断改进，增强执行力，努力奋斗，积极作为。

二、反思提高

（一）自我反思

回顾自己在日常工作与生活中是否习惯性地提出许多问题，然后给自己寻找借口。如果你有这样的习惯，建议你从现在开始，接受任务时少问多做，不要给自己寻找任何借口；以结果为导向，多思考解决问题的办法，争取每做必胜。

（二）提升建议

课外阅读埃尔伯特·哈伯德的《把信送给加西亚》，感受一下军人罗文的执行力。请思考：初入职场的你，在新的职业领域、新的岗位应该怎样发挥执行力？如何为职业的发展、事业的成功不断努力？

测试：

执行力与团队协调力测试

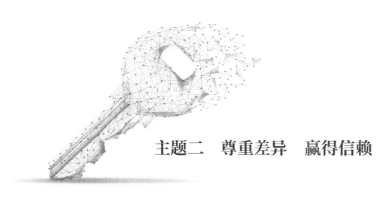

主题二　尊重差异　赢得信赖

问题：如何宽容信赖，携手共进？

世界上没有两片相同的树叶，更没有两个相同的人。为了完成共同的工作任务，每个人都会与有个性差异的人合作，并以"求大同存小异"的原则，给予合作者充分的尊重。但值得注意的是，任何合作，都可能存在一定的风险：合作者是否恪守承诺、是否高度负责、是否自律严谨等。所以，要努力排除对合作者的怀疑和猜忌，在自己遵守承诺的前提下，又给予他人充分信任，共同推进相互的合作。

一个团队成功与否的重要标志是其工作的效率与效益。有人曾把高效团队的主要特征归纳为四个层次。

第一层次：有共同的理念、明确的目标、一致的承诺，这是建设高效团队的前提和基础。

第二层次：严格的规范、恰当的领导，这是建设高效团队的保证。

第三层次：相互的信任、有效的沟通，这是建设高效团队的关键。

第四层次：内部和外部的支持，是建设高效团队的必要条件。

其中，相互的信任是团队达成目标的关键，内部相互的支持是赢得成功的必要条件。相互的信任和宽容是合作的开始，一个不能相互信任，不能容忍差异、宽容共进的团队，是一支没有凝聚力，也没有战斗力的团队。

对个人来说，在团队中，他人的信任是对自己的认可，能使自己获得一种心理的满足和精神的愉悦，并能激发自己的生命潜能，使自己获得人生的依靠和发展的动力。

通过本主题的学习和训练，你将能够：

1. 学会理解个性差异，换位思考，宽容地对待合作者之间的差异，形成合力；
2. 了解信任的力量，掌握建立信任关系的方法。

认知：宽容、信赖同事和赢得团队信任

一、怎样与不同特点的人相处

（一）理解个性差异

团队成员的价值观、信仰、态度以及年龄、经历、技能、气质、性格往往有所不

微课：

与不同个性的人合作

同，因此个体差异是无法避免的。在团队合作中，我们必须正确对待差异，努力减少由个体差异带来的冲突，要充分利用个体差异来弥补个人的不足，提升团队创造力，共同达成团队目标。

（二）克服偏见引发的排斥心理

针对个体差异，要学会尊重，切不能以自己的好恶来衡量他人而形成偏见，不能以不符合你的审美观念为由而排斥他人。

（三）面对各种差异的合作方法

1. 正确面对工作性质差异

以医院为例，一般来说，医生学历高，处于支配地位，护士处于从属地位，形成医生作诊断开医嘱、护士执行医嘱的主从关系。但实际上，医院是以"病人"为中心的，"三分治疗，七分护理"，医生和护士双方必须相互理解和合作，才能取得最佳的医疗效果。

2. 客观面对性别差异

与异性合作，可能会遇到相互理解的障碍。比如，在医院里，男护士在体能、应变能力方面具有优势，在急诊室、手术室等科室内比较受欢迎。而女护士工作细心、动作轻柔，在儿科等科室比较受欢迎。

3. 有效面对性格差异

团队中，大部分人都喜欢与自己同类、有好感的人交往。在日常生活中，你可以选择性格合适的人成为朋友、密友，但团队的合作，性格不是每个人的首选，为了合作的顺利，我们必须宽容大度，尊重合作者的性格差异。用换位思考、为对方着想、适合他人性格和喜好的方式来对待与你性格有异的人。

4. 宽容面对习惯差异

实际工作中，由于年龄、外貌、个性、知识文化水平、成长环境等的不同，个人的工作和生活习惯也会有差异，而要在一起合作、共事，除了团队统一的工作规则外，我们还必须宽容地对待合作者之间生活习惯的不同。

5. 平静面对年龄差异

代沟是一种社会现象，在团队中与年龄相差较大的人合作时也会存在，中年人可能看不惯年轻人的举止行为，年轻人也不理解中年人的为人处世。为了共同的事业和目标，与年长的人合作时，应该保持谦逊的态度，而与年轻人合作时，则多点理解包容，这样一来，团队就会更加和谐。

二、怎样赢得团队的信任

信任是一种在人际交往过程中对交往对象在人际认知、情感、行为倾向以及期待等方面所形成的相信、信赖乃至可以相托的复杂心理活动。简单来讲，就是"放心"，不必提心吊胆、担心对方不会按照自己的期望或托付去做事。

（一）信任在团队中的价值

信任是一种"心理契约"，它是经济社会一切规则、秩序的根本所在，没有信任，就没有秩序。信任深刻地影响人与人之间、群体与群体之间的行为，因此，信任可以说是创造社会繁荣的关键，是经济社会中的无价之宝。

团队中缺乏相互信任将导致团队成员失去对客观事实的正确判断，给组织目标的实现带来不良后果。信任，可以说是团队成功的重要因素，信任对于团队来说，具有化腐朽为神奇的力量。信任成就团队，信任是一个优秀团队成功的基石，它能够使团队凝聚出高于个人力量的智慧，造就出不可思议的团队表现和绩效。

（二）怎样快速获得团队的信任

人与人之间的信用缺失是合作的主要障碍。信任不是说出来的，而是做出来的。我们怎样才能快速赢得团队领导和同事的信任呢？

首先，取得工作的成效是关键。它将直接影响到团队领导对你办事能力的信任程度，这就要求我们做好岗位职责范围内的工作，保质保量按时完成工作，并协助其他成员完成团队工作。

其次，做人必须忠诚、正直和磊落，这是非常重要的信任构建要素。个体成员要始终忠诚于团队，正直处事，磊落为人，不做不利于团队的事情。

最后，必须与团队成员互动沟通。团队中的相互沟通交流，能让团队领导和同事更多地了解自己，消除误解，处理意见分歧，及时解决问题。在沟通过程中，要认真倾听他人的讲话，敢于真诚地暴露自己真实的想法，这是获得信任的前提与基础。

总之，诚实做人、踏实做事是我们赢得信任的根本，下面的几种行事准则可以帮助你在与人交往和团队合作中增加信任度。

1. 开诚布公

人们所不知道的和人们所知道的都可能导致不信任。只有开诚布公，才能带来信心和信任。在团队合作中，你应该让团队其他成员充分了解你的有关信息，如解释你作出某项决策的原因，如对现存的问题的坦诚相告等。充分展示大家关心关注的相关信息，让别人没有盲区，没有让人感觉你在隐瞒些什么，才能使信息基本对等，从而让人放心、让人相信。

2. 待人真诚

诚实是做人的本分，无论是友善的赞美，还是善意的批评建议，只要真诚、他人都会感谢你的鼓励或乐意接受你的批评建议。不要说那些虚假恭维和冠冕堂皇的话，有诚意，才会让别人更加信任。

3. 充满热情

在日常交往中，对人要有热情，对团队成员多给予微笑和掌声。笑脸是你的通行证，有了热情和支持的态度，你就能更好地融入团队之中，更好地获得他人的信任。

4. 关注焦点

当你和某人在一起的时候，你要将其当作你目前的焦点。比如和同事谈业务、和客户谈生意，眼睛应该看着对方，专注眼前的焦点事务，不要心不在焉，这会让你的谈话始终处于一个"黄金时光"，帮助你建立信任。

5. 尊重他人

任何人都有优点和缺点，都值得我们去尊重，不论人前人后，当别人发现你始终都是发自内心地尊重他时，他对你的信任也就自然加深了。

6. 承担责任

如果遇到工作上的失误或意外，要敢于承担责任，不推诿、不饰过，这是团队合作中最需要的宝贵品质，也是赢得别人信任的重要素质。

7. 接受批评

学会优雅地面对批评。要从批评中寻找自己进步的空间，有些时候别人的批评也许不十分准确，但除了适当的解释和陈述外，我们也可以试着从别人的角度来理解这个问题。

8. 重信守诺

遵守你的诺言，不要轻易许诺，不要利用一些空头支票来糊弄他人。当你曾经许诺的事情不再对你有利的时候，不要试图去推掉它，可以试着对此进行重新谈判。如果重新谈判达成了新的协议，还须注意要确保能给别人带来更多的好处。

9. 保守秘密

如果别人告诉你他的秘密，意味着他确信你不会泄露，这是他对你信赖的表现。如果你随意泄露，有负信赖，那么这种信任将不复存在。

10. 始终如一

始终如一地坚持你的行为准则，不要贪图偶尔的便利而随意改变，你一以贯之的原则会为你赢得信任的筹码。

行动：提升赢得团队信任的能力

活动一：游戏——疾风劲草

一、活动目的

通过游戏，学会信任他人。同时体验不同角色带来的不同感受，进而体验信任对于培养一个团队凝聚力的作用。

二、活动要求

1. 8~9个人一组，肩并肩围成一个圈。一个人扮演"草"站在圈的中央。

2. 中间一人双手抱于胸前，并拢双脚，闭上眼睛，身体绷直，其他成员则肩并肩伸出双臂做保护状。

3. 中间的"草"倒下之前，说："我是××（自己的名字），我要倒下去了，你们准备好了没有？""风"大声回答："我们准备好了，你倒吧！""草"可以选择任何方向倒下去，倒的整个过程中不能移动脚或双脚分开，像"不倒翁"一样。

4. "草"的整个身体完全倒在团队成员的手中，这时团队成员把"草"顺时针推动两圈，逐渐将"草"扶正。

5. 小组成员轮流扮演一次"草"的角色。

三、活动分享

1. 当你准备向后倒时，你是怎么想的？倒下以后，有什么感觉？

2. 作为保护的成员，在你的队友向后倒时，你当时是怎样想的？你又是怎样做的？

3. 两种角色都扮演过以后，你有什么感想？有什么话要对你的队友说？

活动二：红黑对局游戏

一、活动要求

1. 这个游戏需要6个小组参加，每个小组由5～6人组成。将小组按一、三、五队和二、四、六队划分为两个阵营。用红色和黑色的硬纸做成卡片，每个小组各有1张红色和1张黑色卡片。

2. 一、二队对局，三、四队对局，五、六队对局。对阵的两队同时出牌，根据各自牌面的颜色确定得分。

二、计分规则

根据出牌颜色，两队的得分有以下4种情况（表5-1）：

表5-1 红黑对局计分规则

	单数队出牌颜色	得分	双数队出牌颜色	得分
情况1	红	+5	黑	-5
情况2	红	-3	红	-3
情况3	黑	-5	红	+5
情况4	黑	+3	黑	+3

三、活动规则

1. 请每组学员在充分理解计分标准后，经过讨论决定本组选择什么颜色，并同时出牌。

2. 在出牌之前，各个小组之间不得商议交流，出牌后不能再改变。需要两人监督各个小组并传递信息、计算分数。

3. 讲师依据双方的选择结果，每轮结果出来后，才能进行下一轮。

4. 游戏持续6轮，其间双方只有一次机会可以互相交流，但是也只有在双方都提出这个要求时才能够实现。其他时间双方不能进行任何接触，两队之间始终要保持一定的空间。

5. 最后，总分为正的小组为赢家，为负的小组为输家，双方都为正值就是达到了双赢的状态，双方均为负分，则没有赢家。

四、分数记录

轮数 / 小队	第一轮	第二轮	第三轮	第四轮	第五轮	第六轮	总分
单数队							
双数队							

五、活动讨论

1. 你所在小组最开始的目标是什么?

2. 你所在的小组与对手的对局结果是双赢、双输,还是一输一赢? 你从活动中悟出了什么?

3. 你能否理解这样的命题: 合作中不能谋求自身利益的最大化。能否举例说明你已掌握了平衡利益关系的要领。

4. 在你的小组中,是否在对局中发现了双赢的关键,是谁先发现的? 在争论中,你的观点如何?

六、活动启示

1. 记分标准注定了大家之间的竞争关系,大家很容易陷入双输的状态,而对大家最为有利的是事先进行一定的沟通,最后大家达到双赢的结局。

2. 值得注意的是商业讲究的是诚信,做游戏也是一样,如果与对方讲好要合作,又在游戏过程中反悔,转而寻求看似很大实则暂时的利益的话,就会影响双方合作的基础——信任,最终导致合作的失败。

3. 尽管人们往往追求独赢的成功感,但这个世界上有很多比你聪明的人做出了另外的选择: 与其冒着失败的危险、寻求一个你死我活的结局,远不如大家合作共存。

反思: 如何提升相互信赖的能力?

一、自我评估

在团队中,团队信任能力是指自己与团队成员间坦诚相待、相互协作的能力。请通过下列问题对自己的团队信任能力进行测评,选择一项你认为符合你认知的选项,计算你的得分。

(一)测试题

请扫二维码查看"团队信任能力测试"。

(二)计分规则

选A得3分,选B得2分,选C得1分。

(三)结果分析

24分以上,说明你对团队信任的认知能力很强,请继续保持和提升;

15 ~ 24分,说明你对团队信任的认知能力一般,请努力提升;

15分以下,说明你对团队信任的认知能力较差,急需提升。

二、反思提高

信任是双方的心理契约。回忆一下在自己工作和生活中,你能否得到领导和同事们的充分信任,为什么? 如果状态还不太理想,原因何在? 下一步该怎样改进提升?

同时,你对团队的领导或同事有充分的信任吗? 你为什么信任或不信任他们? 原因何在? 你认为这一状态需要调整吗?

测试:

团队信任能力
测试

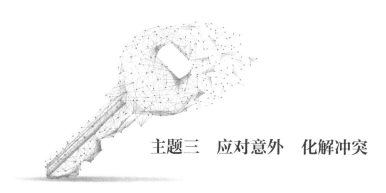

主题三　应对意外　化解冲突

问题：怎样面对意外事件与内部冲突？

俗话讲，谋事在人，成事在天。这个"天"指的是外部客观条件，要达到团队的目标，除了我们自己的计划和努力实施外，还需要天时地利人和。"天时"指的是时机的成熟，"地利"是环境的支持，"人和"是组织内外部的和谐。事物的发展往往不会一帆风顺，常常会有预料不到的意外发生，以致打乱计划，影响进程，甚至会使我们前功尽弃。因此，善谋者往往会未雨绸缪、防微杜渐，善进者常常能化险为夷、转危为机。

2020年，新冠肺炎疫情突如其来，给全世界带来前所未有的冲击，给国家、企业、个人带来巨大的影响。应对严重的疫情，不少企业立即应变，改变市场策略，调整生产计划，变换生产方式，处理生产链、供应链、营销链以及人员组织等变化带来的不利影响，很快便走出阴影，获得生存的机会。但也有不少企业和创业团队，一筹莫展，只能面临歇业或倒闭的结局。

怎样在合作前做好预案，应对可能的变局？怎样在发展中随机应变，化险为夷？同时，怎样应对内部发生的矛盾和冲突，解决问题？这些都是我们合作者必须要做的功课、必须具备的本领。

通过本主题的学习和训练，你将能够：

1. 学会预见可能影响工作进程的因素，应对意外、处理危机；
2. 了解冲突的特点，把握化解冲突的方法。

认知：学会应对意外事件与化解矛盾冲突

一、怎样应对意外事件

做任何事情，都要尽最大的努力，做最坏的打算。在实际工作中，有些事情发生与否，是不以你的个人意志为转移的。如别人出了错误，你的任务可能也无法完成，对于这类连锁反应，事先要有足够的思想准备。学会应对意外事件，需做到以下五个方面。

1. 有准备

对于意外事件的出现，要做充分的准备。在完成任务的过程中，针对可能出现的

应对意外事件

最坏情况，做好预案，例如，遭遇公共卫生事件、自然灾害等，有思想准备就能够临危不乱；再如，重要的合作伙伴因病无法到位，相关设备突然发生故障等，就需要预先在人员、设备、资料等方面做好后备。

2. 留余量

做事要留出余量，确保在遇到干扰时有弥补机会。如，合作的时间约定要给自己留一些提前量。既然合作，就要与人方便、与己方便。留有余量，有利于应对意外，确保计划的完成。

3. 早警觉

尽早发现干扰工作进程的因素，将事故控制在萌芽状态。意外事件出现之前，一般会有一些征兆，要有敏锐的嗅觉，及时感受市场外部的变化，早警觉并及时应对。

4. 想办法

发现问题征兆，及时想出调整的办法，不要畏惧困难、推卸责任。成功者想办法，失败者找理由，办法总比困难多。积极调整，就能化险为夷，转危为机。

5. 快调整

有了办法要快速行动，及时调整工作的节奏与重心。不要拘泥于事先的计划，不要顾虑太多，抓住机会，团队就可能快速摆脱被动和困境，重新走向顺境，获得成功。

二、怎样及时求助

遇到困难和意外事件，自己不能解决时，要及时求助。求助，是与人合作的基础能力，也是企业需要的合作共进机制。求助时应注意以下问题。

1. 克服心理障碍

求助的障碍在于过于强烈的自我意识和自尊心。有些人自我意识过强，自尊心过于膨胀，遇到困难时不想开口求人，不愿意降低自己的心理位置。孤树难成林，一个人浑身都是铁，也打不了几个钉子。在工作进程中，任何人都会遇到困难。执行任务者必须学会求助，而且要及时求助，不能等到别人无法帮助你的时候，才发出信号。不会求助是自身合作能力方面的缺陷，而这样的缺陷，很容易出现在强者身上。当年项羽失败，正是因为不求助，还拒绝帮助。正所谓，虎落平阳，英雄无助，多少能人、强者失败的主要原因都是不会求助、自视过高呢？

2. 找准求助对象

我们需要知道，哪些人是可以求助的。求助不能舍近求远，最可能为你提供帮助的，就是朝夕相处的同事和自己的直接上级。这些人了解你的情况，关注你的工作进展，他们能提供的帮助直接而有效。当求助于职业中圈、外圈中的人，要事前做好铺垫。如果不经常联系，就不能突兀求助，因为对方可能缺乏准备。

同时，求助要有明确具体的人，有的放矢地求助。"路见不平，拔刀相助"的人毕竟是少数，"事不关己，高高挂起"则是人之常态。遇到困难，与其毫无目标地向一个"群体"求助，不如有的放矢地向某个"个体"求助。唯有如此，才能更有效地唤起人们的责任心，获得最佳的求助效果。

不要同时向多个对象请求同样的帮助。作为求助者，总希望把事情办得万无一失。他们错误地认为，求助的人越多越保险。但实际情况是：接受请求的各方如果知道他们不是被请求的唯一方，就会产生消极推诿的心理。

3. 直截了当求助

既然开口求助，就不要犹豫客套，含糊其词，让人感觉你是心有不甘、迫不得已。例如，向上级求助，不要掩饰自己的困难，不要怕批评。在求助的时候，上级如果询问或质疑，这都是正常的。

三、怎样解决内部冲突

（一）什么是冲突

对于团队来说，冲突指的是两个或两个以上的团队成员在目标、利益、认识等方面互不相容或互相排斥，从而产生心理或行为上的矛盾，导致抵触、争执或攻击事件发生。

一般来说，团队成员之间的冲突、团队与团队之间的冲突往往都会对企业的发展造成影响，不少企业由于对内部的冲突解决不力，导致各自为政、互为对手，最后分道扬镳。

从人际关系角度看，矛盾、冲突是与生俱来的，是无法避免的，应接纳冲突，正确认识冲突的存在。冲突不可能被彻底消除，冲突是另一种形式的沟通，冲突是为了发泄长久积压的情绪，冲突之后雨过天晴，双方才能重新起跑；冲突是一次教育性的经验，有冲突，双方可能对对方的职责及其困扰有了更深入的了解与体认。高效解决一场冲突，往往可以开启新的且可能是长久性的沟通渠道。

（二）为什么会产生冲突

导致团队之间冲突的原因有很多，目标认知、责任定位、人员安排、组织协调、资源分配、信息沟通、危机应对、事故处理以及个性差异等，都可能引发团队与团队、成员与成员的冲突。

1. 资源竞争

组织在分配资源时，总是按照各个团队的工作性质、岗位职责、在组织中的地位以及组织目标等因素分配资金、人力、设备、时间等资源，不会绝对公平。各类团队在成员数量、权力大致相同的情况下，会为了组织内有限的预算、空间、人力资源、辅助服务等资源而展开竞争、产生冲突。例如，企业里生产部门与销售部门的冲突；一个单位部门与部门之间为争取经费、设备、奖励名额等都可能发生冲突；甚至在团队之间共用一些组织资源时，具体使用过程中也会出现谁先谁后、谁多谁少的矛盾。

2. 地位竞争

组织内团队之间、成员之间对地位的不公平感也是产生冲突的原因。当一个团队努力提高自己在组织中的地位，而另一个团队视其为对自己地位的威胁时，冲突就会产生。同样，一个成员的升迁影响到另一个成员的发展时，也可能导致冲突。

3. 责任模糊

组织内有时会由于职责不明造成职责出现缺位，出现谁也不负责的管理"真空"，造成团队之间的互相推诿甚至敌视，发生"有好处抢、没好处躲"的情况，特别是当出现问题需要追责时，往往会出现相互之间的推诿冲突。

4. 沟通不畅

团队之间的目标、观念、时间和资源利用等方面的差异是客观存在的，如果沟通不够，或沟通不成功，就会加剧团队成员之间的隔阂和误解，加深团队之间的对立和矛盾。

5. 个性差异

世界上没有完全相同的两片树叶，也没有完全相同的两个人。每个企业都有各种各样的人，他们有着不同的"脾气"，在工作上会有不一样的态度和做法。性格的差异导致他们看事情的角度不一致，小摩擦在所难免，控制得不好，则会产生冲突。因为性格差异导致的冲突不仅有横向的，即员工与员工之间的，也包括纵向的，即领导与员工之间的。

（三）怎样化解冲突

有这样一个故事：一个人发现地毯上有一处扰人心烦的凸起，他尝试梳理地毯的纹路，但凸起都在梳过之后再度出现。极度沮丧中，他将地毯掀了起来，令人惊讶的是，地毯下滑出了一条愤怒的蛇。

放在组织的语境中来解读这个故事，就能看出其中隐喻的冲突事件：我们在组织中处理干扰性因素时（比如冲突），我们仅仅只是与其表象打交道。尽管我们尝试消除或掩饰问题，但这条隐藏在地毯下的蛇（冲突的主要原因）仍不可避免地持续制造危害。除非我们将蛇揪出来并对其进行处理，否则它将挫败我们在提高组织效率方面的诸多努力。

冲突是不可避免的，这是人的天性。即使没有外界的干扰，我们自己内心也会出现冲突。既然我们不得不和冲突一起生活，那么，我们应该如何来处理冲突，才能使冲突史加平和并向着正面的方向发展呢？

要有效处理冲突，必须正确地面对冲突，只有正确地面对冲突，才能清楚地了解冲突产生的原因，并有针对性地化解冲突，不被表面的现象所蒙蔽。

1. 调整心态

正确地面对冲突，首先要保持良好的心态。调整心态，需要做到以下几点。

（1）坦诚相待，不遮不掩。坦诚就是胸怀坦荡、心灵诚实、实话实说、不隐瞒。当我们面对冲突时，一定要与对方坦诚对待，通过多种手段与其进行积极沟通，把事情的真相和自己的观点清楚地展示给对方，让对方理解。否则，如果遮遮掩掩或有所隐瞒，则会给对方造成更大的伤害，使得彼此心存芥蒂，最终不利于冲突的处理。

（2）彼此尊重，勇于担责。所谓"人非圣贤，孰能无过"，出现问题时首先找自己的原因，勇于承担责任，不要互相埋怨，责怪他人，这样才能营造良好的解决问题的氛围，更有利于问题的解决。

（3）换位思考，理解对方。只有站在对方的立场，换位思考、将心比心，我们才能保持良好的心态，耐心地与对方沟通，了解对方的真实想法，以便于更好地弄清事实的真相与问题的关键，也能够更多地理解和包容对方，避免激化冲突，并积极地面对冲突。

（4）平等互惠，立足双赢。汉字"赢"是由五个偏旁组成的，"亡"——牺牲精神；"口"——沟通、交流；"月"——机会；"贝"——资源整合；"凡"——平常心。合并"赢"字的意义，我们可以从中悟出"有舍才有得，合作才能共赢"的道理。面对冲突，如果我们有"双赢"的心态，解决问题就会顺畅得多了。

（5）舒缓情绪，冷静面对。冲突很容易引起激烈的情绪反应，如果一方处于负面情绪的状态下，是不利于冲突解决的，这时候常常话无好话，既理不清，也讲不明，很容易冲动而失去理性，激发矛盾。因此，必须调整心态情绪，要用超越情绪层面的对话来处理矛盾，通过调整立场、观点、态度，冷静分析矛盾所在，才能真正解决问题。

2. 把握关键

（1）找出关键人物。在合作进程中，要准确地判断出到底是哪些人引起了矛盾冲突。在你的团队里，你要注意能力强的合作者。越是能力强的人，越容易成为矛盾冲突的焦点。有能力的人，通常个性鲜明，做事执着，当他们见到其他人做事不符合要求、效率不高、质量不佳的时候，便非常气愤，要发表意见。这样的人在合作中处于关键位置，不可或缺，他自信心强，给人的感觉是比较傲气，说话咄咄逼人。这样的人不愿意受委屈，可以任劳，但不能任怨。尽管在制订合作计划和分派任务的时候，领导者已经尽量考虑到公平问题，但实际做起事情来，却无法做到完全的公平。能者多劳，多劳却不一定多得，因此有可能感到心理不平衡。同时，他们对于人际关系也很敏感，特别在意他人的评价、公众的舆论。

（2）判断主要矛盾。要具体地了解关键人物的需求和困难，判断主要矛盾以及矛盾冲突的主要方面。在缓解矛盾冲突的时候，要具有说服他人的能力。这种能力不仅仅是口才，而是准确把握合作者思想脉搏的能力和在复杂的矛盾中准确判断主要矛盾的能力。

（3）说服关键人物。引导和说服关键人物，尽量消除矛盾，化消极为积极。在说服劝导的时候，必须能够控制自身的好恶。有能力、有本事的人做事，可能咄咄逼人，显示出傲气、霸气等气质，这可能一度让你感到苦恼。但为了完成任务，维持合作局面，你必须尽力说服关键的人物，要容忍这样的人，同时还要说服其他合作者一同容忍。必要的时候，以退让和妥协来缓解矛盾。

3. 巧用方法

解决团队冲突的具体方法可以归纳为以下几种。

（1）直面问题找办法。问题的存在是造成冲突的原因，因此不要回避矛盾，而是要直接面对存在的问题，寻找解决办法。比如，针对认知上的冲突，可以通过讨论、辩论来明辨是非对错；针对决策上的冲突，可以通过协商调整，找到正确的途径和方法；针对沟通上的冲突，可以及时加强信息对称的沟通，避免误解等等。直面问题，找到了问题的正确解决方法，冲突也就随之消失了。

（2）沟通协调要及时。团队内必须做到及时沟通，积极引导，求同存异，把握时机，适时协调。唯有做到及时沟通，才能最快求得共识，保持信息的畅通，而不至于因为信息不畅导致矛盾累积。

（3）善于倾听与询问。倾听是沟通行为的核心过程。倾听能激发对方的谈话欲，促进更深层次的沟通。另外，只有善于倾听，深入探测到对方的心理以及他的思维逻辑，才能更好地与之交流，从而达到协调和沟通的目的。同时，在沟通中，当对方行为退缩、默不作声或欲言又止时，可用询问引出对方真正的想法，去了解对方真实的立场以及对方的需求、愿望、意见与感受。

（4）容忍冲突，创新解决。冲突不可避免，要学会容忍冲突，它对促进问题解决有正面意义。因此，要鼓励团队成员创设丰富多样的解决方案，争取通过解决冲突来促进团队内部更加和谐，使工作得到进一步发展。

行动：学会应对意外，化解冲突

活动一：游戏——共同走向目标

一、活动目的

通过游戏，检验队员应对意外事件的能力。

二、活动准备

场地在室外，选择一个平坦、空旷的地方，足球场最为适宜。参加活动的人，要穿运动鞋，着长衣裤，防止跌倒的时候擦伤。选择一个标识物作为目标，如一面有旗杆、可以插到地上的旗子，将目标置于80米远的地方。

三、活动要求

1. 每个小组派出两人。一人用红黑两色的布蒙上自己的眼睛，听另一个人的口头指挥，走向目标。蒙眼人最多只能走120步，到了限定的数字就停下来，测量离目标有多远。

2. 每个小组再派出两人，都蒙上眼睛，互相呼应走向目标。这次不限制步数，而是限制时间，150秒内完成。

3. 全体成员都蒙上眼睛，只有讲师在观察。大家一起走向目标。可以大声呼唤，彼此拉手、互相搀扶。完成任务的时间限制在3分钟以内。

四、活动提示

活动的第一阶段，要求发出命令者必须停留在原地，不能跟着伙伴。选择其他小组的一个成员担任监督工作，观察蒙布是否起作用，并计算步伐。这个人可以跟着蒙眼者走、暗中"捣乱"、给蒙眼者错误的暗示等。检验学员在干扰下，能否密切配合、达到目标。

到第二阶段，由于两人都蒙上眼睛，难度加大。如果两人拉手前行，不仅影响速度，还可能以偏带偏，导致南辕北辙。正确的做法是用语言呼应，并且借助于其他成员的暗示。

到第三阶段，群体活动，可能顺利达到目标，也可能一片混乱。如果小组成员有10人，核心人物的引导作用非常重要。一旦有人达到目标，必须通过呼唤引导同伴。这个时候，讲师可以增加活动的难度。在学员不注意的时候，将目标转移位置，观察全体成员在失去原来目标位置的情况下，如何应对意外情况。

五、活动讨论

1. 本小组是怎样预防意外事件发生的？

2. 结合本主题所讲的应对意外事件的五个方面，谈谈本小组的应对经验和教训。

活动二：解决业主委员会与物业公司的矛盾

一、活动背景

某住宅小区组成了业主委员会，其中一位委员是律师。为了扩大业主委员会的影响，这名律师业主牵头要求管理该小区的物业公司降低管理费。物业公司是该小区开发商的下属公司，没有同意业主委员会的要求。打了半年官司，最终业主委员会胜诉，物业管理费需每平方米降低0.3元。这本来是令业主们高兴的事，可是物业公司以降低费用无法经营为由骤然撤出。时间过了半个月，该小区还没有新的物业公司接管。住宅区内垃圾无人清理、车辆无人管理、秩序无人维持，一片混乱。上千户居民叫苦不迭，反过来抱怨业主委员会多事。原来的物业公司管得好好的，非得打官司。其实，别的小区还没有这个小区的服务项目全，收费却更高。该公司有开发商支持，也没有过高收费。现在，其他物业公司都觉得该小区是烫手的山芋，不敢贸然接手。业主委员会也感到自己"猪八戒照镜子，里外不是人"。

二、活动要求

如果你住在这个小区，请完成以下四个任务，以改变这种混乱局面。

1. 找到关键人物

从全体居民的利益着想，要尽快解决生活难题，恢复秩序，必须建立物业公司、业主委员会和大多数居民的合作关系。从你的经验来看，谁是控制局面的关键人物？开发商扮演什么角色？是寻求政府干预，还是谋求私下和解？

2. 缓解矛盾冲突

业主委员会是代表业主利益的，那么业主和物业公司有多大的利益冲突？降低物业管理费是关键因素吗？作为小区的居民，如何对待一家可能收费偏高但是管理规范、服务项目齐全的物业公司？分析驱逐和留下这家物业管理公司的利弊。

3. 激发工作热情

业主交纳了管理费用，有权要求物业公司提供优质服务。可是，由于业主购买房产的长期所有性质，决定了更改一家物业公司并不容易。作为业主委员会，如何激发物业公司员工的工作热情，有何富于创造性的办法。

4. 抑制消极因素

在小区居民中，总有个别人唯恐天下不乱，任何物业管理公司都无法使这样的人满意，如何减低这些人的影响？

三、活动提示

实际生活中，这个小区还是由原来那家物业公司继续管理。物业公司因为擅自撤出被有关政府部门批评并处以罚款，而小区居民继续按照原来标准交纳管理费用。

反思：提升应对意外事件和化解冲突的能力

一、自我评估

回答以下问题，评估自己是否掌握应对意外事件的五个步骤。

1. 对于影响任务完成的干扰因素有哪些准备？是否能够想到可能出现的最不利因素？

2. 是否理解"长木匠、短铁匠"的寓意？你在工作进程中是否会留出适当的余量？

3. 在工作进程中，你通过什么渠道获得信息，以便及早警觉意外事件的出现？

4. 是否理解"成功者想办法，失败者找理由"的寓意？如何在遇到小困难的时候，采取非常手段解决问题？

5. 你能否提出开放式的解决问题方案，与合作者分头行动，尽快调整行动步骤？

二、试题测评

下面是一组如何处理团队冲突的测试题，选择一项你认为正确的答案，对照参考答案，看看你对团队冲突的处理能力如何。

（一）测试题

请扫二维码查看"团队冲突处理能力测试"。

（二）参考答案

见二维码。

三、反思提高

1. 遇到意外和应对冲突是工作和生活中的常事，回忆一下你过往的生活和工作经历，你曾经遭遇过哪些重大的意外事件，你是怎样应对和解决的？你曾经面对过哪些较大的冲突，你当时解决冲突的办法是什么，效果如何？有哪些值得总结的经验和教训？

2. 结合本主题的学习，你有哪些收获？哪些理论改变了你的认知，哪些方法你可以借鉴应用？

测试：

团队冲突处理能力测试

模块六

改善合作效果

与人合作，需要一个磨合的过程，多数合作并非双方一开始就很默契，而是需要不断磨合，最终才能达到和谐。

当合作出现问题的时候，就要谋求改善，及时发现工作中的问题，判断合作的障碍。以积极的方式提出不同的意见，以诚恳的态度接受他人的建议，并且弥补他人的工作过失，达到改善合作效果的目的。

在合作过程中，将出现一些影响工作进程的因素，使合作局面变得复杂。可能有人知难而退，有人半途而废，有人搬弄是非，有人敷衍塞责。作为合作的主导者，要具备控制工作局面的能力，解决不断出现的意外情况，不能任由事态发展。

一个团队中可能存在四种类型的人。第一种人，能做事，不多事；第二种人，能做事，但多事；第三种人，不太能做事，也不多事；第四种人，不能做事，还多事。这四种类型的人，对合作局面将产生不同的作用。针对不同类型的人，要采取不同的方法，消除合作障碍，控制工作局面，以达到预期目标。

本模块能力要求：

1. 能了解合作过程中的积极或消极因素，提出改进措施，查遗补缺，确保达到目标；
2. 能接受批评和建议，检讨工作中的过失，纠偏纠错；
3. 能表达不同意见，对岗位设置、工作分工提出建议。

本模块训练重点：

1. 及时发现工作中的问题，消除合作障碍，激发工作热情；
2. 正视自己的弱点，提出和接受批评建议；
3. 展示合作优势，培育团队精神与文化。

案例示范：奚小姐与范阿婆

奚小姐应聘成为某家酒楼的主管，刚到任，就收到一起投诉。一位60岁的范阿婆反映，自己点了一道上汤菠菜，吃出了一根头发。奚小姐见到眼前的这位范阿婆，发现她说话时带有浓重的潮州口音，但语气平和、道理清楚，很有修养。

美小姐当着众人，深深地给范阿婆鞠躬道歉，马上安排重新做了一盘蒜蓉菜心，并以个人名义为范阿婆结账。范阿婆离开的时候，发现账已结，很是感动。她告诉美小姐，自己退休已经5年，最近搬到女儿家，就在附近。她已经来这个酒楼几次，总体感觉还好，但在一些小事上，酒店的处理有时略显不当。美小姐拿出笔来，一一记下范阿婆的意见。

从此以后，范阿婆成了酒楼的常客，一年中差不多要来三百次。每个星期，她都将自己的意见和建议向美小姐说一次，有时还是书面建议。范阿婆还动员那些和自己一起锻炼身体、打牌的姐妹们，一起来吃早茶，这些老人有广州的、潮州的、海南的、梅州的，大家都根据自己的经验与口味为酒楼提意见。

转眼10年过去，范阿婆已经70岁，美小姐已成为酒楼的副总经理，俩人一直保持着联系。美小组深知，范阿婆等老姐妹给酒楼带来了人气，更带来了创新发展的动力。早茶业务带动了午市、晚市的业务，酒楼的名气也越来越大。

［分析］你的合作者中一定要有诤友，他们是改善合作效果必不可少的人物。具有能够直言不讳的合作者，才能使你从不同侧面获得信息，特别是获得一些尖锐、准确的批评意见。

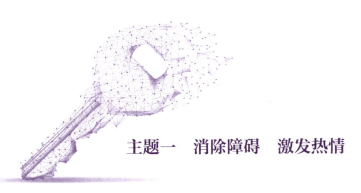

主题一　消除障碍　激发热情

问题：如何清除合作障碍，激励团队？

任何人在与人合作时，都会不可避免地遇到这样或那样的矛盾，关键是在合作中及时察觉可能出现的障碍，尽力不使裂痕进一步扩大，并将影响控制在一定的范围内，为合作关系的修复创造条件。

对于一个组织来说，成员具有一定的能力并不一定能产生对组织的价值，成员能力和天赋的发挥在很大程度上取决于其需求水平的高低。人们加入某个组织，在其中从事劳动，是基于不同的需求和动机的，如获得报酬、成长、个人声誉等，激励正是通过满足成员的不同需要和动机，引导其为组织、为团队的目标积极努力并作出贡献。

通过本主题的学习和训练，你将能够：

1. 及时发现合作中存在的问题，准确判断影响工作进程的障碍，适当调整合作关系；

2. 掌握激励的方法，及时激励成员的工作热情，挖掘其潜能。

认知：判断合作障碍　激励团队成员

微课：

激发工作热情

一、怎样消除障碍，确保合作顺利

（一）察觉合作裂痕

在合作中，我们要敏锐地发现合作的裂痕，及时判断出合作的障碍。合作是一种主动、自觉的行为，要求合作者各个方面都相互信任。做事靠的是默契和真诚的努力，如果勉强地、被动地做事，貌合神离，合作肯定是一句空话。

通过一个合作过程，我们可以感受到合作是否存在障碍。但是，这样的直观感受有时不一定会准确，因为仅凭情感因素来判断合作关系，显然缺乏客观的依据。而且当局者迷，旁观者清，因此，合作主导者，不能简单地根据合作者的直观感受来做判断，而要注意实际的例证。

判断合作障碍的基本依据一般有三点：一是合作关系是否融洽，二是合作目标是否一致，三是沟通协调是否有效。一旦合作者之间出现裂痕，而其中一方不予察觉或者不予理会，裂痕就会越来越深，从而导致成员之间尖锐对立的后果。

（二）消除合作障碍

保持合作关系融洽。可以采用"是、非"形式的提问：你与某同事关系如何？备选答案只有两个："好"和"不好"。再继续问你与所有的同事关系如何？备选答案还是只有两个："好"和"不好"。如果你的答案是"不好"，则要及时调整合作关系。

保持合作目标一致。多人做事，在制订计划、分派任务、接受指令的时候，虽然你觉得大家已经清楚要做什么事情，达到什么目标，但一旦开始共同做事，大家常常不按目标来工作，只根据习惯来做。如遇到这种情形，团队中每一个成员都需要注意问题的存在，要刻意地规范自己的行为，这样就能主动消除合作障碍，进而有效提高工作质量。

保持有效的沟通协调。合作障碍客观存在，但大多是因为缺乏有效的沟通和协调，特别是摩擦与矛盾，往往来自合作者之间的误解。因此，团队人员在合作中要不断进行沟通协调，相互呼应，以避免后续问题的出现或影响的扩大。

二、怎样激励团队成员

所谓"激励"，是指为激发人的动机，鼓励人们采取行动、从事某种活动而采取措施的过程。从管理活动的角度讲，激励的目的是使人形成工作动力，也就是人们常说的调动积极性。它也是一种满足员工的需要、引导和强化其行为的过程，因而对于团队工作来说是不可或缺的重要内容。

激励过程就是组织的领导者或管理人员引导并促进工作群体或个人产生有利于实现管理目标的行为过程。

（一）激励的手段与方法

1. 绩效设计是关键

团队到底实行什么样的管理方法？推行什么样的激励方式？到底是关注过程还是最终的结果？这些是每一个团队领导者都必须思考的问题。

（1）团队需要激励

激励是团队提高工作效率常用的手段，但不同的激励方式，对团队产生的效果不一样。要注意你的激励政策是否能得到团队成员的响应，你的激励政策是否会让他们走向另一个极端。如只求数量，不问质量；只顾眼前，不顾长远。

（2）团队需要目标设定

目标设定既要有量的要求，也要有质的标准。既考核过程，关注敬业的态度、专业的操守；又注重结果，使评估指标与最终的结果紧密挂钩。

（3）团队需要相互协作

团队要有一个明确的目标，成员间要相互信赖、支持，每个人都要积极参与，不计较太多的个人利益，相互团结，整体运作。

2. 团队激励的方式

作为团队的主导者，首先应该使团队具备有效激励的条件，在此基础上再采取各种有效激励的措施，进行科学的团队激励。简单地说，有效激励的主要条件有以下几个。

（1）团队成员要有做好目前工作的能力。团队成员有能力完成他们的工作和任务，胜任他们的职位。否则，在工作能力都不具备的情况下，领导者很难通过激励来提高他们的工作绩效。

（2）团队成员的工作符合其偏好和兴趣。兴趣是最好的老师，是一个人做好工作的内因，内因又是决定激励效果的关键因素，不具备内因，激励很难成功。

（3）团队成员的工作量要适度。如果工作量过大，团队成员就无法从工作中得到快乐，他们对工作的热情和效率也将难以为继。

（4）团队成员要能从工作中不断获得成就感。团队成员如果能够看到自己的进步，他们就会不断提高对自己的要求，他们对管理者激励措施的感受也会更加强烈。

除了前面所讲的激励制度外，有效激励还有三个原则必须遵守：一要因人而异，二要适时适度，三要公平公正。

3. 危机中的激励

人的需求是人的行为的动力源泉，企业要建立有效的激励机制，应该注重把握员工的需求，并按需求层次进行调整和选择，建立员工自我激励制度。企业的领导者要设法使员工的工作具有挑战性，给员工一种自我实现感；要让员工参与企业的目标管理，鼓励员工提出改进工作的合理化建议；要给员工自身进步和发展的机会，使他们在实践锻炼和培训学习中提高自己的水平，满足其实现自身价值和发展提高的愿望，从而使员工产生参与感和成就感，更好地发挥他们的潜能。

案例

鳄鱼来了

一群猴子在河边树上摘香蕉，有一只猴子为了摘稍远处的香蕉不小心掉进了河里。猴子们不会游泳，看见在水里扑腾的小猴子都无能为力，只能在树上干着急。

一只老猴看着在水里挣扎的小猴，急中生智，大喊一声："快往岸上游，后面有鳄鱼来了！"小猴一听，赶紧拼命地用手划着水，居然游上了岸。

正如案例中溺水的小猴，每个人都有无限的潜力等待开发，管理者用危机进行激励，可以最大限度地发挥团队成员的潜能。

4. 赞美激励

赞美是一种切实有效的激励方式。赞美能让懦弱者鼓起勇气，让徘徊者确定方位，让盲目者找到目标，让自卑者树立信心，让软弱者坚定意志，让成熟者强化自身。赞美激励要讲究方法：

（1）看到他人的进步和成绩。小学老师批改作业，作业本上有十道题，这位同学

149

对九道，错一道。老师是在九道题目上画上表示正确的"钩"，还是在那一道题上画上表示错误的"叉"。如果追求效率，画"叉"更快些。可是，学生还是喜欢在自己的作业本上有九个"钩"。凡是不怕麻烦画"钩"的老师，培养出来的学生一定会更为出色。

（2）口头赞扬，激励作用最直接。早晨一见面，热情地说一句："各位，天气真好，你们的精神更好!"晚上下班前，亲切地道一声："大家辛苦了，今天任务完成得很不错。"这些话看似平常，其作用却不可低估。

（3）非语言的形式，效果独到。在工作过程中，鼓励的眼神、亲切的握手、热烈的掌声、朋友圈中的点赞等等，都是在赞扬他人。在工作任务进行到一个阶段时，请大家吃一次饭，或者买一些水果食品让众人分享，也是表示赞扬的方式。

（4）赞美要选择时机。最有效的赞美不是"锦上添花"，而是"雪中送炭"。最需要赞美的不是早已美名远扬的人，而是那些没有什么成就、身份不高的普通人。他们平时很难听到一声赞美，一旦被人真诚地赞美，就有可能增强他的自信心，其精神面貌会焕然一新。

5. 细节激励

除了上述激励法外，还有一些激励的小招数，管理者如果运用得当，也能收到事半功倍的效果。有时领导者的一句话、一个动作，都能使员工们的心灵需求得到满足，增强员工的主人翁意识和责任感。聪明的管理者从不吝惜运用各种有效的激励手段，使员工舒心开怀，并使其潜能发挥到最大程度。

（二）激励的应用

1. 对团队一般成员的激励

（1）以绩效为中心的激励。要把工作绩效以及对组织的其他贡献与团队成员的报酬收入紧密结合起来。

（2）采取弹性奖励的激励手段。根据员工的需要，有针对性地选择奖励的方式、时间和地点。

（3）对不同团队成员的权变激励。根据不同员工的特点，采取不同的奖励措施，针对特定的员工个体，也可以采取特定的措施。在现实中，员工的类型可分为指挥型、关系型、智力型和工兵型，领导应该根据员工的不同性格特征，采取不同的激励技巧，这样才能取得良好的激励效果

（4）达到激励的公平。公平是激励的基本原则，公平的激励能调动全体成员的积极性。

2. 对团队管理者的激励

高素质的管理者是团队成功不可缺少的条件。要建立和完善团队激励制度，更应该对团队的管理者实施有效的激励。适用于对团队管理者的激励方式包括引入竞争机制、适度授权、运用薪酬杠杆、强调精神激励等。

团队管理者对于团队的发展十分重要，这些激励方式如果运用得当，效果会十分显著。

行动：学会判断合作障碍，激励他人

活动一：游戏——连续报数

一、活动要求

1. 8个人为一组，1人担任监督，其余7人在一张桌子旁围坐。每个人手中拿一根筷子，用以敲击桌子。

2. 确定一个人为首位报数者，首先喊"1"，右转，依次接着报数。规则是，逢7或者7的倍数，不能读出来，而是以敲桌子来代替。7的倍数数字有14、21、28等，包括含7字的数字有17、27等。参与者必须注意力集中，报数要迅速，不能迟疑观望。

3. 到了规定数字没有敲击桌子，或者边报数边敲击，监督就马上叫停。找出酿成错误的责任者，在其头上戴一顶纸帽子，或者在成绩单上记录过失一次。继续报数，直到无错误地报数到99为止。

4. 能够在两次机会以内达到目标的小组，获得奖励；重复三次仍然无法顺利完成报数到99的小组，则视为失败。

二、活动讨论

组织小组进行讨论，特别是多次失败的小组，要分析失败的主要原因：

1. 多次出错后，你所在小组有没有及时发现"障碍"？

2. 如发现障碍，有没有提出防范措施？你们最终是怎么完成目标的？

三、活动提示

1. 多次失败的小组可能存在两个主要问题：一是有人没有全面理解规则，二是有人注意力不集中。在27、28两个数字连续出现的时候，总有人糊涂地喊了出来。负责监督的人，要准确找出经常出错误的人并提醒其注意。多次出错后，提出防范措施，改变围坐位置，或者更换首位报数者。

2. 如果队长能够及时发现"障碍"，就可以尽快完成这个活动。有的小组出现问题就互相指责，甚至连续犯同一类型的错误；有的小组负责人发现了问题，但碍于情面，不能够及时指出；有的小组发现了障碍，也及时指出了问题所在，但是，不能及时帮助这个人改正错误。

3. 经过讨论、启发仍然无法认识到合作障碍的小组，必须增加训练时间。

活动二：案例分析——消除上司的误解

一、案例

文华是某耗材销售公司的文员。春节前，经理交给她一大堆名片和一些精心挑选的明信片，要她按照名片逐一打印寄出，以维护客户关系。文华曾提醒经理，应将已经发生改变的或业务上已没有往来的客户挑出来，但经理不耐烦地说："你别管，把所有明信片都寄出去就好了！"

两天后，文华把打印好的明信片交给经理过目时，经理却大声指责她将一些已经不在中国的客户错误地打印在明信片上。文华觉得很委屈，想说出来又担心被经理以

"顶撞上司"的为由开除自己,便忍了下来。回去后她大哭一场,可心里还是觉得别扭,以致影响了工作。

后来,文华利用休息时间去拜访经理,坦诚地说出了内心的想法。结果出乎意料,经理竟然向她承认了错误。从此,他们两人在工作上配合默契,共同为公司创造了显著的业绩。

二、讨论

文华是如何对待和消除上司的误解的?

反思:怎样提高判断合作障碍、激励他人的能力?

一、团队评估

这份调查表是直接衡量你的团队受"缺乏信任""惧怕冲突""欠缺投入""逃避责任""无视结果"五大障碍影响的诊断工具。建议团队中的所有成员分别填写这份表格,然后查看结果,讨论他们填写内容的差异及其代表的含义。

请仔细阅读下面10个问题,凭第一感觉选择符合你实际情况的选项:A=经常,B=有时,C=很少。答题完毕后,请根据计分规则,计算你的分数,以此评估所在团队的情况。

(一)诊断问题

请扫二维码查看"团队评估测试"。

(二)计分规则

选A计3分,选B计2分,选C计1分。

请对应题号,将你的得分填入表6–1,这些问题分别与五大障碍相对应,由此,可计算每类的总分。

团队评估测试

表6–1 团队情况评估表

第一大障碍 缺乏信任		第二大障碍 惧怕冲突	第三大障碍 欠缺投入	第四大障碍 逃避责任	第五大障碍 无视结果
4		1	3	2	5
6		7	8	11	9
12		10	13	14	15
总分		总分	总分	总分	总分

(三)结果分析

8～9分:说明你所在的团队不存在这类障碍;

6～7分:说明你所在的团队存在这类障碍;

3～5分:说明这类障碍对你所在的团队影响极大。

二、反思提高

（一）计划、反思

1. 经过一个工作阶段的磨合，你与合作伙伴的关系是否融洽？是否有人对你抱有反感情绪？

2. 你与同事的合作目标是否一致？你会采取什么方法不断地强化合作目标？

3. 在合作出现裂痕的时候，你会采取什么措施来积极消除合作中的障碍，取得他人的谅解和认可？

（二）实践、体会

1. 你会鼓励他人吗？你平常总是以欣赏的眼光看待别人，还是往往过于挑剔？

2. 跟你合作过的朋友或同事对你们的合作感觉愉快吗？他们有无再度合作的意愿？如果评价不佳，问题在哪里？你应该怎样调整？

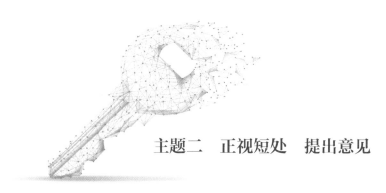

主题二　正视短处　提出意见

问题：如何认清自我，增进合作关系？

品性，是行为的准绳，良好的品性是职业人所必备的职业素质。但"金无足赤，人无完人"，任何人都会有不足的一面，面对自身的短处，我们没必要掩藏，也不需要隐瞒，只要在工作中发挥自身优势，努力克服自己的不足，避免合作中的负面因素，与合作者优势互补，就能取得期望的工作成绩。

合作过程中，尽管大家目标一致，但有时还是有可能出现分歧。我们表达意见和提出批评的方式要恰当，正所谓"打人莫打脸，骂人莫揭短"。

当合作者出现失误时，要控制住指责、抱怨的情绪；同样，当他人向你提出意见与批评时，你要心态平和、虚心接受，从中吸取积极的因素，不必讳疾忌医。这样，才能更好地推进合作进程。

通过本主题的学习和训练，你将能够：

1. 学会审视自我，征求他人意见，了解自身不足；
2. 学会用恰当的方式表达意见，提出批评；
3. 善于听取多方意见和建议，接受批评。

认知：在团队合作中扬长避短，改进提高

微课：

接受建议批评

我们在与领导、同事、客户相处的过程中，通过经常回顾合作时的自身行为来检视自己的工作过程，就可以找到自己的长处和不足。如，巧妙地问问同事的看法，能及时发现自己某些不适宜的言谈举止，找出自己品行中不利于合作的因素；积极开展批评与自我批评，就能得到同事或客户的信任，便于工作顺利开展或高效进行。

一、怎样检讨自己的不足和过失

（一）人人都会有不足

每个人的品性都有这样或那样的不足，因此，每个人都要清醒地认清自己，要有敢于认错的勇气，善于自我批评，这样就能求得他人的谅解。但在现实中，有些人自

我感觉良好，在合作过程中遇到问题时，总是将问题归结到他人身上，极易造成团队不和谐而形成相互猜忌，影响合作的深度和广度。

为促进合作，你应控制强烈的自信，低调为人，控制某些不利于合作的品性因素，为消除合作障碍奠定基础。

（二）合作过程中多作自我批评

每个人身上都存在不利于合作的缺点，如固执、急躁、迟缓、多疑、自负、懒散、傲慢、自卑、刻薄等。这些问题因人而异，程度不同。

正确地认清自己，及时发现自己的缺点并予以改正，才能成为受同行、客户欢迎的人。值得注意的是，认真地做自我批评有一定难度，也需要勇气，但你如果做到了自我批评，那么你的合作者一定会接纳你、欢迎你。

刚开始自我批评时你可能会有些难受，但一旦形成习惯，也就习惯了，而且不时地自我批评检讨和接受批评，有利于有效调整自己，改进工作方法，从而促进公司的发展。

（三）诚恳地征求意见

如果想知道自己还存在着哪些方面的不足，你可以邀请合作者，共同回顾合作历程，诚恳地征求意见，检讨自己的合作行为。同时，要勇于承认错误，主动接受批评，不断追求进步，接受"良师"指点，认真反省，努力改变自己。这样就能培养自省的态度和勇气，在不断反思中重新认识自己，寻求进步和奋发向上的工作动力。

生活中，我们很多人不善于征求别人意见，缺乏合作诚意，有时还刚愎自用、妄自尊大、听不进半点别人的意见，这不但阻碍了自己的进步发展，还可能会给团队带来损失。

二、怎样适宜地表达不同意见

为了改善合作效果，就要表达不同意见。意见可以是对事情的看法或想法，也可以是对人、对事的不满意之处。

（一）心平气和，当面表述

对于同样一件事情，不同的人站在不同的角度可能会有不同的看法，这种情况实属正常。共事过程中，正确对待来自不同角度的不同意见，就能够取长补短，形成合力。但要注意的是，提意见应对事不对人，否则会影响团队团结，起相反的作用。

说赌气话、激怒他人的话是很容易的；而想要说得体的话，则要控制好自己的情绪，在平心静气的氛围中，双方面对面地讲，这样才能收到预期的效果。正所谓"好言难得，恶语易施"。

（二）把握问题，有序表达

在表达不同意见的时候，你要清楚地理解和把握以下五个问题。

1. 为什么要表达

当合作出现不和谐因素的时候，就要通过有效的沟通协调，达成双方意见的统一、观点的认同，以消除合作的嫌隙。所以，在表达意见之前，你一定要问自己，这样做有必要吗？尽管有时有话不说出来，心里感觉很堵，想一吐为快，但这恰恰会使表达意见成为指责争吵的导火线。因此，不是所有个人看法都有必要说出来，要选择时间、选择地点、选择机会，尽可能避免矛盾的产生或激化。

2. 对谁表达

向谁表达意见？是你的上级，还是下属；是你的同事，还是合作伙伴？面对不同的人，表达意见时就要使用不同的表达方式。

向上级提意见，最好是向自己的直接上级，而不应该是上级的上级；向下属表达不同意见，要以商量的口吻，如果态度稍冷，口气稍重，极易造成误解；同事之间，有意见一定要恰当地表达出来，特别是紧密合作的搭档。

3. 何时表达

表达意见，不是想说就说，而是要看时机。首先，要选择在自己情绪比较冷静的时候；其次，要等对方给你提供了表达意见的机会的时候；再次，要在合作问题已经基本显露的时候。

4. 在什么场合表达

向直接上级表达意见，最好是在单独的场合，不应该有其他人在场。会议中，对其他部门提出意见时，如果问题很尖锐，则应采取会下沟通的方式。对外圈合作者表达意见时，地点要选在不代表立场的地方，自己的工作地点或者对方的工作地点都不适合，可选在某些公共场合，如咖啡厅、茶馆等。

5. 如何表达

表达不同意见的时候，首先要复述对方的观点，并肯定对方的某些意见与做法，形成有话慢慢说的氛围。如不可避免地要批评对方，注意语气定要缓和，语重心长地指出问题所在，这样才能以理服人，被批评者也能欣然接受。另外，表达的观点不能含糊，场合适宜时，应结合具体事例，直截了当地提出反对意见。而下结论时，务必要留有一定的余地。

提出意见，一定不能伤害他人的人格，遵循对事不对人的基本原则。不能说伤及他人自尊的话，诸如"你怎么这样笨""你们这些人真自私""你们总是让我们多干活"之类的。确实有必要提意见，也只限于就事论事，绝不能翻陈年旧账，防止伤害合作者之间的感情。

三、怎样接受批评建议

在工作与生活中，我们不仅要表达意见，还要听取意见，这是双向沟通的过程。有些时候，你还要接受批评、承受指责。这些意见、建议、批评，不一定都是正确、公正的，其表达方式也不一定合适，但是，你必须采取积极的态度去接受。有时候，忠言逆耳，但其对我们的进步是有益的。

（一）认真倾听

在接受意见时，要善于倾听。应集中自己注意力，将其他事情暂时放下来，必要时要做记录，以防止信息的遗漏。接受意见时可以简单地回答，但必须控制讲话的欲望，尽可能少说多听。

（二）不急于辩白

任何人在接受意见时，一定要避免因自己被误解、被冤枉，特别想澄清事实而急于解释原因的行为，因为这样的努力往往适得其反。很多人在听到刺耳的意见和批评时，觉得自尊心受到伤害，想到自己平时做了那么多事，没有功劳还有苦劳，现在不仅没受到表扬，还受到各种指责，心里会倍感委屈。其实这正是所谓的忠言逆耳，良药苦口。

（三）做好分析

面对意见和批评，要善于辨别，哪些是善意的批评和建议，哪些是带有偏见或者恶意的指责。此时你要集中各个方面的意见，分类整理，冷静思考自己工作的不足。而对于多次被指出的问题，要分析并拿出解决问题的办法，这样才能有利于自己的进步。所以，当你面对那些刺耳的指责时，要客观地进行分析，要站在对方的角度考虑问题，即便有些意见明显缺乏依据，只要不是怀有恶意，也要记录下来，有则改之，无则加勉。

（四）诚挚感谢

在接受意见和批评的时候，你必须要诚挚地表示感谢，感谢他人的关注、信任和坦诚。这种感谢之意，切勿拖延，要及时表达，必要时使用合适的方式深度表达自己接受意见的诚意，以取得对方的谅解或认同。

行动：学习客观评价、巧妙表达的方法

活动一：劝导场景的角色扮演

一、活动背景

采用场景模拟的形式，由学员扮演相应的角色，在特定的情景中进行对话，训练提意见的能力。活动前，不准备固定的台词，活动时，请学员现场发挥，从而了解不同语境的语言习惯。

两人一组，一人扮演吸烟者，另外一人扮演安保员。"吸烟者"正在不应该吸烟的场合吸烟。"安保员"的任务是劝阻"吸烟者"不在受限制的区域内吸烟。任务的难点在于，这位"吸烟者"态度很恶劣，对于劝告极为反感，甚至说一些脏话。不管"吸烟者"的态度如何，"安保员"必须彬彬有礼，耐心劝阻。然后，两个人交换角色。由于位置的变化，第二轮中的"吸烟者"可能变本加厉地为难"安保员"，注意观察"安保员"在这个时候的应对语言。

二、活动要求

1."吸烟者"可尽量夸张地展示恶劣的一面，故意激怒"安保员"，使"安保员"

感到难以完成任务。

2. 请讲师现场讲评角色扮演者的对话，主要讲评"保安员"的表达方式。评估的标准是：所提出的意见能够让对方接受，不能以管理的口气说话，而是以商量的、请求的口气说话；在对方故意使用激怒语言的时候，要保持冷静，不能以牙还牙。

三、活动提示

在社会公共场所，总会有人做出不文明的事情。但是，处于服务位置的工作者，必须求得"吸烟者"的合作，避免激怒对方。提出意见的时候，避免被个人情绪左右，不能说有情绪的话，不能伤害他人的人格，注意对事不对人。

活动二：分析你的表达是否适宜

一、活动要求

分析以下场景中的对话，指出其中不恰当的表达方式，并写出适宜的表达意见的方式。请与同小组的成员交流。

二、对话情景

1. 你的间接上级临时安排你写个工作计划，而你此时确实没有时间。你的回答是：

"为什么让我写这个计划，这事不由我负责。"

2. 你外出回来，发现有人弄乱了你办公桌上的物品。你不高兴地说：

"我不在办公室的时候，不要乱翻我的东西。"

3. 你为客户精心服务，客户却当着你的面称赞你的同事。你恼怒地说：

"他那么好，你找他好了。"

4. 你的同事出现很低级的失误，你指责他：

"你呀你呀，真是笨到家了，这么简单的事情也不会做。"

反思：你能否正视短处，是否善于提出建议？

一、小组评估：测测你们团队的健康度

团队的健康度一般可从以下五个角度来评价：

（1）成员共同领导的程度。团队中每一个成员都有义务承担一部分领导的责任，这是一种民主集中的管理模式。如果一个团队是独裁专制性的，那它的健康水平也会比较低。

（2）团队工作技能。团队成员优势互补、合作共事的技巧。

（3）团队氛围。团队成员共处的情绪、和谐度与信任感。

（4）凝聚力。团队成员目标的一致性，具有同向的向心力。

（5）团队成员的贡献水平。团队成员为承担自己责任所付出的努力和取得的成就。

下面的测试可以帮助你了解团队的健康度，从而改善团队状况。

测试：

团队健康度
测试

（一）测试题

请扫二维码查看"团队健康度测试"。

（二）计分规则

上述25条描述可归纳为五项标准：共同领导、团队工作技能、团队氛围、团队凝聚力、成员贡献水平。

根据你的回答情况，选A计1分，选B计2分，选C计3分，选D计4分。在表6-2中填写你的分数，并计算五项标准各自的得分。

表6-2 团队健康度评估表

共同领导	团队工作技能	团队氛围	团队凝聚力	成员贡献水平
1	2	3	4	5
6	7	8	9	10
11	12	13	14	15
16	17	18	19	20
21	22	23	24	25
总分	总分	总分	总分	总分

（三）结果分析

每一项的满分为20分，得分越高越好。比较所在团队不同方面的得分，就可以粗略地了解自己团队的长处和短处。请每个人都做出评价，就可以得到团队成员对团队总体的评价。通过比较总体评价和每一个人的评价，还可以了解你与其他人看法的差距。

二、反思提高

1. 回顾一下：自己有过巧妙地向上级或同事、客户、服务对象提出比较尖锐批评建议的经历吗？被批评者接受了吗？你用了什么样的方法？通过本主题的学习，你找到这种方法的理论依据了吗？

2. 你是一个善于接受别人批评建议的人吗？你是怎样既坚持自己的正确主张，又妥善处理好别人的意见甚至指责的？

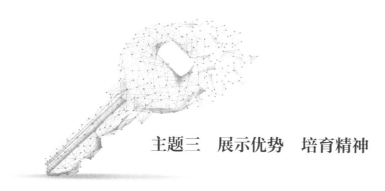

主题三　展示优势　培育精神

问题：怎样展示优势，培育团队精神？

　　一些国际管理咨询公司通过对全球优秀企业的研究得出结论，世界500强公司能够胜出的根本原因在于，这些公司善于给他们的企业文化注入活力，这些一流公司的企业文化同普通公司的企业文化有着显著的不同，他们最注重四点：一是团队协作精神，二是以客户为中心，三是平等对待员工，四是激励与创新。凭借这四大支柱所形成的企业文化力，使这些一流公司保持百年不衰。

　　当我们融入社会，进入新的团队，与同事们一起共同奋斗实现团队的目标任务；或者组建团队自己创业，带领团队发展，完成自己的使命愿景时，在团队的发展过程中，我们需要不断展示自己的优势，需要不断培育团队的精神，高度重视建设团队的文化，以打造和提升团队的核心竞争力。

　　通过本主题的学习和训练，你将能够：

　　1. 学会展示自己的合作优势；

　　2. 了解团队文化建设价值，学会建设团队文化。

认知：展示自身优势　建设团队文化

一、怎样展示自己的合作优势

（一）用行动体现合作优势

　　企业是营利性的组织，每个人都是带着人性天然的小"恶"和各种性格加入这个团队的，在合作中，如果我们能扬长避短，积极弘扬善性，力行善举，遏制住小"恶"，我们就能够受到大家的认可。

　　在合作中，个人的优势除了专业的技术与能力外，还表现在职业素质方面。通用职业素质是每个人在团队中的软实力，它包括职业道德、职业精神、职业基本意识和职业核心能力。

　　职业道德是职业活动中符合职业要求的心理意识、行为准则和行为规范，具体包括：爱岗敬业、诚实守信、办事公道、热情服务、奉献社会五个方面。

　　职业精神是从业者的职业理想和追求，反映了从业者的职业态度、职业操守和职

微课：

弥补他人过失

业境界，具体包括劳动精神、工匠精神、劳模精神三部分。

职业基本意识是从业者对职业的基本认知、应该形成的基本观念和具备的工作态度，具体包括：规则意识、质量意识、效率意识、责任意识、安全意识、环保意识和包容意识。

职业核心能力是职业人除岗位专业技能之外的跨岗位、跨行业的基础能力，是适应社会发展变化的可持续发展能力，是个人取得成功的关键能力，具体包括有效沟通、团队合作、自我提高、信息处理、创新创造、解决问题六个模块。

这些职业的基本素质，往往是合作中让一个人胜出的关键素质，你如果具备这些核心素养中的一项或多项，你就拥有了超越他人的优势。

另外，合作中还需要团队成员具备其他优秀品质，如亲和力、耐心、服从、忠诚细致、热心、谦虚、幽默、大度等，你若拥有这些品格或正努力培养这些品格，就会感受到它的魅力。

团队中个人合作优势的表现，不是口头的宣示，而是用具体行动来不断展示，如果你能展示出这些合作的优势，就会受到团队成员的尊重与认可。如果每个成员都具有这些优势，团队的发展就有了内在的力量。

（二）合作就是优势互补

由于每一个人都有各自的合作优势，所以，在分析每个成员的合作特点时，我们无须追求完美，因为合作就是成员间优势互补。没有完美的个人，只有完美的团队。

由于个性的双重特点，一个人的优势，也可能是他的劣势。一个人的特点，在这个环境中是优势，而到另外一个环境也许成了劣势。做事坚定的人，在扮演合作的主导者时是优势，在扮演合作的跟随者时，却很容易成为劣势，因为此时坚定的品质易转化为固执、不服从。因此，工作中优势互补，合作才会和谐顺利。

（三）为合作伙伴"补台"

戏剧舞台上，时常会有人出错，特别是新人，由于过分紧张，可能有时会忘词了、台词说错了、位置站错了，戏剧行业的俗话是"砸台了"。可是即便已经砸台，戏也要继续演下去，这时需要有人弥补漏洞，行家将这种做法称为"补台"。

如果你看到合作伙伴的过失，一定要积极为其"补台"。特别是发生危机时，这样的合作更显示出团队的价值，也显示出你作为合作者的存在价值。因此，你需要在完成自己工作任务的同时，关注他人的工作进展，发现问题，要及时伸出援助之手，这样的团队才能共渡难关，共创佳绩。

在弥补他人过失的时候，你要做好牺牲自身利益的准备。这可能会占用自己的工作时间，延误自己所负责的工作进度，还有可能要在设备、场地、信息资源等方面作出让步，进而影响本部门或者自己的工作。但是为了顾全大局，必要的时候，宁可停下自己的工作，也还是要帮助他人，或为其他部门让路。

（四）"补台"利大于弊

弥补了过失，他人却不一定领你的情。因为他人毕竟有了过失，而且被你掌握了情况，也显示出你的能力强于对方。对于自尊心强的人，他可能并不会感激你。所以，不要炫耀自己的功劳，也尽量不要提起已经过去的事情，只要无愧于心便好。

但从长远来看，为合作伙伴弥补过失，利大于弊。及时弥补过失，不仅有利于大家的整体利益，更有助于加深合作关系。人们说，"有茶有酒多兄弟，急难何曾见一人"。善于补台的人，能将这种观念转变过来，所谓危急关头见真情，从而建立稳固而长久的合作关系。

二、怎样建设团队文化

（一）什么是团队文化

团队文化是指团队成员在合作的过程中，为实现各自的人生价值，并为完成团队的共同目标而形成的一种潜意识文化。团队文化是团队成员在对团队的发展战略认同的前提下，形成的一种积极的、易沟通的精神状态。它包含价值观、最高目标、行为准则、管理制度、道德风尚等内容。

团队文化是团队体制的一个非常重要的组成部分，它是增强团队凝聚力、向心力和持久力，并最大限度地激发团队成员的积极性和创造性，从而确保团队工作取得巨大成效，最终促进团队成长和发展的软实力。因此，要想成为高效团队，就必须要有自身的团队文化。

（二）团队文化的功能是什么

在企业内部，团队文化具有以下四项显著的功能。

1. 明确奋斗目标

团队精神能使团队成员齐心协力，拧成一股绳，朝着同一个目标努力。团队目标就是团队成员共同努力的方向，团队整体的目标需要分解成许多个小目标，并在每个团队成员身上得到落实，具体的实现需要通过团队精神的激励和推动，这是团队精神的目标导向功能。

2. 凝聚共同意识

团队文化通过对团队意识的培养，通过团队成员在合作实践中形成的习惯、信仰、动机、兴趣等文化心理，来沟通团队成员的思想，引导大家产生共同的使命感、归属感和认同感，产生凝聚力，凝聚团队的共同意识。

3. 激励主体意识

团队精神要靠团队成员对进步的自觉，通过成员之间正常的竞争来实现正向的激励。在团队发展中，对成员的激励除了薪酬奖金等物质的手段外，还需要精神层面的激励。团队精神中的优秀品质和表现，如能得到团队的认可，获得团队中其他员工的尊重，便能激发成员的主体意识，推进团队的团结与奋进。

4. 控制个体行为

团队精神所产生的控制功能，是通过团队内部所形成的观念的力量和氛围的影响，去约束、规范、控制员工的个体行为。这种控制不是自上而下的硬性强制力量，而是软性内化的自我意识的控制，是由控制员工的短期行为转向对其价值观和长期目标的控制。因此,这种控制更为持久、有意义,而且更容易深入人心。

在企业外部,企业文化具有强大的社会影响力,它推动着企业形象的优化,向社会公众传达该企业的核心价值观、服务理念、服务宗旨和产品质量信念等,使社会公众产生对企业的认同感与好感。另外,在更为广阔的范围,企业的文化能促进人文社会环境的营造,促进人类社会价值观、审美观、是非观和善恶观的形成。

(三) 怎样培育企业精神,建设企业文化

团队文化的建设包括理念共识化、行为规范化和视觉一体化。理念共识化属于精神层,行为规范化属于制度层,而视觉一体化属于物质层,也属于形象层。企业文化的建设分为以下三个层次。

1. 精神文化的建设

精神文化的建设属于理念层,它包括:

(1)确立企业的核心价值观。核心价值观是团队全体成员做人、做事的基本态度,是团队成员关于目标或信仰的共同观念和看法,是团队制定制度的原则依据,是衡量团队成员行为的基本准则。

核心价值观是不需要任何外部证明的一系列永恒的根本信条,是所有团队成员都心悦诚服接受并自觉遵循的基本想法和行动指南,是解决团队中矛盾、争论和冲突的关键,是构成团队文化的核心所在。一个团队在其成长历程中只有形成所有成员共同认可的价值观、共同遵守的行为准则,才能缔造完美的团队。因此,团队要全面建设自己的文化,确立共同价值观是头等大事。

(2)在履行团队使命中体现团队的精神取向。团队使命是一个团队存在的理由。一个有效的使命会告诉团队内部成员和社会大众,除了获得经济效益以外,团队存在的价值和存在的意义还有什么,它更多地体现了团队存在的理想主义动机。因此,团队使命也是团队成员进取的精神动力。

案例

抗疫路上勇担使命 争做先锋

自新冠肺炎疫情暴发以来,格力始终奋战在抗疫第一线,据统计,仅在2022年中央援港应急医院和落马洲方舱设施建设项目中,格力就提供了1万多套空调设备。秉持着"国家需要,格力就造"的宗旨,在抗击疫情工作上,格力响应快、效率高、保障强,充分展现了民族品牌的责任与担当,交出了一份科学抗疫与舍我抗疫的企业答卷。

从"让世界爱上中国造"的民族企业代表,到"国家需要,格力就造"的抗疫先锋,格力用实力与智慧书写着关于担当、关于勇气、关于温暖的企业答卷。

格力的案例告诉我们,企业除了赚钱之外,更重要的是社会责任感与使命感,一切只以赚钱为目的的企业,必然不可能长久发展。企业要做大做强,必需要以促进社

会发展与经济发展为目标和宗旨。格力的举动，正体现了其企业文化的精神取向：质量第一，责任至上。

2. 行为制度的规范

行为层也是制度层，是建立在理念层基础上，通过制度来规范团队内部行为，管理、教育团队成员的一切活动，并通过所有成员的行为活动得以表达，使其成为团队传播之手，视之可见、触之可感。

行为层对内以教育训练、沟通活动为主，对外以公益活动为主，体现的是团队和团队成员留给外界的一种总体感觉和评价，并以此为准则，规范团队成员的言行举止，灌输团队的理念系统，体现团队的个性和文化，塑造团队动态的、良好的外在形象。

（1）建立行为准则。行为准则的建立要紧紧围绕着理念系统，使团队所倡导的理念通过团队成员的行动体现在生活和工作实践中，行为准则是团队成员在言论、行动等方面可依据的原则。

（2）制定礼仪规范。礼仪规范能最直观地体现团队成员的品牌形象，属于团队行为识别系统的重要组成部分。礼仪规范设计应遵从国际标准和我国通行的商务惯例，注重其实用性和合理性，用以对外界体现本团队成员的精神风貌。

3. 物质形象的传达

物质层也是形象层，是团队文化的视觉表象。物质层以团队理念系统为中心，借助团队的标志、名称字体、标准色系、辅助图案等，来制定团队的视觉识别系统，确定团队的口号以及环境设计等基础设计体系，并将之全面应用到团队所有的可视系统中，使理念视觉化，形成统一、美观、易于识别的静态形象效果。

任何团队的发展、企业的兴旺和品牌的成功，都离不开以上三个层次文化的打造和经营。

行动：展示个体合作优势，建设团队文化

活动一：确定利润分配方案

一、活动目的

通过活动，学会挖掘合作优势，体会优秀合作者的素质。

二、活动背景

在南方某城市，六名高中一年级的学生于寒假期间，在迎春花市合租了一个摊位，零售春节的盆栽鲜花。摊位共经营了20天，收入20 000元，扣除采购费用、租金、快餐、场地布置等费用，尚余6 000元。农历大年三十晚上，六个人在散伙之前，决定分配这笔钱。

在合作摆摊的过程中，学生甲出了50%的资金，其余人各出10%；学生乙负责合作的联络组织，而且售花的时间最长，天天到场值班，其余人只来了四五天；学生丙通过家长的帮助，联系某公司团体购买了价值12 000元的盆花。

三、活动要求

请为这六名学生出谋划策，提出具体的分配方案，并说明理由。商议的时间不宜过长，建议在15分钟内做出书面方案。如果有争议，由小组组长做最后决定。

活动二：分析著名企业标徽，体会企业文化

一、活动目的

分析几个著名企业标徽背后的文化含义，体会企业物质形象文化的建设深意。

二、活动要求

1. 上网搜集著名企业的标徽，如华为、腾讯等企业，以及中国各大银行的标徽，在小组分享。

2. 以小组为单位，分析该标徽的具体含义。

3. 请同学们互相启发、补充。可以小组间打擂台，分析条项最多、最贴切的一组取胜。

4. 在分析该标徽时，还可以结合搜集到的该企业的口号一起分析，全面理解。

5. 注意不能望"纹"生义，要对照该企业的文化内涵体会其标徽的深意。

反思：你的自我优势认知与团队文化建设意识如何？

一、自我评估

1. 在参加本主题训练之前，你怎样看待自己的合作优势，有无自我贬低的倾向？你是否发掘出了自己的合作优势？

2. 参考本主题所介绍的通用职业素质中关于职业道德、职业精神、职业基本意识、职业核心能力的各项要求，以及"亲和、耐心、服从、忠诚、宽容、负责、细致、热心、谦虚、幽默、大度"等品格关键词，自我审视，你身上居第一位的合作品质是哪一种？你能否列举出具体的例证？

二、反思提高

1. 全面总结一下自己走向社会的优势与弱项，分析一下自己身上具有哪些特质。与先前相比，自己还有哪些不足？下一步应怎样发挥优势，弥补缺点，成为优秀的合作者？

2. 你是否认同你现在所在的团队的价值观？你认为建设团队文化有意义吗？

3. 你是否积极参与了自己所在团队的文化建设？如果没有，你认为下一步应该怎样做？

/阅读清单/

[1]《狼图腾》，姜戎著，长江文艺出版社，2004年第1版

导读：《狼图腾》主要以插队草原知青陈阵的视角，讲述了20世纪六七十年代内蒙古草原游牧民族的生活以及牧民与草原狼之间的故事。全书由几十个有机连贯的"狼故事"组成。该书以作者自己的亲身经历、以近乎自传体的叙事视角，引领读者进入活生生的狼的世界。

书中介绍了狼的许多难以置信的做法很值得我们借鉴。其一，不打无准备之仗，踩点、埋伏、攻击、打围、堵截，组织严密，很有章法。好像在实践孙子兵法，"多算胜，少算不胜"。其二，最佳时机出击，保存实力，麻痹对方，并在其最不易跑动时，突然出击，置对方于死地。其三，最值得称道的是战斗中的团队精神，协同作战，甚至不惜为了胜利粉身碎骨、以身殉职。商战中这种对手是最令人恐惧，也是最具杀伤力的。

[2]《罗伯特议事规则》，亨利·罗伯特著，格致出版社，2016年第11版

导读：《罗伯特议事规则》出版于1876年，由作者亨利·马丁·罗伯特编写，作品内容非常详细，包罗万象，有专门讲主持会议的主席应遵守的规则，有针对会议秘书的规则，当然更多的是有关普通与会者的规则，如针对不同意见的提出和表达的规则，关于辩论的规则，不同情况下的表决规则等。

[3]《以奋斗者为本》，黄卫伟编，中信出版社，2014年版

导读：自1988年至今，这20多年华为公司成长为全球通信设备产业的领先企业，靠的是什么？靠的是竞争力。华为的核心竞争力来自它的核心价值观，即以客户为中心，以奋斗者为本，长期艰苦奋斗。当把15万知识型人才聚集在一起的时候，你才会深切地感知到，尽管技术很重要，资本很重要，但更重要的还是人力资源管理。

本书由华为管理层联合编著，取材于任正非及华为高管们的人力资源管理思想精髓，是对《华为公司基本法》的继承与创新。

第三篇 职场礼仪与工作软魅力

>> 得体的着装能助你在职场面试中脱颖而出，措辞礼貌的邮件将给你的客户留下深刻印象，优雅的举止能让你魅力倍增……礼仪是人际交往中必须遵行的律己敬人的习惯形式，是约定俗成示人以尊重友好的习惯做法。一旦我们培养了正确的世界观和为人处世的态度，我们自然就会流露出得体的行为。礼仪的关键不是如何体现出自己的高雅，而是找到最好的方式来表现你对他人的尊重、赞赏和关心，以达成更和谐的人际关系。

>> 在人际交往日益频繁的今天，作为即将走入职场或已身处职场的人士，必须了解、熟悉和正确运用礼仪，重视职业形象的塑造。因为，礼仪跟学识、智慧和能力一样重要，掌握礼仪就像拿到一张通往成功的车票，有了它，你的旅程就会变得轻松愉悦。

>> 每个人都渴望拥有人格魅力与成功的人生，而礼仪教养是让你的美好形象在第一时间展现出来的关键，它是一种素养、一种修为，它不仅会使我们自己得到快乐，更会使他人得到快乐，使我们的工作、生活变得更加顺利和美好。当然，想要成为一个知礼仪、有教养的人，拥有充满魅力的形象，是一个漫长的修炼和积累的过程，但是只要不断地学习和充实自己，灵活地运用一些礼仪规范，相信我们每一个人都能优雅、自信地行走在职业之路上，开启一个崭新的人生。

模块七
个人形象设计

在人际交往日益频繁的今天，即将走入职场和已身在职场的人士想要立于不败之地，就必须了解、熟悉和正确运用礼仪，重视职业形象的塑造。所以，职场人士务必要找准适合自己的形象，并且让人感觉到自己的形象是有分量、值得信赖的。那么，在日常的工作和生活中，我们应该如何去打造个人形象呢？

本模块能力要求：

1. 了解礼仪对塑造魅力形象的价值；
2. 明确新员工职业形象的基本规范；
3. 学会正确着装与使用配饰，调整仪容与表情，注意仪态与举止。

本模块训练重点：

1. 着装与配饰礼仪；
2. 仪容与表情礼仪；
3. 仪态与举止礼仪。

案例示范：周恩来高超的体态语

1992年4月10日《公共关系导报》载有一篇描写周恩来体态语言的文章《举手投足皆潇洒，一笑一颦尽感人——周恩来高超的体态语》，其中写道：周恩来在半个多世纪的革命生涯中，形成了独特的周恩来风格的体态语：仪表堂堂，温文尔雅。爱以不停顿的双手做着很大、很轻快的手势，而他的眼睛则不停地上下闪烁，甚至连讲话时，头部时而微微一偏的动作，都具有不可抗拒的吸引力……

在交往中，周恩来运用最多的体态语是握手，通过握手向对方输送友好、理解、欢迎、尊重等各种信息。1954年日内瓦会议期间，在会议室里，周恩来出人意料地向美国国务卿杜勒斯伸出手去，这是个让人捉摸不透的先发制人之举，屋里人都呆呆地看着杜勒斯如何反应。这个美国人的脸一下子绷紧，脸色煞白，审慎地摇摇头，然后把手抄在背后，随即往后转，逃也似的走出门外。周恩来处变不惊，镇定自若地凝视着杜勒斯的背影，高雅地耸耸肩，并风度十足地举起他的双手。这无与伦比的体态语，使他在全世界赢得了尊重。许多外国朋友认为，这位穿草鞋的中国人在这种突发场合下表现得很高贵。

他善于用眼睛说话，一位欧洲女作家说，"他的眼睛是他身上最惊人的特点，总是闪着光并迅速移动，人人都发现他是不可抗拒的。"

他在演讲时，步履矫健、昂首挺胸、神色自然、仪态万千，周身洋溢着自信和激情。他时而平静、时而激动、时而温和、时而愤怒，而这一切都是那样得体和恰如其分。

［分析］独具魅力的体态语，帮助周恩来把自己塑造成集一位受到普遍欢迎的交谈伙伴、一位杰出的演说家、一位老练的谈判高手、一位劝说行家这四重角色于一身的出色形象。自身的形象由自己来塑造，想象一下：10 年后自己的形象是什么样子？

主题一　着装与配饰礼仪

问题：怎样塑造个人职场形象？

小莉是一家高档写字楼的白领，身材高挑，长得也很漂亮。但有段时间她却很郁闷，原因是某天她被人事部领导叫去谈话，对方要求她要端正态度，检点自己，把自己的重心放到工作上。回来后小莉很委屈，觉得自己平时在工作中的表现也很积极，领导为什么会批评自己呢？

同事小白一语道破："应该是打扮上的问题！"小莉站在镜子前面仔细地看了半天想了想，确实是，最近自己的衣服有些过于紧身，而且刚从姐妹那里学化的烟熏妆好像有点过浓了，也许是外观上自己给别人的感觉很轻佻，所以领导让自己端正态度。

可以说礼仪就是我们的修养，修养就是我们的魅力，而魅力才是我们除智力外获得赏识的根本因素。所以，作为职场人士，我们务必要找准适合自己的形象，并且让人感觉你的形象是有分量的、值得信赖的。那么在日常的工作和生活中，我们应该如何去打造个人形象呢？

简单地说，仪容既是一个人的外表或容貌，也是一个人内在品质的外部反映，它是反映一个人内在修养的窗口。个人形象在人格发展及社会关系中扮演着举足轻重的角色。

得体的个人形象会给初次见面的人以良好的第一印象。对此，根据形象沟通的"55387"定律：决定一个人的第一印象的因素中，55%在于外表、穿着、打扮，38%在于肢体语言及语气，而谈话内容只占到7%。因此，注重第一印象，注重我们的外表形象，对于我们的事业和生活来说非常重要。

通过本主题的学习和训练，你将能够：

1. 认识到礼仪关乎职场成败，意识到塑造魅力形象的重要性；
2. 了解礼仪的功能及基本原则；
3. 掌握着装与配饰礼仪。

认知：个人形象设计的原则与方法

微课：

礼仪是最亮
丽的名片

一、礼仪关乎职场成败

案例

失礼酿苦果

20世纪50年代，曾经被誉为"计算机大王"的美籍华人王安从哈佛大学毕业后便投身于新兴的计算机行业。20世纪80年代中期，王安的计算机公司在全球计算机和办公室计算机设备领域独领风骚，王安的个人资产一度高达20亿美元，成为全球第五富翁和华人首富，并进入"美国发明家殿堂"，与爱迪生等发明家齐名。

然而，20世纪80年代后期，王安计算机公司因管理和研发问题而每况愈下。面对IBM的竞争，王安只好寻求与英特尔的合作，但英特尔并没有表现出多大热情，原因在于多年前英特尔的首席执行官安迪·格鲁夫对王安的一次拜访。当时，为了推销英特尔公司的产品，格鲁夫前往王安的办公室，当他将样品放在王安的办公桌上时，王安只是投以轻蔑的眼神，这让格鲁夫感到被羞辱，会谈期间王安又频频接电话，屡屡打断他们的会谈。事后，格鲁夫在出差报告中写道："我害怕的是我将被他那深沉的哈欠声所淹没。"

没想到，多年前的失礼使王安丧失了挽救公司的一次关键性机会，1992年王安计算机公司宣布破产。

（一）礼仪准则

忙碌的现代生活让我们承受了巨大的工作压力，我们比任何时候都更需要社交和职场礼仪。我们仅仅了解礼仪的内容已远远不够，只有将它切实地转化成日常工作和生活中的行为时，它才会发挥它应有的作用。那么，我们应该遵循哪些礼仪准则呢？

1. 尊重

尊重他人必先尊重自我，我们尊重自己到什么程度，我们尊重他人才会到什么程度。尊重他人意味着承认他人的价值。尊重他人的人决不会去鄙视社会地位和职位比自己低很多的人，也不会随意去贬低他人的想法或思想，同时拥有一颗宽容的心。我们不能因为交往对象在年龄、性别、种族、文化、教育、身份和财富等方面与我们有所不同而区别对待。

2. 真诚

在人际交往中运用礼仪时，务必诚实、言行一致、表里如一。当我们用自己的知识和能力表现出对别人的尊重时，这份尊重才不会有任何的虚假，才会体现出彻底的真诚。真诚与其说是一种礼仪，不如说是一种道德品质。只有运用礼仪表现出对交往对象的尊重与友好，我们的行为才能更好地被对方理解并接受。

3. 体谅

从他人的角度出发，体谅别人。你希望他人以怎样的方式对你，你就要以怎样的方式去对待他人，因此，要多以同理心去看待周边的人和事。

（二）礼仪功能

1. 提升教养水平

礼仪能反映一个人的气质风度、阅历见识、道德情操、精神风貌。因此，在这个意义上，完全可以说礼仪即教养。有道德才能高尚，有教养才能文明。个人形象，是一个人仪容、表情、举止、服饰、谈吐、教养的集合，而礼仪在上述诸方面都有自己详尽的规范。

2. 改善人际关系

运用礼仪，除了可以使个人在交际活动中充满自信、胸有成竹、处变不惊之外，其最大的好处就在于，能够帮助人们规范彼此的交往行为，更好地向交往对象表达自己的尊重、敬佩、友好与善意，增进彼此之间的了解与信任。运用礼仪，人际关系将会更加和睦，生活将变得更加温馨、和谐。

3. 强化职场能力

礼仪体现了职场人士的习惯和修养，良好的礼仪将帮助求职者更顺利地面对应聘，增大面试成功的概率。同时，礼仪是职场人士最亮丽的名片，职场上交往的对方不仅要看你的职务，还要看你的修养和素质，如果对方认为你不值得信任，你的任何努力都将白费。

二、着装礼仪

着装也是一种无声的语言，它显示着一个人的个性、身份、角色、涵养、阅历及其心理状态等多种信息。在人际交往中，着装直接影响别人对你的第一印象，关系到对你个人形象的评价，同时也关系到一家企业的形象。

微课：

着装与配饰礼仪

（一）男士着装

1. 正式场合

男士在出席重要会议、庄重的仪式或者正式宴请等场合时，一般要求身着正装。男士通常以西装为正装。一套完整的正装西装包括上衣、衬衫、领带、西裤、腰带、袜子和皮鞋（图7-1）。

图7-1　男士着装

（1）西装上衣：西装上衣要求衣长在臀围线以上1.5厘米左右处，肩宽以探出肩角2厘米左右为宜，袖长到手掌虎口处。胸围以系上纽扣后衣服与腹部之间可以容下一个拳头大小为宜。

（2）搭配西装的衬衫：长袖衬衫是搭配西装的唯一选择，颜色以白色或淡蓝色为宜。衬衫领子要挺括；衬衫下摆要塞在裤腰内，系好领扣和袖扣；衬衫领口和袖口要长于西服上装领口和袖口1～2厘米；衬衫里面的内衣领口和袖口不能外露。如果西服本身是有条纹的，应搭配纯色的衬衫；如果西服是纯色的，则衬衫可以带有简单的条纹或图案。

（3）领带：领带图案以几何图案或纯色为宜。系领带时领结要饱满，与衬衫领口吻合要紧；领带长度以系好后，大箭头以垂到皮带扣处为准。

（4）西裤：裤线清晰笔直，裤脚前面盖住鞋面中央，裤脚后面至鞋跟中央。

（5）腰带：腰带的材质以牛皮为宜，皮带扣应大小适中，样式和图案不宜太夸张。对于腰围较大的男士，可改用吊带将裤子固定住。

（6）袜子：袜子应选择深色的，切忌黑皮鞋配白袜子。袜口应适当高些，应以坐下跷起腿时不露出皮肤为准。

（7）皮鞋：皮鞋应选择简单规整、鞋面光滑亮泽的式样。如果是深蓝色或黑色的西装，可以配黑色皮鞋；如果是咖啡色系西装，可以穿棕色皮鞋。压花、拼色、蛇皮、鳄鱼皮和异形皮鞋，不适于搭配正式西装。

小知识

西装与领带的搭配

1. 黑色西服，采用银灰色、蓝色调或红白相间的斜条领带，显得庄重大方，沉着稳健；

2. 暗蓝色西服，采用蓝色、深玫瑰色、橙黄色、褐色领带，显得淳朴大方，素淡高雅；

3. 乳白色西服，采用红色或褐色的领带，显得十分文雅，光彩夺目；

4. 中灰色西服，采用砖红色、绿色、黄色调的领带，另有一番情趣；

5. 米色西服，采用海蓝色或褐色领带，显得风采动人，风度翩翩。

2. 非正式场合

非正式场合是指旅游、访友等，这个时候穿着可较为随便自由，可选择色调明朗轻快、花型华美的西服，衬衫可任意搭配，也可不穿衬衫，改穿T恤衫，领带也可自由搭配。

（二）女士着装

1. 正式场合的着装

在正式场合，应选择正式的职业套服；较为宽松的职业环境，可选择造型感稳定、线条感明快、富有质感和挺括感的服饰，以较好地突出职业女士的特征。服装的质地应尽可能考究，不易皱褶，色彩应纯正。服装应以舒适、方便为主，以适应工作强度（图7-2）。

图7-2　女士着装

办公室服饰的色彩不宜过于鲜艳，以免影响工作效率。应尽量考虑与办公室的色调、气氛相协调，并与具体的职业分类相吻合。

在外出工作时，服装款式应注重整体和立体的职业形象，注重舒适、简洁、得体，便于走动，不宜穿着过紧或过松、不透气或面料粗糙的服饰。正式的场合仍然以西服套裙最为合适；较正式的场合也可选用简约、品质好的上装和裤装，并配以女式高跟鞋；较为轻松的场合，虽然可以在服装和鞋的款式上稍作调整，但切不可忘记职业特性是着装的基本标准。

外出工作，忌讳着装具有强烈的表现欲，这是需要努力克制和避免的。色彩不宜复杂，并应注意与发型、妆容、手袋、鞋相统一。所用饰品不宜夸张。手袋宜选择款型稍大的公务手袋，也可选择优雅的笔记本电脑包，表现女性自信、干练的职业风采。

2. 休闲服

休闲服是为适应现代个性化的生活方式而产生的一类服饰，具有生活服饰和职业服饰的双重性。穿着舒适大方是休闲服的基本特点，成熟优雅是休闲服较高的着装要求。

休闲服较多地体现了回归大自然的生活理念，从面料、款式上体现了服饰与人体之间更亲密、更坦诚、更自由、更从容的特征，是新时尚、新观念的服饰语言。休闲服的面料大多天然、优质、易于吸汗，色彩较亲切、柔和，不需熨烫等复杂打理。

3. 晚礼服

晚装服饰的特色、款式和变化较多，需根据不同的场合和需求而定。闪亮的服饰是晚礼服永恒的风采，但全身除首饰之外的亮点不得超过两个。晚装多以高贵优雅、雍容华贵为基本着装原则，西式的晚装多为开放型，强调美艳、感性、光彩夺目；中式传统晚装以中式旗袍为主，注重表现女士端庄、文雅、含蓄、秀美的姿态。

晚装既讲究面料的品质，也讲究饰品的品质，好的品质可以烘托和映衬女士的社会形象。女士最恰到好处的美是精致，晚装是凸显女士魅力的代表着装，讲究细部的款式和做工的精美。

晚礼服是用于庆典、正式会议、晚会、宴会等礼仪活动的服饰。

三、配饰规范

为了使个人的形象更加完美，良好的配饰可以起到画龙点睛的作用。有些配饰的实用价值不是很强，但能对服装起到辅助、美化的作用。常见的配饰有：丝巾、围巾、帽子、手套、腰带、包、首饰等。

1. 丝巾

不管什么场合，利用丝巾稍作点缀，马上就能让女性的穿着更有韵味。可以用丝巾调节脸部色泽，如红色系可映得面颊红润；或是突出整体打扮，如衣深巾浅、衣冷巾暖、衣素巾艳。

但佩戴丝巾要注意，如果脸色偏黄，不宜选用深红、绿、蓝、黄色丝巾；脸色偏黑，不宜选用白色、有鲜艳大红图案的丝巾。

2. 围巾、帽子、手套

在选择围巾、帽子、手套等配饰时，应注意以下事项。

围巾一般在春冬季节使用得比较多。它要和衣服、季节协调。厚重的衣服可以搭配轻柔的围巾，但轻柔的衣服却绝不能搭配厚重的围巾。围巾和大衣一般都适合在室外或部分公共场所穿着，到了室内就要及时摘掉，否则会让人感到压抑。

帽子可以起到御寒、遮阳和装饰的作用。一般来说，男士进入房间就应该摘掉帽子。女士的限制少一些，在公共场所也可以不脱帽。但当自己作为主人在家里宴请别人时，就不能戴帽子。

在西方的传统服饰中，手套曾经是必不可少的配饰。现在，手套除了御寒以外，主要功能是保持手臂的清洁和防止太阳暴晒。

3. 腰带

腰带主要是起装饰作用。男士的腰带种类一般比较单一，质地大多是皮革的，没有太多的装饰。女士的腰带种类较丰富，质地有皮革的、编织物的、其他纺织品的，款式多种多样。

4. 戒指、耳环、项链

戒指要与手指形状、肤色相配。多肉手指宜戴无花纹小体积戒指，褐色皮肤或手背肤色偏黑的手宜戴金戒指或深色宝石戒指，纤细小手宜戴有装饰的戒指。戒指一般戴在左手，而且最好只戴一枚，最多戴两枚。戴两枚戒指时，可戴在左手两个相连的手指上，也可以戴在两只手对应的手指上。

耳环的款式大小不一，五颜六色。选择耳环主要考虑自己的脸型、头型、发式等。例如，下颌较尖的人宜佩戴面积较大的扣式耳环，脸型较宽的人宜选择面积较小的耳环。

选配项链，要结合自己的体形、脸型、脖子长度和衣服颜色等。例如，体形较胖、脖子较短的人宜选择较长的项链，而身材苗条、脖子细长的人宜选择粗一些的短项链。

行动：学会个人形象诊断与设计

活动一：形象诊断

一、活动说明

请礼仪教师现场组织一次形象诊断活动，包括自我诊断、相互诊断和集体诊断。

二、活动步骤

1. 自我诊断

请每位学员对自己的着装与配饰进行自我诊断，然后请一部分学员上台进行自我剖析，时间控制在20分钟内。

2. 相互诊断

以两人为一个小组，相互对对方的着装与配饰进行诊断，指出对方正确和错误的地方。

3. 集体诊断

经过自我诊断和相互诊断之后，礼仪训练师可以进行一次总结，对全体学员的着装与配饰进行诊断，提出改进意见。

4. 培训师对学员进行点评

培训师可从如下方面（表7-1）进行点评。

表7-1　个人形象设计评价表

学员	款型选择	色彩搭配	场合着装	建议
女甲				
女乙				
女丙				
男甲				
男乙				
男丙				
典型1				
典型2				

三、活动总结

通过自我诊断、相互诊断、集体诊断及老师点评，学员对着装与配饰的认识会进一步加深，同时为个人形象管理做好准备。

活动二：案例分析

一、活动说明

请阅读以下片段，回答相关问题。

写字间内，三男三女正忙于工作。甲男，西装配布鞋；乙男，花T恤；丙男，短裤；甲女，无袖超低领上装；乙女，透视装；丙女，紧身装。

一位西装革履的男士敲门进入写字间，环视之后十分愕然，又退出门外看了看写字间标牌，自言自语："这是一家正规公司吗？"

二、活动要求

请思考：敲门进入的男士为什么会产生这样的疑问？请你从着装的角度解释这一问题。

反思：你能否根据形象诊断、调整服饰搭配？

一、自我评估：设计你的形象（男士）

从你的着装，往往能看出你是哪一类人，它们代表着你的个性。因此，服饰被认为是社交场合中人的"第二肌肤"，在正式场合，它更是发挥着举足轻重的作用，反映着一个人的社会地位、个性品质等。对职业男士来说，毫无疑问，得体的外表会在很大程度上帮助自己树立自信心。下面有15个关于男士形象的问题，请结合你的具体情况，同意的打"√"，不同意的打"×"，看看你在塑造个人形象方面的能力如何。

（一）情境描述

请扫二维码查看"男士个人形象塑造能力测试"。

测试：
男士个人形象塑造能力测试

（二）评估标准和结果分析

1. 在15道题中，如果有9道以上打"√"的话，表明你在塑造个人形象方面的能力欠缺。

2. 在15道题中，如果有6～9道打"√"的话，表明你在塑造个人形象方面的能力一般。

3. 在15道题中，如果有6道以下打"√"的话，表明你在塑造个人形象方面的能力很强。

二、自我评估：设计你的形象（女士）

很多女士很会选择适合自己的服装款式，但是却不知道适合自己的服装颜色。所以在穿衣打扮时，虽然看起来很时尚，但总感觉差那么一点和谐感或光彩。下面来做一个色彩搭配测试（根据季节性来分类），可以帮助你根据自己的性格、身材找出适合自己的色彩。

测试：
女士个人形象塑造能力测试

（一）情境描述

请扫二维码查看"女士个人形象塑造能力测试"。

（二）评估标准和结果分析

选A多的人属春天季节性的、暖色系的人，宜着粉红、天蓝、浅绿等色调服饰。

选B多的人属夏天季节性的、冷色系的人，宜着鲜红、海蓝、草绿等色调服饰。

选C多的人属秋天季节性的、暖色系的人，宜着中红、靛蓝、海绿、金色等色调服饰。

选D多的人属冬天季节性的、冷色系的人，宜着大红、鲜蓝、大绿等色调服饰。

三、反思提高

你的个人形象设计能力怎样？

1. 你是否可以根据不同的场合，进行较为得体的服饰搭配？周围的朋友对你的服饰搭配有怎样的评价？

2. 根据自我的评价与他人的反馈，提出进一步提升形象塑造能力的方案并不断调整。

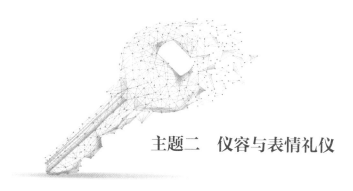

主题二 仪容与表情礼仪

问题：怎样根据自身特点进行妆容与发型设计？

某民营企业老板张先生要接受电视台的采访。为此，张先生特意向聘请的个人形象顾问咨询，并按他的建议换了一个较为儒雅而精神的发型，且剃去了鬓角。

果然，改换发型之后的张先生在电视台亮相时，形象焕然一新，显得精明强干、沉着稳健，因此引发了许多观众对这家企业的关注。

有这样一种说法：当你和别人打交道时，他注意你的面部是很正常的，可他要是过多地打量你身体的其他部位，那就有些不正常了。因此，在人际交往中，每个人的容貌都会引起交往对象的特别关注，并影响到对方对自己的整体评价。

通过本主题的学习和训练，你将能够：
1. 了解化妆的原则和一般程序；
2. 掌握仪容与表情礼仪。

认知：好的仪表需要从"头"做起

仪容礼仪

一、仪容礼仪

（一）发型

任何事情都会从"头"开始。好的发型外修头型、内修脸型。发型应与身高、气质、职业背景和场合相匹配，职业状态中的发型以简洁大方为佳。礼仪专家指出，当人们与一位商务人员碰面时，最吸引对方的主要是发型、妆容和饰品等。

1. 男士

男士发型要体现简洁大方的原则。男士发型的具体要求是：前发不超过额头的一半，侧发不遮盖耳朵，后发不长于后发际线，鬓角不长于耳朵的中部。

2. 女士

女士根据年龄、职业、个人风格、场合的不同，可选择不同的发型，但无论何种场合，头发都应梳理得当，发型跟服装风格统一协调会更好。正式场合的女士发型要求露出眉毛，束发或盘发，减少发型中随意和松散的感觉，以打造干练的职业形象。

小知识

女员工的发型

女员工应当以整齐、简单、明快、较少修饰的发型为主，平时要注意以下两点：

① 不宜烫染过于夸张的发型、发色；

② 头发上不宜佩戴过分花哨的饰品。

（二）面容

面容的修饰应以干净清爽为原则。每天早晚需要洗脸，彻底清除面部的污垢、汗渍；出汗后应当及时洗脸；及时清除眼角、鼻腔、耳朵内的分泌物。男士需要及时刮胡须。

1. 男士

男性皮肤相对粗糙、毛孔大，同时分泌的汗液和油脂较多，易使灰尘、污垢聚集、堵塞毛孔，从而引起各种各样的皮肤病或出现体味过重的情况，影响美观和形象，因此男性也需要化妆。公务和商务环境中，整洁是第一要求，男士应每日剃须修面，不用气味浓烈的护肤品；定期洁牙护齿，保证牙齿洁白整齐；工作餐不吃气味刺激的食品，如生葱、生蒜等；饭后淡茶漱口，以保证口气清新。

2. 女士

女士在职业和社交环境中宜化淡妆，妆容以增加面部轮廓感和调节气色为主，保持口腔清洁。

女士化淡妆步骤为：

（1）打粉底。在做好面部清洁和护肤的准备工作后，便可进入化妆程序。首先是在面部打上一层薄薄的粉底，不仅可以遮盖皮肤上一些细小的瑕疵，还可以使肤色看起来更透亮、均匀。粉底要选择适合自己肤色的颜色，原则是只要比肤色亮一度就好，切忌一味追求太白，否则会有不自然的效果。

（2）定妆。把散粉按压到脸上，之后用化妆刷扫去多余的散粉，这样可以使底妆更加均匀，并保持妆面的持久。若是干性皮肤也可以省去这步。

（3）描眉。想要脸部清爽有型，修眉必不可少。如果眉型修得足够好，描眉这一步可以省略。

（4）眼部提亮。眼影应适合自己的眼部特点。眼睛凹的人，建议选浅色或偏亮的颜色；眼睛凸的人，建议选深色或偏暗的颜色。眼部化妆，并非只有眼影，眼线、睫毛以及眉线以下的提亮也非常关键，这些细节不仅能让眉线更清晰，也能使眉眼更立体。

（5）打腮红。无论冷暖肤色都可以通过腮红为面色增添红润的光泽并修饰脸型。选腮红时，冷肤色可选用粉红色、玫瑰红色；暖肤色可选用桃粉色、杏色或珊瑚粉色。为了使腮红与皮肤融合得更加细腻通透，建议使用膏状腮红。

（6）涂唇彩。涂唇彩的目的是使妆面更加亮丽、完整，在夏季以淡为宜，不宜过于浓艳。

（三）指甲和体毛

不宜留长指甲，指甲的长度不应超过手指指尖；要保持指甲的清洁，指甲缝中不能留有污垢。最好不要涂有色的指甲油。

鼻毛不能过长，体毛必须修整。又黑又粗的体毛需要掩饰。

二、表情礼仪

人们在日常生活中借助于眼神所传递的信息，称为眼语。在人类的感觉器官中，眼睛最为敏感，它通常占人类总体感觉的70%左右。

（一）眼神礼仪

眼睛是心灵的窗户，能表达复杂、微妙、细腻、深邃的感情。它能如实地反映人内心的思想感情，反映人的思维活动。

眼神应保持坦然、和善、热情、乐观。冷漠、傲慢、贪婪的眼神都是不健康的，也是不会被他人接受的，只能使别人在内心产生抵触情绪；左顾右盼、挤眉弄眼、用白眼或斜眼看人，都是不礼貌的。

1. 注视位置

注视对方身体的不同位置，传达的信息会有差别，造成的气氛也有差别。面对不同的场合和对象，目光所及之处应有所不同。

（1）公务注视，用于洽谈、磋商、谈判等场合。注视位置在以对方双眼为底线、额头为顶点的三角形区域内。若一直注视这个区域，便给人以严肃、认真的感觉，使对方感到是要谈正事，也就能保持主动。

（2）社交凝视，用于各种社交场合。注视位置以对方双眼为底线、唇部为顶点的倒三角形区域内。这种注视令人感到舒服、有礼貌，可以营造一种和谐的社交气氛。

（3）亲密注视，用于亲人、恋人之间，注视位置在对方双眼到胸部之间的区域内。

2. 不同目光的运用

（1）初次见面，应微微点头、行注目礼，表示尊敬和礼貌。

（2）在集体场合发言时，要用目光环视全场，表示"请予注意"。

（3）应当通过适宜的目光与对方交流，调整交谈的气氛。始终保持目光的接触，随着话题、内容的变换，做出及时恰当的反应，使整个交谈融洽、和谐、生动、有趣。

（二）微笑礼仪

在日常交往中，微笑是交流的"润滑剂"，是善良、友好、赞美的表示。在大多数交往场合中，微笑都是礼仪的基础。亲切、温馨的微笑能使人们彼此间的心理距离迅速缩短，创造出交流与沟通的良好氛围。

1. 微笑法则

（1）与眼睛的结合。在微笑的时候，眼睛也要"微笑"，否则，易给人"皮笑肉不笑"的感觉。

（2）与语言的结合。应微笑着说"早上好""您好""欢迎光临"等礼貌用语，不要光笑不说，或光说不笑。

（3）与身体的结合。微笑要与正确的身体语言相结合，才会相得益彰，给对方以最佳的印象。

2. 微笑训练

（1）对镜训练法。对着镜子微笑，首先找出自己最满意的笑容，然后不断地坚持训练，直到习惯微笑。

（2）情绪记忆法。将自己生活中最好的情绪储存在记忆中，当需要微笑时，即调动起最好情绪，这时脸上就会露出笑容。

（3）口型训练法。微笑的口型为闭唇或微启唇，两唇角微向上翘。可借助一些字词发音时的口型来进行训练。如普通话中的"茄子""姐姐""钱"等，默念这些字词时所形成的口型正好是微笑的最佳口型。再如，我们可以借助字母"E"来练习，说"E——"让嘴的两端朝后缩，微张双唇；轻轻浅笑，减弱"E——"的程度，这时可感觉到颧骨被拉向斜后上方；反复几次，直到感觉自然为止。

3. 习惯微笑

在生活和工作中，我们要不断地运用微笑、品味微笑。保持微笑的习惯有如下几个要点。

（1）做事之前给自己一个微笑。做任何事情之前，无论是学习、工作、会友、交际，都要面带微笑。

（2）紧张时给自己一个微笑。当你身心紧张时，给自己一个微笑，来放松一下心情。

（3）早晚给自己一个微笑。很简单，就是每天早晨起来之后，面对镜子浮出一个微笑；每天晚上回家之后，再面对镜子浮出一个微笑。

（4）像榜样一样微笑。你一定会在生活中遇到长者、上司、同事和朋友，他们的微笑让你感到亲切、适度，让你感到喜悦、温暖，展现了自身的美丽、潇洒和自在。他们的微笑一定有你可以学习、参考的地方，那么，就把他们当作微笑的榜样，像他们一样微笑吧。

行动：选择适合自己的妆容风格

活动一：女士化妆大赛

一、活动目的

1. 熟练掌握化妆步骤；

2. 能根据实际情况选择适合自己的妆容风格；

3. 让学员共同学习和分享彼此的化妆经验和心得。

二、活动步骤

1. 根据本节所学内容挑选适合自己的妆容；

2. 在化妆过程中如遇问题，可以咨询培训老师；

3. 女性学员在规定时间内化妆；

4. 培训师选出比较有代表性的、优秀的女性学员；

5. 被选出的女性学员上台讲述化妆技巧及对化妆的认识；

6. 培训师和学员代表一起担任评委对选手进行评分。

三、活动考核

1. 由培训师对每位女性学员的化妆过程及效果等进行点评；

2. 通过颁发不同等级的奖状对参赛学员予以鼓励。

活动二：帮助小张认识自己的不足

一、背景资料

小张的口头表达能力不错，对公司产品也很熟悉，人既朴实又勤快，在业务人员中学历又最高，老板对他抱有很大期望。

小张做销售代表半年多了，但他的业绩总上不去。问题出在哪儿呢？后来老板发现，原来他是个不修边幅的人，双手拇指和食指喜欢留着长指甲，里面经常藏着很多"东西"。白色衬衫的衣领早已发黄，有时候手上还记着电话号码。他喜欢吃煎饼卷大葱，吃完后也不知道去除异味。还有客户反映小张说话太快，经常没听懂或没听完客户的意见就着急发表看法，有时说话急促，风风火火的，好像每天都忙忙碌碌的，少有停下来的时候。

二、活动要求

请思考：小张在哪些方面需要提高？如何改进呢？

反思：你是否可以做到"淡妆浓抹总相宜"？

一、自我评估

请回答下面24个问题并计算你的得分，由此判断你的个人形象。仔细阅读每一个问题，凭第一感觉选择符合你实际情况的选项：A=非常符合我的情况，B=比较符合我的情况，C=不一定，D=不怎么符合我的情况，E=根本不符合我的情况。

（一）情境描述

请扫二维码查看"个人形象测试"。

（二）计分规则

本测试的计分规则如下（表7-2）：

测试：

个人形象测试

表 7-2　个人形象自我评估计分规则

题号 选项	1	2	3	4	5	6	7	8	9	10	11	12
A	5	5	1	1	5	1	5	1	1	5	1	1
B	4	4	2	2	4	2	4	2	2	4	2	2
C	3	3	3	3	3	3	3	3	3	3	3	3
D	2	2	4	4	2	4	2	4	4	2	4	4
E	1	1	5	5	1	5	1	5	5	1	5	5

题号 选项	13	14	15	16	17	18	19	20	21	22	23	24
A	5	5	5	5	5	1	5	1	5	5	5	1
B	4	4	4	4	4	2	4	2	4	4	4	2
C	3	3	3	3	3	3	3	3	3	3	3	3
D	2	2	2	2	2	4	2	4	2	2	2	4
E	1	1	1	1	1	5	1	5	1	1	1	5

（三）结果分析

本测试的满分为120分，得分越高，证明你的个人形象越好。

24 ～ 60分，证明你的个人形象欠佳，你对自己也缺乏信心。

61 ～ 75分，证明你的个人形象一般，你对自己也不太满意。

76 ～ 100分，证明你的个人形象较好，你只是对自己存在的一些小问题感到不太满意。

101 ～ 120分，你十分自信，是一个社交高手，拥有丰富的知识和社会经验。

二、反思提高

1. 在日常生活中，你的妆容是否得体？在人际交往中，你的表情是否自然？

2. 怎样进一步提高自己的仪容礼仪？如何让微笑礼仪为你的职场魅力加分？

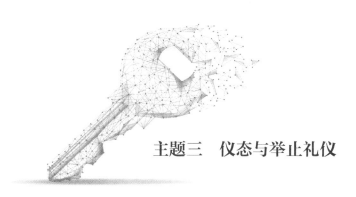

主题三　仪态与举止礼仪

问题：如何让仪态礼仪为你的形象加分？

从体态知觉人的内心世界，把握人的本来面目，往往具有相当的准确性和可靠性。

——［意］达·芬奇

仪态即体态，泛指身体所呈现出来的各种姿势。体态可以分为举止动作、神态表情以及相对静止的体姿。其中，神态表情因动作轻微、不易觉察，也可以归并到仪容礼仪的范畴。体态语言是人体及姿态发出的无声信息。心理学家认为，无声语言所显示的意义要比有声语言深刻得多。

在职场中，商务人员应清晰地意识到，仪表端庄、举止优雅有助于你取得事业上的成功。

通过本主题的学习和训练，你将能够：
1. 掌握挺拔的站姿、优雅的坐姿、有风度的走姿礼仪；
2. 学会手势礼仪。

仪态礼仪

认知：保持优雅仪态的方法

一、站姿礼仪

站立是人们在交际场所最基本的一种身体姿势，是其他姿势的基础。站立是一种静态美，是培养优雅仪态的起点。正确的站姿能从整体上给人以笔直挺拔、舒展俊美、精力充沛、充满自信、积极进取的良好印象（图7-3）。

站姿的基本要求：两眼平视前方，嘴微闭，下颌微收，脖颈挺直，表情自然，面带微笑；两肩微微放松，稍向后下沉；两肩平整，两臂自然下垂，中指对准裤缝；挺胸收腹，臀部向内向上收紧。

站的姿势应该是自然、轻松、优美的。站立时，脚的姿势和角度可以变化，但身体必须挺直，给人挺拔坚定的感觉。

站姿的脚姿：一是两脚分开，两脚外沿以不超过两肩的宽度站立；二是以一只脚为重心支撑站立，另一只脚稍息，然后轮换。

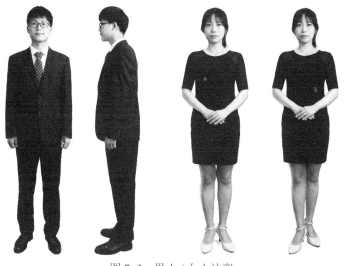

图 7-3　男士 / 女士站姿

二、坐姿礼仪

坐姿是一种静态造型，是日常仪态的主要内容之一。符合礼仪规范的坐姿传达出自信练达、积极热情、尊重他人的信息，给人以稳重文静、自然大方的美感，让人觉得安详、舒适、端正和舒展大方。

坐姿要舒适自然、大方端庄。在日常交往中，对入座和落座都有一定要求。入座时，动作要轻盈和缓，自然从容。落座要轻，不能突然坐下发出响声。起座要端庄稳重。

1. 男士坐姿

在正式或非正式的场合下，男士的标准坐姿要求上身挺直，双肩正平，两手自然放在两腿或扶手上，双膝并拢，小腿垂直落于地面，两脚自然分开成45°（图7-4）。

图 7-4　男士坐姿

在非正式的场合，男士还可以采用前伸式、前交叉式、屈直式坐姿。前伸式坐姿是指在标准式坐姿的基础上，两小腿前伸一脚的长度，左脚向前半脚，脚尖不要跷起。

前交叉式坐姿是指在标准式坐姿的基础上，小腿前伸，两脚踝部交叉。

屈直式坐姿是指在标准式坐姿的基础上，左小腿回屈，前脚掌着地，右脚前伸，双膝并拢。

2. 女士坐姿（图7-5）

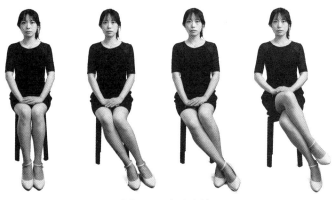

图 7-5　女士坐姿

女士标准坐姿的基本要求是上身挺直，双肩正平，两臂自然弯曲，两手交叉叠放在两腿中部并靠近小腹，两膝并拢，小腿垂直于地面，两脚尖朝正前方。

在正式场合女士还可以采用侧点式和侧挂式坐姿。

侧点式坐姿要求：两小腿向左斜出，两膝并拢，右脚跟靠拢左脚内侧，右脚掌着地，左脚尖着地，头和身躯向左斜。注意大腿与小腿要成90°的直角，小腿要充分伸直，尽量显示小腿长度。

侧挂式坐姿要求在侧点式坐姿的基础上，左小腿后屈，脚绷直，脚掌内侧着地，右脚提起，用脚面贴住左踝，膝和小腿并拢，上身右转。

三、走姿礼仪

行走的姿势极为重要，因为行走一般都是在公共场所进行的，人与人之间自然地构成了审美对象。

行如风，是指走路时步伐矫健、轻松敏捷、富有弹性，令人精神振奋，表现一种朝气蓬勃、积极向上的精神状态和轻快自然的美。走路的步态与速度反映了一个人的个性和行为作风。正确的行走姿势要从容、轻盈、稳重。

走姿基本要求：上身要直，昂首挺胸。行走时，要面朝前方，双眼平视，头部端正，胸部挺起，背部、腰部、膝部尤其要避免弯曲，使全身看上去形成一条直线。起步时身体要前倾，重心前移。步态要协调、稳健。双肩平稳，两臂自然摆动，摆动幅度以30°左右为宜。全身协调，匀速前进。行走时两脚内侧踏在一条直线上，脚尖向前（图7-6）。

图 7-6　走姿

四、蹲姿礼仪

1. 正确蹲姿（图 7-7）

图 7-7　男士 / 女士蹲姿

（1）下蹲拾物时，应自然、得体、大方，不要遮遮掩掩。

（2）下蹲时，两腿合力支撑身体，避免滑倒。

（3）女士无论采用哪种蹲姿，都要将双腿靠紧，臀部向下。

2. 交叉式蹲姿

在实际生活中常常会用到蹲姿，如集体合影前排需要蹲下时，女士可采用交叉式蹲姿。下蹲时右脚在前，左脚在后，右小腿垂直于地面，全脚着地；左膝由后面伸向右侧，左脚跟抬起，脚掌着地；两腿靠紧，合力支撑身体；臀部向下，上身稍前倾。

3. 高低式蹲姿

下蹲时右脚在前，左脚稍后，两腿靠紧向下蹲、右脚全脚着地，小腿基本垂直于地面，左脚脚跟提起，脚掌着地；左膝低于右膝，左膝内侧靠于右小腿内侧，形成右膝高左膝低的姿态；臀部向下，基本上以左腿支撑身体。

五、手势礼仪

规范的手势应当手掌自然伸直，掌心向内向上，手指并拢，拇指自然稍稍分开，手腕伸直，使手与小臂成一直线，肘关节自然弯曲，大小臂的弯曲以130°～140°为宜。掌心向斜上方，手掌与地面形成45°（图7-8）。常用的手势有如下几种。

图 7-8　手势

1. 横摆式

迎接来宾做"请进""请"时常用。其动作要领是：右手从腹前抬起向右横摆到身体的右前方，腕关节要低于肘关节；站成右丁字步，或双腿并拢，左手自然下垂或背在后面；头部和上身微向伸出手的一侧倾斜，目视宾客，面带微笑，表现出对宾客的尊重、欢迎。

2. 直臂式

需要给宾客指方向时或做"请往前走"手势时，宜采用直臂式。其动作要领是：将右手由前抬到与肩同高的位置，前臂伸直，用手指向来宾要去的方向。一般男士使用这个动作较多。注意指引方向时，不可用一根手指指出，显得不礼貌。

3. 斜臂式

请来宾入座做"请坐"手势时，手势应摆向座位的地方。手要先从身体的一侧抬起，到高于腰部后，再向下摆去，使大小臂成一斜线。其动作要领是：一只手由前抬起，从上向下摆动到距身体45°处，手臂向下形成一斜线。

4. 曲臂式

当一只手拿东西，同时又要做出"请"或指示方向时采用。以右手为例，从身体的右侧前方，由下向上抬起，至上臂离开身体45°的高度时，以肘关节为轴，手臂由体侧向体前的左侧摆动，距离身体20厘米处停住；掌心向上，手指尖指向左方，头部随客人由右转向左方，面带微笑。

5. 双臂横摆式

当举行重大庆典活动，来宾较多，做"诸位请"或指示方向的手势时采用。表示

"请"可以动作大一些。其动作要领是：面向来宾时，先将双手由前抬起到腹部，再向两侧摆到身体的侧前方，指向前进方向一侧的臂应抬高一些、伸直一些，另一手稍低一些、曲一些。

若是站在来宾的侧面，则两手从体前抬起，同时向一侧摆动，两臂之间保持一定距离。运用手势时还要注意与眼神、步伐、礼节相配合，才能使宾客感觉到你的热情。

此外，递送物品时，使用双手为宜，若双方相距过远，递物者当主动走近接物者，方便对方接拿。在递物于人时，应当正面面对对方，为对方留出便于接取物品的空间；将带有文字的物品递交他人时，还须使之正面面对对方；将带尖、带刃或其他易伤人的物品递于他人时，尖、刃应内向自己，或是朝向他处。

接取物品时，应当目视对方，而不要只顾注视物品。一定要用双手或右手，绝不能单用左手。必要之时，应当起身而立，并主动走近对方。

行动：体态与举止规范训练

活动一：案例分析——敲击桌面暴露心思

一、案例

刘经理有一个绰号叫"鼓手"，因为他在与商家谈判时，总是用手指敲打桌面，所以他的心情可以很容易地从敲打桌面节奏的缓急显示出来。当谈判进展令他感到厌恶时，他会四个指头连续敲打，敲得非常快，声音也特别响。当他严肃思考一个建议方案时，他一般只用中指敲打桌面，声音很轻，几乎听不出来。而当谈判将近尾声，最后衡量对方的提议时，他则会一边敲打桌面，一边用另一只手拿起茶杯垫或者别的什么东西来检视，好像在说："让我再看看这个东西。"

刘经理的这个谈判习惯很快被对手们所了解并充分加以利用。有时候，谈判对手会顺着刘经理的心思而避免一些争执的场面。但是他的这个习惯动作在很多客户看来十分不礼貌。更重要的一点是，谈判对手往往能从中探知他的谈判底线。

几年过去后，当刘经理卸任时，才从以前的对手那里得知，原来他常常在谈判桌上无意中暴露自己的心思。

二、讨论

对照分析：我有类似的不良习惯性动作吗？这些动作是否影响了我的社交形象？

活动二：仪态举止"现场秀"

一、活动过程

1. 每组5～6人，由组长带领，自行设定情境，限时10分钟。

2. 在小组内进行站、坐、行、蹲姿的演练。

3. 按顺序进行上台表演，每组限时3分钟。各组可派出代表进行表演，也可由全组成员进行现场秀。

二、活动要求

学习和掌握体态礼仪中的站姿、坐姿、行姿和蹲姿，给定音乐（大约3分钟），大家分组讨论并创编形体姿态组合，至少包括5个队形变化和2个造型设计。表演结束后，请其他组同学对你们进行评价，并填写表7-3。

表7-3　小组创编测试评价表

序号	测查内容	是	否
1	小组同学的仪容仪表是否合格		
2	形体姿态的动作是否整齐、标准		
3	小组同学是否有自信的面部表情		
4	出场造型是否有创新		
5	是否面带笑容，给人以友好的感觉		
6	编排队形是否符合要求的数量		
7	动作是否和音乐配合融洽		
8	结束造型是否有创意		

三、关键点提示

1. 情境设计思路是否流畅、具有整体故事性？

2. 情境过程是否涵盖较多礼仪内容？

3. 上台表演者的礼仪举止是否规范、得体？

反思：如何让仪态举止为你的形象加分

一、你对仪态举止的认识

（一）情境描述

下面给出一些有关仪态举止的观点，哪些符合你的看法？

1. 基本的站姿从正面观看，全身笔直，精神饱满，两眼正视，两肩平齐，两臂自然下垂，两脚跟并拢，两脚尖张开60°，身体重心落于两腿正中。

2. 向长辈、朋友、同事问候或做介绍时，不论握手或鞠躬时，都要双脚后跟并拢，脚掌打开30°，膝盖要挺直。

3. 入座时要稳、要轻。就座时要不紧不慢、大大方方地从座椅的左后侧走到座位前，轻稳地坐下。若是裙装，应用手背将裙稍拢一下，不要坐下来后再站起来整理衣服。

4. 男士叠腿而坐时，把小腿部分放在另一条腿的膝盖上，大腿之间是有缝隙的，但注意脚不要跷得太高，以免鞋底正对旁边的客人。

5. 多人一起行走时，不要排成横队，不要勾肩搭背。遇急事可加快步伐，但不可慌张奔跑。

6. 用手召唤人的正确姿势是：手心向下，挥动所有手指或挥动手臂。

7. 行走时，步态应该自然轻盈，目视前方，身体挺直，双肩自然下垂，两臂摆动协调，膝关节与脚尖正对前进方向。

（二）评估标准和结果分析

请仔细清点一下，对以上说法你有多少是赞成的，有多少是反对的。赞成的理由与反对的原因各是什么？通过本测试回答，你可以更好地理解仪态举止礼仪。

二、令女士讨厌的举止

跟职场女性打交道要格外细致。下面列出的是最令女士们讨厌的举止，你可以对照检测自己是否有以下行为，如"有"打"√"，"偶尔有"打"△"，"没有"打"×"。

（一）情境描述

请扫二维码查看你是否有女士们讨厌的举止。

（二）计分规则

选择"√"计2分；选择"△"计1分；选择"×"计0分。

（三）结果分析

0～8分：你非常了解和注意自己的举止礼仪，这将使你在职场上赢得对方的尊重。

9～16分：你平时有一些不文明、不文雅的举止，应该及时改正，不然将影响你在职场上的形象。

17～42分：你非常欠缺在举止方面的礼仪，应下大力度改正，否则你的职场前途将十分黯淡。

三、反思提高

1. 自我检查一下，在与人交流、交谈、交往的过程中，你的体态、举止是否得体？是否存在不文雅、不礼貌的举止？

2. 观察你身边善于交流、发展很好的同学或同事，分析一下他们的成功之处在哪里。向他学习，模仿他，不断改进自己、提升自己。

测试：

令女士讨厌的举止

模块八
职场礼仪规范

　　了解、掌握并恰当地应用沟通与职场礼仪，有助于建立、完善和维护良好的职业形象，使你在工作中左右逢源，事业蒸蒸日上，成为一个成功的职业人。

　　成功的职业生涯并不意味着你要才华横溢，更重要的是，在工作中你要有积极的心态与职场技巧，用一种恰当、合理的方式与人沟通和交流，这样你才能在职场中赢得别人的尊重，才能在职业生涯中立于不败之地。

本模块能力要求：

1. 了解新员工日常工作规范；
2. 学会求职与面试、工作与交往、演讲与展示礼仪；
3. 感悟在形象礼仪中涵养职业品格的要义。

本模块训练重点：

1. 了解日常工作规范方面的职场礼仪；
2. 学会求职与面试礼仪；
3. 学会工作与交往礼仪；
4. 学会演讲与展示礼仪。

案例示范：修养在细节

　　30位应届毕业生在实习时被辅导员带到某知名企业参观。全体学生坐在会议室里等待经理的到来，这时有秘书给大家倒水，同学们表情淡然地看着她忙活，其中一个还问了句："有绿茶吗？天太热了。"秘书回答说："抱歉，刚刚用完了。"小夏看着有点别扭，心里嘀咕："人家给你倒水还挑三拣四。"轮到他时，他轻声说："谢谢，大热天的，辛苦了。"秘书抬头看了他一眼，满含着惊奇，虽然这是很普通的客气话，却是她今天听到的唯一一句体贴的话。

　　门开了，经理走进来和大家打招呼，不知怎么回事，会议室里静悄悄的，没有一个人回应。小夏左右看了看，犹豫地鼓了几下掌，同学们这才稀稀落落地跟着拍手，由于不齐，越发显得凌乱。

经理挥了挥手："欢迎同学们到这里参观。平时这些事一般都是由办公室负责接待，因为我和你们的辅导员是老同学，非常要好，所以这次我亲自来给大家讲一讲有关情况。我看同学们好像都没有带笔记本，这样吧，王秘书，请你去拿一些我们印的纪念手册，送给同学们作纪念。"

接下来，更尴尬的事情发生了，大家都坐在那里，很随意地用一只手接过经理双手递过来的手册。经理脸色越来越难看，来到小夏面前时，经理已经快要没有耐心了。

小夏礼貌地站起来，身体微倾，双手握住手册，恭敬地说了一声："谢谢您！"经理听闻此言，不觉眼前一亮，伸手拍了拍小夏的肩膀说："你叫什么名字？"小夏照实作答，经理微笑点头，回到自己的座位上。早已汗颜的辅导员看到此景，微微松了一口气。

两个月后，小夏收到了该企业寄来的一份聘书。有几位颇感不满的同学找到辅导员说："小夏的学习成绩最多算是中等，凭什么选他而没选我们？"辅导员看了看这几张稚嫩的脸，笑道："是人家点名来要的。其实你们的机会是完全一样的，你们的成绩甚至比小夏还要好，但是除了学习之外，你们需要学的东西太多了，修养是第一课。"

［分析］我们要注意在平时养成良好的习惯，才能在任何场合、任何情况中都表现优秀。小夏正是凭借日常良好的修养才赢得了这份让所有同学都羡慕的工作。一个人的成功总是会有充分的原因，如果你对他人的成功感到意外，那是因为你对他的优点并不了解，这些优点很可能在某一个小细节中体现出来，有时细节决定成败！

主题一　求职与面试礼仪

问题：如何恰当运用求职与面试礼仪？

小琳是高职文员专业的一名学生，相貌平平、成绩中等，各方面能力都不算出众。快毕业时，她听人说想找到好工作非常难，十分焦急，准备了很多份简历，投了很多公司，参加了多场面试，可都石沉大海，以失败告终。后来好不容易盼来又一次机遇，一家公司公开招聘前台文员的岗位，她非常重视，下定决心一定要成功。

她要怎么做才能在这次求职中脱颖而出，成为一个合格的职业人呢？小琳为自己列了一份求职准备清单。

一、求职前准备

1. 根据自己的需求，确定好自己的求职岗位，做好简历；

2. 做好面试准备，准备好面试服装、物件。

二、面试准备

1. 准备、练习好自我介绍；

2. 准备面试时可能会被问的一些问题和自己想要问的一些问题；

3. 面试过程中的注意事项和礼仪规范。

小琳根据自己的清单，开始了求职前的集训。你觉得她准备得够充分吗？通过接下来的学习，你是否也可以为自己做一份进入职场的清单呢？

面试是成功求职的临门一脚。求职者能否实现求职目标，关键的一步是与雇主见面，与面试官进行信息交流，以便使面试官确信求职者就是雇主所需要的最合适的人选。在面试中，面试官从多个方面对求职者进行了解，其中语言交流只占了30%，眼神交流和面试者的气质、形象、身体语言占了绝大部分，所以求职者在面试时不仅要注意自己的外表、谈吐和举止，还要注意避免做出很多下意识的、影响形象的小动作和姿态。所以求职者除了要具备良好的专业素养外，掌握相关的求职面试礼仪也是非常必要的。

通过本主题的学习和训练，你将能够：

1. 了解面试前的准备；

2. 掌握面试中的礼仪；

3. 掌握面试后的礼仪。

认知：为成功求职做好准备

微课：

面试中的礼仪

一、面试前的准备

求职者在参加面试前要做好各种准备工作，包括见面前的物件及服装仪容等方面的准备。

1. 物件准备

求职者在面试前要准备好各种物件，如公文包、求职记录笔记本、多份打印好的简历、面试岗位相关的材料、个人身份证、所获奖励证书、登记照等，所有准备好的文件都应该平整地放在一个文件夹或牛皮纸信封里。

（1）求职时带上公文包会给人以专业人员的印象。公文包不要求买很贵重的真皮包，但应看上去大方典雅，大小应可以平整地放下A4纸大小的文件。

（2）求职笔记本里面应记录有参加过求职面试的时间，各公司名字、地址、联系人和联系方式，面试过程的简单记录、跟进记录等。求职记录本应带在身边，以便记录最新情况或供随时查询。

2. 服装仪容准备

参加面试的服饰要能匹配求职者的身份。面试时，合乎自身形象的着装会给人以干净利落、有专业精神的印象，男生应显得干练大方，女生应显得庄重俏丽。

二、面试过程中的礼仪

很多面试充满戏剧性，我们可以把它想象成一个舞台剧。戏里的主角是面试官和求职者，角色虽只有两个，但剧情是千变万化的。作为求职者的一方，一定要把握求职礼仪上的分寸，不要过火或不到位，把"好戏"给演砸了。

怎样掌握求职面试时的礼仪分寸呢？进入面试场地，求职者应始终面带微笑，不要过分紧张，对碰到的每个公司员工都应彬彬有礼。

面试过程中，除了岗位技能方面的竞争外，面试时的身体语言表现也是一个重要考察因素。身体语言包括：说话时的目光接触、身体的姿势控制、习惯动作、讲话时的嗓音等。

（1）说话时的目光接触。面试时，应试者应当与面试官保持目光接触，以表示对面试官的尊重。目光接触的技巧是，盯住面试官的鼻梁处，每次15秒左右，然后自然地转向其他地方，如望向面试官的手、办公桌等，然后隔30秒左右，再望向面试官的鼻梁处。切忌目光游移、躲避闪烁，这是缺乏自信的表现。

（2）身体姿势和习惯动作。在进出面试办公室时，应注意进退礼仪，一定要保持抬头挺胸的姿态和饱满的精神，不要与人交谈时频繁地耸肩、手舞足蹈、左顾右盼、坐姿歪斜、晃动双腿等，这都是不好的身体语言。总之，手势不宜过多，要根据需要适度配合表达。

（3）讲话时的嗓音。要控制说话的语速，不要尖声尖气、声细无力，应保持音调平静、音量适中、回答简练，不带"嗯""这个"等无关紧要的习惯语，以免显得在自我表达方面不专业。

在整个面试过程中，注意不要紧张，表述要简洁、清晰、自信、幽默等，同时注意观察面试官的表情变化，也就是要做到察言观色，尽快掌握面试官感兴趣在哪些方面，再根据事先的准备做着重表达。

三、面试结束时的礼仪

1. 心存感激

面试结束时，不论你是否如愿被顺利录取，得到梦寐以求的工作机会，或者只是得到一个模棱两可的答复，如"这样吧，××先生/小姐，我们还要进一步考虑你和其他候选人的情况，如果有进一步的消息，我们会及时通知你的"，我们都要礼貌相待，用平常心对待。

如果得到模棱两可的答复，我们应该对用人单位面试官抽出宝贵时间来与自己见面表示感谢，并且表现出珍惜这份工作机会的期待。这样既保持了与相关单位经理的良好关系，又表现出自己杰出的人际关系能力。当用人单位考虑最后人选时，这些行为都能为自己加分。

2. 握手道别

与人力资源经理最好以握手的方式道别，离开办公室时，应该把坐过的椅子扶正到刚进门时的位置，再次致谢后出门。经过前台时，要主动与前台工作人员点头致意或说"谢谢你，再见"之类的话。

3. 记录省思

面试之后，应该仔细记录整个面试经过，每个面试提问、每个细节都要记载在面试记录手册里。面试成功与否并不是最重要的，最重要的是从上一次面试中分析问题，学到经验。

四、面试的注意事项

（1）不可姗姗来迟。迟到是面试中的禁忌。守时是现代社交礼仪的准则，迟到在面试中是非常严重的错误，考官不但会认为应试者没有时间观念和责任感，更会觉得考生对这次机会没有太多的诚意，印象分自然大减。

（2）不可夸夸其谈。面试时应多使用质朴、简练的语言，需要举例说明的时候，稍作修饰、直接陈述即可。辞藻华丽、夸夸其谈让人觉得你是"语言的巨人、行动的矮子"，自然也就很难赢得考官的赏识。

（3）不宜过度谦虚。过度谦虚有时会让人以为你能力不足，不能胜任某些工作。

（4）不可卖弄英文。有些求职人士为了炫耀自己的英语好，往往在话语中夹杂一些英语词汇，特别容易招致考官的厌恶。

（5）不可着装邋遢。穿着邋遢、太随意表明求职者对这份工作不看重，着装要把握干净、整洁的原则，也不要过度修饰。

行动：礼仪助你提高面试成功率

活动一：模拟面试

一、活动内容

每班分成若干小组，以5～6人为一组，进行面试礼仪的模拟。1人为求职者，其他人为面试官。请根据自身专业，结合表8-1进行综合测评，考察求职者综合素质。

表8-1　模拟面试测评表

序号	测查内容	是	否
1	着装符合行业标准		
2	头发干净整洁		
3	化有适宜的妆容		
4	礼仪体态标准		
5	面带笑容，给人以友好的感觉		
6	表述准确、不啰唆		
7	回答问题从容、有智慧		
8	没有过多的小动作		
9	向你了解过企业（单位）的相关问题		
10	面试全程有礼貌、有修养		
11	经过短暂交流，你已经记住了他（她）		

二、活动分析

11个"是"：非常优秀。

9～10个"是"：优秀，你还可以更好。

7～8个"是"：合格，你仍需要努力。

6个"是"以下：不合格，你还要多加练习才行。

三、小组讨论

请学员在做完模拟面试之后，讨论以下问题。

1. 面试学员的礼仪表现是否合适？

2. 怎样的面试礼仪才合适？

活动二：案例分析——面试着装要适宜

一、案例

小眉到一家企业去应聘秘书。去面试之前，她对自己进行了精心修饰：身着时下最流行的牛仔套裙，脚穿一双白色羊皮短靴，肩背橘色的挎包。为和这身打扮配套，小眉还化了彩妆，并对自己的打扮相当满意。

来到公司，小眉发现自己在众多应征者中显得是那么与众不同，她甚至感到一点得意。正在这个时候，小眉碰见了恰好来此处办事的好朋友丽然。"你也来找人吗？"丽然问。"我是来应聘的。""是吗？你的这身打扮更像约人去喝下午茶。"快人快语的陈丽然说道。"是吗？"小眉疑惑起来。她扫视了一下四周，果然其他人都穿着素色的职业套装。小眉的心理一下子变得不稳定起来，一开始的自信也被动摇了。在后来的面试中，小眉完全因为着装乱了阵脚，结果也就可想而知了。

二、讨论

讨论：回忆一下你第一次面试时的着装，通过比较学习，探索其不妥之处，与同学讨论面试着装应注意的要点。

反思：怎样自我检视求职面试礼仪

一、自我评估：求职面试礼仪自我检视清单

（一）情境描述

以下是一份简单的求职面试礼仪自我检视清单（表8-2），请对照清单检查你的求职面试礼仪是否有不妥的地方，如有请及时予以改正。

表8-2　求职面试礼仪自我检视清单

时间段	检视事项	检视情况
求职面试前的礼仪	1. 头发干净自然，如要染发则注意颜色和发型不可太标新立异	
	2. 服饰大方整齐合身。男女皆以时尚大方的套服为宜	
	3. 面试前一天修剪指甲，忌涂指甲油	
	4. 不要佩戴标新立异的装饰物	
	5. 选择平时习惯穿的皮鞋，出门办事前一定要擦拭干净	
求职面试过程中的礼仪	1. 任何情况下都要注意进房先敲门	
	2. 待人态度从容，有礼貌	
	3. 眼睛平视面试官，面带微笑	
	4. 说话清晰，音量适中	
	5. 神情专注，切忌边说话边整理头发	

时间段	检视事项	检视情况
求职面试过程中的礼仪	6. 手势不宜过多，需要时适度配合	
	7. 进入面试办公室前，可以嚼一片口香糖，消除口气，稳定紧张情绪	
求职面试结束时的礼仪	1. 礼貌地与主考官握手并致谢	
	2. 轻声起立并将座椅轻轻推至原位置	
	3. 出公司大门时对接待小姐表示感谢	
	4. 24 小时之内发出书面感谢信	

（二）评估标准和结果分析

平时应多方面注意自己的举止和言行，并在与同学或朋友的交往中不断练习。通过本项测试，你将更好地掌握面试的礼仪。

二、反思提高

回顾自己在日常工作与生活中，注意自己的举止和言行，并在与同学或朋友的交往中不断练习。

回忆一下你参加考核、工作等面试时的着装，通过比较学习，讨论不同类型的面试场合中，着装应注意的不同要点。

主题二　工作与交往礼仪

问题：如何遵守职场办公礼仪？

小琳高兴极了，因为她终于在众多竞争者中脱颖而出，进入了梦寐以求的公司，在同学中最先找到了自己满意的工作。面对即将到来的新生活，她又激动又紧张。上班的第一天，她穿好职业装走进办公室，刚想开口向前辈们问好，后面一个声音传了出来："大家好！我叫林浩，是这次新来的，请各位前辈多多指教。"小琳非常生气地想："这么没有绅士风度，明明是我先来的！"没想到林浩和小琳都被分配到前台工作，主管给他们每个人分配一项新任务，小琳负责给每个办公室发派报纸和一些事务性的杂活，林浩只负责来客的接待。小琳问主管："为什么我要做这么多事，林浩却只要做来客的接待？"

职场中，尊重周围所有的人，你才会赢得所有人的尊重。作为一个优秀的职业人，我们在注重个人内外兼修的同时，还应该善于经营人际关系。真心去经营，注重为人处世的口碑，建立友好的同事关系和良好的人际关系，才能使自己一步步走向成功。

通过本主题的学习和训练，你将能够：
1. 学会办公室应该遵守的礼仪；
2. 学会与同事、上司交往的礼仪。

认知：工作与交往中的礼仪

一、日常办公礼仪

在办公室遵守礼仪，是职场人士的基本素质，办公室的礼仪不仅是对同事的尊重和对公司文化的认同，更是每个人为人处世、礼貌待人的最直接表现。

1. 办公室举止礼仪（图8-1）

出入办公室，请随手关门；进入别人的办公室，敲门后得到允许方可进入；在办公室内活动，要庄重、自然、大方，在行为举止上，做到站有站相、坐有坐相；在着装上，也要特别注意，不要穿着背心、拖鞋；不要在办公室看电影、打瞌睡、聊八卦等。

微课：

办公室礼仪

图 8-1 办公室礼仪

2. 办公室环境

整理好个人的办公环境，如办公桌、文件等，做到有序、整洁；对集体公用的办公环境，也要尽力维护，作为职场新人，主动帮助大家整理办公室卫生，也是为自己打好人际关系的影响因素，但太过于表现也会适得其反。

3. 接听电话

在接听私人电话时，最好离开办公场所，以免打扰其他同事的工作；在接听工作电话时，应尽快接听，一般应在电话铃声响起第二声时接起，自报公司名称再了解对方，如需转达，仔细倾听对方的来电，做好记录，反馈给当事人；在公务电话中，要用精练的职业语言，用友好的语言结束电话，待对方挂断后方可挂断。

4. 发送邮件

在发送邮件时，要使用有意义的主题行，让收件人迅速了解邮件内容并判断其重要性；邮件的开头要称呼收件人，这样既显得礼貌，也明确提醒某收件人应给出必要的回应；正文简明扼要，行文通顺；如果邮件带有附件，应在正文里面提示收件人查看附件；每封邮件在结尾都应签名，这样对方可以清楚地知道发件人信息。

二、工作交往礼仪

微课：

工作交往礼仪

工作中的交往如同机器运转的润滑剂，如果处理不当，则会成为工作中的绊脚石。你与同事接触与交往的技能决定着你在工作领域中是前进还是后退。与同事交往时举止要得当，这是你工作的重要组成部分。人际交往不需要总是笑容可掬，做作的热情很快会令人生厌。工作礼貌会让你在同事中的形象更好，职场合作更顺利。

1. 同事交往礼仪

我们每天都有1/3的时间跟同事一起相处，与同事相处得如何直接关系到自己的工作是否顺利、事业能否发展。如果同事之间相处得融洽和谐，就会感到心情愉快，有利于工作的顺利进行，从而促进事业的发展。否则，同事之间互相拆台，经常发生摩擦，一定会影响工作生活的正常进行。与同事交往的礼仪要点如下。

（1）尊重并平等对待同事。不仅尊重同事的人格，尊重对方的成果，也要尊重同事的物品。切勿私自查看同事的物品。

（2）物质来往一清二楚。工作期间和同事之间不免有金钱、物质上的往来，应当做到及时归还，若有损坏，应当予以补偿。

（3）关心同事。当同事生活中或工作中遇到困难，要主动伸出援手，而不是冷眼旁观，互相帮助能增进彼此的信任。

（4）不在背后议论同事，不打小报告。不背后议论同事，尤其是同事的私事，更不要打小报告，这样可能会引起不必要的矛盾，恶化与同事之间的关系。

（5）勇于承担责任。对自己的失误或同事间的误会要主动澄清并勇于承担责任，不推诿搪塞。当和同事产生矛盾时，要积极化解矛盾，承认错误。

（6）公平竞争。同事之间常常存在着竞争关系，要想成为优秀的员工，需要靠自己的努力，绝不能采取不正当措施，否则只会产生麻烦。

（7）虚心学习。多向同事学习，互通有无，善于发现同事的优点，并给予真诚的赞扬。

2. 与上司相处的礼仪

有一次，经理叫小王到A地买一种材料。当小王匆匆忙忙地赶到那个地方时，却发现那种材料刚好卖完了。这时候，小王只好无奈地回到办公室，等待经理的进一步指示。见到空手而回的小王，经理勃然大怒，称其办事不力。其实，小王可以做一番调查，然后汇报说："A地刚好没有这种材料，但我看了一下B地有，价格如何如何，C地也有，价格如何如何。经理，您看怎么办？"

与上司相处的礼仪要点如下。

（1）尊重上司。在公众场合见到上司，无须过度热情，但更不可视而不见、没有礼貌。不要在职业场合或有第三人存在的情况下与上司谈家常，特别是上司的家事。

（2）理解、体谅上司。理解上司的意图，切忌机械行事。出错不要找借口，更不能说"是您叫我这样做的"等。

（3）坦然面对批评。上司说话时不要插嘴，更不要在挨批评时插嘴，要学会自我检讨，承担责任。上司的批评如果偏离事实，要用恰当的方法予以解释。

（4）及时反馈。遇到困难时应当及时向上司反映，完成上司交代的任务后也应及时汇报。

3. 为人上司的礼仪

战国时期，赵国的蔺相如因"完璧归赵"和"渑池之会"之功而被封为上卿，位在大将军廉颇之上。廉颇很不服气，扬言要当面羞辱蔺相如。蔺相如得知后，尽量回避、容让，不与廉颇发生冲突。蔺相如的门客以为他畏惧廉颇，蔺相如却说："秦国不敢侵略我们赵国，是因为有我和廉将军。我对廉将军容忍、退让，是把国家的危难放在前面，把个人的恩怨放在后面啊！"这话后来传到廉颇耳中，他静下心来想了想，觉得自己为了争一口气，就不顾国家的利益，真不应该。于是，他脱下战袍，背上荆条，到蔺相如府上请罪。蔺相如见廉颇来负荆请罪，连忙热情地出来迎接。从此以后，他们俩成了好朋友，同心协力保卫赵国。

与下属交流的礼仪要点如下。

（1）以身作则、注重个人修养。带头执行公司的各项规章制度，做好本职工作，成为员工学习的榜样。

（2）信守承诺。说到就要办到，办不到要给出令人信服的理由，否则领导的权威会受到质疑。

（3）尊重下属。只有处理好和下属的关系，工作任务才能得到有效顺利的执行。

（4）公平公正、宽以待人。公平公正地待人处事，不偏袒每一个人，宽容对待下属。

（5）善于听取下属的意见。从善如流的领导是智慧的领导，积极听取下属的建议，能推动整个团队向好的方向发展。

（6）知人善任。要了解下属的差异，了解下属的特点以及优缺点，在合适的位置安排有这方面长处的人，只有做到人尽其才，用人不疑，疑人不用，才能充分发挥员工的特长以及工作积极性。

行动：提升办公礼仪，提高办公效率

活动一：案例分析

一、案例

有一位经理与他的供应商发生了一些冲突，于是写了一封言辞激烈的信，让助理把信寄给对方。没过几天，经理对此事很后悔，觉得不应该如此冲动，于是又写了一封信表示歉意，让助理再次寄出。但是助理对经理说："上次见您写的信欠冷静，所以我并未把信发出去，这封道歉信您也不必发了。"

二、讨论

1. 助理这么做对不对？

2. 如果你是助理，你会怎样做？

活动二：帮助王研解决难题

一、案例

王研的经理有睡午觉的习惯，平时她都不敢进去打搅经理午休。然而，最近一段时间，公司的业务实在是太繁忙，甚至董事长都经常亲自来电要材料。由于是急件，必须立即到经理房间查找并核对有关数据，因此，王研只好一次次地在经理午休时间进出他的办公室。为了不把经理吵醒，王研每次都轻手轻脚地进出，生怕弄出声响，然而，关门时门总是会发出"咔嚓"的锁门声。王研担心这关门声会吵醒经理，因此有时就只好将门虚掩。虽然王研小心翼翼，但她后来了解到，经理对她经常打搅自己午休的行为感到不满。然而，为了工作，王研又必须在中午时间进出经理的房间。

二、讨论

1. 王研在什么地方失礼了？

2. 经理的行为有什么不妥之处？

3. 你认为王研应该怎么办？

活动三：情景编创表演

一、活动内容

将班级分为若干小组，每组5～6人，小组根据所学的职场办公礼仪，编创一个情景剧《办公室里的故事》。

角色要求：1人饰演领导，其他角色由各组自行安排。故事内容由各小组自由编创，主题要明确，有学习和教育意义。

二、活动分析

1. 编创此情景剧依据的知识要点是什么？

2. 演绎的礼仪要点是否准确？

3. 在生活中，你是否已经掌握了剧中的礼仪要点？

4. 观众对此情景剧的认可和喜爱程度如何？

反思：如何提升工作与交往礼仪

一、自我评估：你的办公室人缘指数有多高？

你在办公室是人见人爱的万人迷，还是人见人恼的讨厌鬼呢？好的办公室人缘，不仅能为职场工作带来好心情，更能建立起强大的人脉，利于你在职场晋升发展。一起来做下面的测试，看看你的办公室人缘指数有多高吧！

（一）情境描述

请扫二维码查看"办公室人缘指数测试"。

（二）计分规则

选A得1分、选B得3分、选C得5分，把各题得分相加。

（三）结果分析

10～20分：你的人缘不是很好噢，需要改进自己的为人处世方式了，否则即使工作能力再强，也难得到同事的认同和领导的赏识。

21～40分：你已经较好地适应了公司的环境，能够和同事融洽相处，但是还有一些地方需要提高，这样会让你受益匪浅。

41～50分：恭喜你，你的人缘不错，同事们都喜欢和你相处，继续努力。

与同事建立起良好而融洽的合作关系并非易事，需要你用心经营，懂得礼仪。请你根据自己的不足，制订一份修正计划。

二、自我评估：你与领导沟通的能力如何？

请根据下面的情境描述，测试你与领导沟通的能力如何。每题都有三个选项：A=一贯如此、B=经常如此、C=很少如此，请根据个人实际情况回答。

（一）情境描述

请扫二维码查看"你与领导沟通的能力如何"测试。

（二）计分规则

"A.一贯如此"计3分，"B.经常如此"计2分，"C.很少如此"计1分，把各题得

测试：
办公室人缘
指数测试

测试：
你与领导沟
通的能力如
何？

分相加。

（三）结果分析

16～21分：你能在工作中很好地运用沟通技巧，你的上司会很欣赏你。

8～15分：你已经掌握了一些沟通技巧，你的上级会认为你是一个有潜力的人，但是还需要你不断地加紧努力。

0～8分：你需要学习一些和上级沟通的技巧了，适当改善自己的沟通方式才会使你更充分地展示自己的才能，争取更广阔的发展空间。

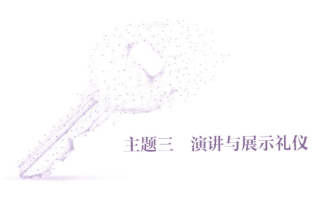

主题三 演讲与展示礼仪

问题：怎样把握演讲与展示礼仪？

　　年轻时的丘吉尔常常依靠背诵演讲稿来发表演讲。在一次国会会议的演讲中，丘吉尔突然忘记了下面的一句话，为此，他只好不断重复上一句话，但仍然无济于事，最后只得面红耳赤地回到座位。从此，丘吉尔便放弃了背诵演讲稿的方式。

　　商场如战场，在商务活动中，一流的演讲能力是驰骋职场的制胜法宝，而掌握演讲的礼仪对于实现演讲的目的起着至关重要的作用。

通过本主题的学习和训练，你将能够：

1. 了解演讲前准备工作的重要性；
2. 了解演讲者的着装要求；
3. 掌握演讲过程中和演讲结束后的相关礼仪。

认知：学会演讲与展示礼仪

微课：

演讲礼仪

一、演讲者的服饰礼仪

在演讲前的准备中，演讲者还应该注意自身的服饰，使服饰仪表和演讲相协调。

1. 服装与体态的协调

演讲者在考虑服装仪表时，必须有整体美感，服装要和体型、肤色相适应。比如，体型肥胖的人，适合穿深色服装，这样看上去目标集中，会显得匀称些。体型瘦削的人，适合穿浅色服装，这样看上去目标松散，会显得丰满些。皮肤白皙的人，穿深色、浅色的服装都可以；皮肤较黑的人，最好穿稍浅色的服装，不宜穿黑色的服装。

2. 服装与内容的协调

演讲者在不同的演讲会上，要根据演讲的内容而决定服装的款式。在遵循"三子"原则（有领子、有袖子、有扣子）的基础上，力求使自己的服装与演讲主题和内容协调一致。比如，演讲的内容是严肃、郑重的，或愤怒、哀痛的，穿深色衣服或黑色衣服比较合适；演讲的内容是欢快喜悦的，穿浅色的、鲜艳的衣服会更好些。

3. 服装与听众的协调

演讲者的服饰款式与色彩一定要注意与演讲的现场气氛相一致，与季节相符合，与广大听众的装束相协调。服装不可过于华丽时髦，那样会分散听众的注意力，易引起非议，破坏演讲气氛。服饰过于随便也不行，一是对听众不尊重、不礼貌，二是会使听众对演讲者产生不好的印象。

4. 服装与身份的协调

演讲者的衣着应该典雅美观、整洁合身、庄重大方、色彩和谐、轻便协调。具体而言，要求做到外表整齐、干净、美观，风格高雅、稳健，感觉良好，行动方便，与自己的性别、年龄、职业等协调，充分体现出自己的特点与气质。比如：在校学生不宜在演讲时身着高档的、名牌的服装；青少年演讲时不宜打扮得珠光宝气、艳丽夺目；上了年纪的人演讲时服装应该庄重典雅，不宜给人花枝招展、花里胡哨的感觉；男性演讲时服装不能过于随便和随意，女性演讲时不宜穿戴得过于奇异精细、光彩夺目，更不宜袒胸露背，否则会引人瞠目和议论，影响演讲效果。

二、演讲登台时的礼仪

1. 就座前后

当演讲者与随同者走到座位前时，不应马上坐下，而是要以尊敬的态度主动请大会主席或陪同人员入座，对方肯定会礼貌地邀请演讲者入座，这时双方稍事相让，但不宜过多推让，即可落座。入座时声音要轻，要坐正、坐稳，身体不宜后倾或斜躺，不宜前探后望，不要和台上台下的熟人打招呼，也不宜玩弄手指、衣角等。

2. 介绍之时

当主持人介绍演讲者时，演讲者应自然起立，向主持人点头致意并向听众鼓掌或点头，以表示感激之意，切不可稳坐不动或仅仅欠下身子。

3. 登上讲台

正式登台演讲时，演讲者应先向主持人点头致谢，然后从容稳健、充满自信、精神饱满地走上讲台，郑重、恭敬、诚恳地向听众鞠躬或敬礼。除严肃的场合外，演讲者都应面露微笑，并用目光环视全场；站稳后不要急于开口，而应用亲切的目光注视或扫视会场几秒钟，使听众的大脑做好接收信息的准备，得到无声的感染。切忌左顾右盼或装腔作势，给人以轻佻和傲慢之嫌；也不宜忸怩畏缩，有失身份。

4. 演讲开始

说第一句话时要有亲切感，起调不要太高，音量不要太大，否则会给人以缺乏修养、狂妄自大的感觉。要注意选择恰当的称呼，得体而充满感情的称呼能迅速缩短演讲者与听众之间的心理距离，激发听众的情绪共鸣。

三、演讲时的礼仪

1. 演讲中的态度

演讲时要热情开朗，切不可摆出目中无人、冷若冰霜的面孔；要尽量以良好的姿态、稳重的举止来传神达意；手势要适度、适量、适宜，表情要自然、谦逊、有礼貌；当现场听众出现烦躁不安时，切不可随意讽刺训斥，而应体现出自身的涵养；当听众鼓掌时，演讲者可略停一会儿，并点头或用手势表示谢意。

2. 演讲中的移动

一般来说，在正规的场合，演讲者站立好后是不宜移动的，但在特殊情况下，有时也要适当地移动。演讲者的身体如果需要移动的话，应注意以下三点。

（1）动要在理。移动必须符合演讲内容的需要，或者出于其他的目的，比如，为了进一步鼓动听众或者制止一些特殊情况的发生，演讲者可以向前走动几步。

（2）动有规则。演讲者在走动方向、节奏、快慢等方面应保持一定的规则，既要能活跃会场气氛，又要能稳定听众的情绪。

（3）动要适当。移动范围不应过大，不可跨越太远、来回走动。

3. 演讲中的站姿

演讲者站在台上，要像青松一样挺立，不能掉肩斜背；可一脚略前，一脚稍后，或呈稍息式，但绝不可扭曲身子，或过分侧向一方，背对场中另一方，这是对场中听众不一视同仁的表现；两脚不可靠得太拢，也不宜跨得太开，演讲中应有所变换。总的要求是：站姿应自然、大方、不拘谨、不呆板，身子要正，无论动与不动，都应当像尊优美的雕像，体现出一种体态美。

4. 演讲的声音

演讲人的声音要响亮。音量的大小应根据会场的大小和人员的多少而定。声音既不要过高，也不要过低，过高易失去自然和亲切感，过低会使会场秩序出现不应有的紊乱。

5. 演讲者的手势

演讲者演讲时，双手尽量不要胡乱挥动，可以双手相握，放在身前或身后，或者放松垂在两侧。双手的姿势相当重要，并且有时能增强你的演说效果。但要尽量避免一再重复同一动作。不要胡乱地挥动手臂，以免分散听众的注意力。

四、演讲结束后的礼仪

1. 走下讲台

演讲结束时，应面带微笑地表示感谢。先向观众鞠躬或敬礼，再向主持人致意，然后从容不迫地回到原座。下台时切不可过于匆忙，显出羞怯失意的神态，也不可摆出扬扬得意、满不在乎的样子。坐下后，如大会主席和听众以掌声向演讲者表示感谢，应立即起立，面向听众点头敬礼，以示回谢，切不可流露出敷衍了事或得意忘形的神态。

2. 离开会场

会议结束后，主持人或单位负责人陪同演讲者走出会场时，听众常常会出于礼节而鼓掌欢送。这时，演讲者更应谦逊谨慎，面带微笑，自然、得体地用鼓掌或招手和频频点头的方式，向听众表示诚挚的谢意，直到走出会场为止。切忌心不在焉、无动于衷。

行动：克服演讲恐惧，把握演讲礼仪

活动一：克服演讲恐惧

一、活动目的

在公共场合进行演讲一直被看作是让人害怕的一件事，相信很多人会有这种感觉，但如果能克服这种恐惧感，将演讲看作是一件快乐的事，那会大大提升自己的风采和魅力。下面是一个引导学员勇于表达自我的游戏。

二、游戏规则和步骤

1. 给每个学员一张纸，一支笔，要求大家写出自己最感到恐惧的3件事，然后交给培训师。

2. 培训师从中挑选一些，读给学员们听。同时，看看有没有学员在纸片上表明自己对于公开演讲感到恐惧。如果有，将这一类学员的数量做一个统计。如果没有学员写自己恐惧于公开演讲，培训师可以讲一段材料。

三、相关讨论

据心理学家研究，人们最感到害怕的10件事情是：（1）公开演讲；（2）高度；（3）虫子；（4）财务困扰；（5）深水；（6）疾病；（7）死亡；（8）飞行；（9）孤独；（10）狗。

1. 大家对此有没有一致的看法？你同意其中哪几项？

2. 结合所学内容，请学员们对当众演讲时遇到的问题和解决方法展开讨论。

3. 通过抽签，随机选择3位学员上台进行关于"孤独"的演讲。3位学员演讲完毕后，让他们依次分享自己对于演讲的体验。

活动二：演讲"现场秀"

一、规则与程序

1. 在学员中选出4位学员（2男2女），以"互联网的利与弊"为主题面向班级同学发表演讲。

2. 要求这4位同学为自己的演讲提前做好准备，包括演讲稿和着装方面的准备。

3. 活动场所可设在教室或者礼堂。

4. 每一场演讲控制在10～15分钟。

5. 台下的同学就演讲评分，评分标准分为5个项目（表8-3），每个项目20分，总分100分。

表8-3　演讲"现场秀"评分标准

评分项目 演讲人	着装	手势	站姿	声音	演讲内容
演讲人1					
演讲人2					
演讲人3					
演讲人4					

6. 请台下的同学选出自己认为最优秀的演讲者。

7. 统计全班的票数，看看哪一位演讲者票数最高。

8. 培训师做简要点评。

二、总结

一次成功的演讲必须要经过精心的准备。在演讲过程中遵循相关的礼仪规范，是顺利实现演讲目的的保证。通过这次小训练，学员们将进一步掌握演讲的礼仪。

反思：你有信心成为成功的演讲者吗？

一、自我评估

下面30个陈述是关于演讲者自信程度的自我评测，请根据自己的情况，对每一个陈述作出"√"或"×"的判断。

（一）情境描述

请扫二维码查看"演讲者自信程度测试"。

（二）计分规则

本测试的评估标准如下（表8-4）：

测试：

演讲者自信
程度测试

表8-4 演讲自信自我评估标准

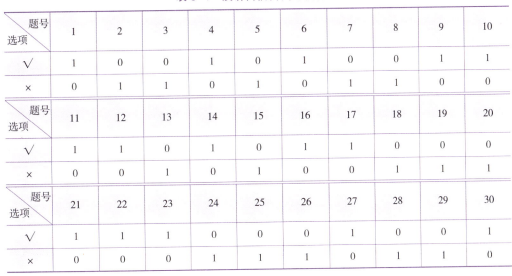

题号 选项	1	2	3	4	5	6	7	8	9	10
√	1	0	0	1	0	1	0	0	1	1
×	0	1	1	0	1	0	1	1	0	0
题号 选项	11	12	13	14	15	16	17	18	19	20
√	1	1	0	1	0	1	1	0	0	0
×	0	0	1	0	1	0	0	1	1	1
题号 选项	21	22	23	24	25	26	27	28	29	30
√	1	1	1	0	0	0	0	1	0	1
×	0	0	0	1	1	1	0	1	1	0

（三）结果分析

如果你的总得分在20分以上，你已经是一个自信的演讲者了。

如果你的总得分在10分以下，那么你还得继续加强训练，增强自己的信心。

二、反思提高

1. 一次成功的演讲必须要经过精心的准备，在演讲过程中遵循相关的礼仪规范。结合你的一次演讲经历，给出如何成为成功演讲者的能力提升方案。

2. 收集知名演讲者的视频资料，总结、归纳他们在礼仪方面的成功经验，作为借鉴参考。

商务礼仪可以展示企业的文明程度、管理风格和道德水准，塑造良好的企业形象。良好的企业形象是无形资产，无疑可以为企业带来经济效益和社会效益。

人讲究礼仪，就会在众人面前树立良好的个人形象；企业的员工讲究礼仪，就会为自己的企业树立良好的形象，赢得公众的赞誉。现代市场竞争除了产品竞争外，更体现在形象竞争。

组织或企业拥有良好信誉和形象，才更容易获得社会各方的信任和支持，才能在激烈的市场竞争中处于不败之地。所以，时刻注重礼仪，既是个人和组织良好素质的体现，也是树立和巩固良好形象的需要。

本模块能力要求：

1. 了解新员工商务礼仪规范；
2. 掌握邀请与拜访以及参加商务活动或会务谈判时所需的礼仪；
3. 领悟中华优秀传统文化的魅力。

本模块训练重点：

1. 邀请与拜访礼仪；
2. 商务与活动礼仪；
3. 会务与谈判礼仪。

案例示范：发布会为新产品助力

20世纪80年代后期，国内的一家民营企业开发出一种全新的果汁型饮料。这种饮料不仅营养丰富、无添加剂、口感舒适，而且符合健康和卫生标准，并与国际上饮料的流行趋势相吻合。然而，国内的饮料市场几乎已全部被外国饮料所占领，要在当时将这种新型的国产饮料推上市场，并且争得一席之地，可以说是难上加难。

要想在广告宣传上与财大气粗、经验丰富的外国饮料商决一雌雄，显然不是这家民营企业的强项。于是，它的负责人决定另辟蹊径，在力所能及的情况下，为自己做一次"软广告"。在饮料消费旺季来临之前，这家企业专门租用了北京一座知名的建筑物，召开了一次由新闻界人士为主要参加者的新产品发布会。在会上，这家企业除了向与会者推介自己的新产品之外，还邀请到了国内著名的饮料专家与营养专家，请其发表高见，并邀请全体与会者品尝这种新产品。

此后，不少与会的新闻界人士在媒体上发布了这条新闻，对该饮料进行了宣传。有些新闻界人士还站在维护国产饮料的立场上，为其摇旗呐喊。一时间这种饮料名声大振，销量也随之大增，终于在列强林立的饮料市场上脱颖而出。

［分析］成功的发布会，将成为你的新产品最好的广告。一个创意十足的产品发布会能引领消费者的消费观念，刺激他们的消费需求。

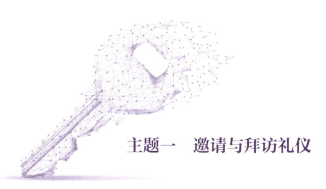

主题一　邀请与拜访礼仪

问题：如何实现成功的邀请与拜访？

在商务活动中，一个成功的邀请或拜访的背后，都伴随着无限的关系和无数的商机。事实上，通过拜访和待客的细节，可以看到一个人的修养、风度和格调。

通过本主题的学习和训练，你将能够：

1. 掌握并运用邀请的礼仪；
2. 掌握并运用拜访的礼仪；
3. 掌握并运用介绍、名片的礼仪。

认知：学习邀请、拜访、介绍与名片礼仪

一、邀请礼仪

1. 信件邀请

邀请信的内容要说明邀请对方参加什么活动、邀请的原因，并将活动安排的细节及注意事项告诉对方，诸如时间、地点、参加人员、人数，需做些什么样的准备及应穿服饰等。

邀请信的书写应该注意：

（1）被邀请人的姓名应写全，不应写绰号或者别名。在两个名字之间应该写上"和"，不用顿号或逗号。

（2）应当把与活动有关的主要事项，特别是活动的目的、意义、活动安排、活动内容等交代清楚，以消除被邀请者的疑虑。

（3）语言简洁明了。邀请信是一种日常应用写作文种，要注意语言的简洁明了，能看懂即可，文字不要太多或太深奥。

（4）感情诚挚。邀请信要能够单纯地、充分地传递友好的感情信息，适宜于在特定的时机、场合向礼仪对象表达诚挚的感情。

2. 请柬邀请

请柬一般有两种样式：一种是单面的，直接由标题、称谓、正文、敬语、落款构成；另一种是双面的，即折叠式，一为封面，写"请柬"二字；一为封里，写称谓、

正文、敬语、落款等。

请柬的篇幅有限，书写时应根据具体场合、内容、对象，认真措辞，行文准确，讲究文字美。在遣词造句方面，有的使用文言语句，显得古朴典雅；有的选用较平易通俗的语句，显得亲切热情。不管使用哪种风格的语言，都要庄重、简洁，使人一看就懂。

3. 便条邀请

有时商界人士在进行个人接触时，还会采用便条邀请的形式，即将邀请写在便条上，然后留交或请人代交被邀请者。便条邀请往往使被邀请者感到亲切、自然。

便条的内容应简单、明确，所选纸张应干净、整洁。

依照常规，用以邀请他人的便条不论是留交还是请人代交对方，均应装入信封中。

4. 电子邮件邀请

电子邮件邀请，是指以电子邮件的形式，借助互联网所发出的邀请。采用这种邀请形式，要求确认被邀请者邮箱正确无误，而且必须确认对方收到邮件。

二、接待礼仪

对前来访问、洽谈业务、参加会议的外国、外地客人，应首先了解对方到达的车次或航班，安排与客人身份、职务相当的人员前去迎接。若因某种原因相应身份的主人不能前往，前去迎接的主人应向客人做出礼貌的解释。

如果客人来自远方，主人到车站、机场去迎接客人时，应提前到达，恭候客人的到来，绝不能迟到让客人久等。客人看到有人来迎接，内心必定高兴，若迎接来迟，必定会给客人留下不好的印象。

接到客人后，应首先问候"一路辛苦了""欢迎您来到我们公司"等。然后向对方做自我介绍，如果有名片，可送予对方。

迎接客人应提前为客人准备好交通工具，不要等到客人到了才匆匆忙忙准备，那样会因让客人久等而误事。

对于外地来的客人，主人应提前为客人准备好住宿的地方，帮客人办理好一切手续并将客人领进房间，同时向客人介绍住处的服务、设施，将活动的计划、日程安排交给客人，并把准备好的地图、旅游图、名胜古迹介绍等材料送给客人。

将客人送到住地后，主人不要立即离去，应陪客人稍作停留，热情交谈（图9-1）。谈话内容要让客人感到满意，比如客人所参与活动的背景材料，当地风土人情，有特点的自然景观、特产、物价等。

图9-1 接待礼仪

三、拜访礼仪

1. 拜访预约

拜访前，可以通过电话、短信、邮件或其他网络方式预约，切忌搞突然袭击，做不速之客，不得已时也要提前通知被拜访人。

如果因事情紧急或无法预约而做了"不速之客"，应在相见时详细说明事情的原委，表达自己的歉意，求得对方的谅解。

2. 预约时间

公务性拜访的预约时间最好错开周一上午、周五下午和每天上下班前后一小时。约定拜会时间后，不能随意更改。如有特殊原因需要推迟或取消拜会，应尽快打电话通知对方并说明原因。

由于是由你提出拜访愿望，所以在拜访时间上应该优先对方，在说出"不好意思，不知能否请您抽出一些时间"后，应再加上"您什么时候比较方便？"的询问。如果你有预定的计划，则可以给对方一个预定的日期，如"下个礼拜来拜访您是否方便？"。

3. 拜访前准备

依据拜访目标的人数，准备充足的名片，准备相应的资料，选择合适的礼品，熟悉交通路线。

4. 拜访着装准备

拜访之前，应根据访问的对象、目的等，将自己的衣物、容貌适当地加以修饰，以形象反映出你对被访者的尊重。

如拜访的地点设在对方的办公场所，应着正装或所在单位的制服，这样既代表了单位的形象，又传递出"我很重视这次拜访"的友好信息，使对方愿意与你合作。

入室之前要在踏垫上擦净鞋底，夏天不应脱掉衬衫；冬天应摘下帽子、围巾，脱掉大衣。

5. 拜访的举止与要求

（1）原则上应提前5分钟到达。万一因故迟到或取消访问，应立即通知对方，并表示歉意。

（2）到达拜访地点后，如果与接待者是第一次见面，应主动递上名片，或作自我介绍。对熟人可握手问候（图9-2）。

图 9-2　握手礼仪

（3）如果被拜访者因故不能马上接待，应安静地等候，有抽烟习惯的人，要注意观察该场所是否有禁止吸烟的警示。

6. 交谈内容及时间

（1）与被拜访者谈话要开门见山，不能东拉西扯，浪费他人时间。

（2）注意称呼、遣词用字、语速、语气和语调。在会谈过程中不打电话或接电话。

（3）注意观察被拜访者的举止表情，适可而止。当被拜访者有不耐烦或有为难的表情时，应转换话题或语气。同时，不管讨论的事情有多严肃，双方分歧多么大，讨论时都要保持微笑。

案例

滔滔不绝造成的失礼

张宇有一次去拜访一位经理，在谈完业务之后，他很放松地和经理聊起了家常。他滔滔不绝地说着，发现经理看了一下表，并变换了坐姿，他意识到自己过多地占用了经理的时间，便很快结束了谈话，并为自己的疏忽向经理道歉，随手摆好凳子，拿走自己的水杯。出来后他很懊恼，感觉自己很失礼。

7. 礼貌告辞

注意把握辞行时机。拜访时间不宜过长，一般谈完正事之后即应告辞。作为客人，还应注意主人谈话的内容、情绪和环境的变化。如果主人谈话兴致正浓，交谈时间可以适当延长，反之则要短一些。

在告辞的时候，不要忘记表达感谢，这是一种应有的礼貌。

微课：
介绍礼仪

四、介绍礼仪

在职场社交中，经常需要与陌生人打交道，介绍礼仪是社交中常见而重要的环节，了解这些礼节才能更好地进行社交活动。

1. 自我介绍

自我介绍是由自己担任介绍的角色，把自己介绍给其他人，使大家认识自己。在社交场所下，要主动进行自我介绍，可以借助名片等辅助介绍。进行自我介绍时，要组织好语言，注意掌握好时间，内容简练利落，突出自己的优点。在不同场合下，自我介绍的方式也不同。

（1）工作式。工作时的自我介绍，简单明了即可，主要内容包括：姓名、单位、部门（职务）等，有时也可加上个人特长、性格等。

（2）礼仪式。多用于庆典、报告、仪式等一些隆重且正规的场合，有时还需加上一些适宜的敬语，如尊敬的各位来宾、热烈欢迎、衷心感谢等。

（3）交流式。多用于社交、学术、培训交流等场合，希望对方了解自己，寻求进一步交流建立联系。介绍内容包括：姓名、从事的工作、学历、籍贯、爱好、性格等。

2. 为他人介绍

以自己为中介人，介绍不认识的双方互相认识，为他人做介绍时，有其相应的规则。

（1）介绍的内容。为他人介绍时，要准确地介绍双方的姓名、身份等基本情况。如果场合允许、时间比较宽裕，还可以介绍双方的爱好、特长等，为双方提供交谈的话题。

（2）介绍的顺序。受尊敬者有了解对方的优先权，在为两方做介绍时，要先将年轻的人介绍给年长的人；将地位较低者介绍给地位较高者；将主人介绍给客人；将同事介绍给客户；将男士介绍给女士。

（3）介绍的姿态。介绍时一般应站立，保持好三方的距离；五指并拢，手心朝上，手指指向被介绍的人；头朝向被介绍人后，回过头朝向听介绍的人，面带微笑地进行介绍。语气和语言必须表现出真诚，介绍时，应目光平视、表情愉悦，仪态要自然大方（图9-3）。

图9-3　介绍礼仪

五、名片礼仪

在社交场合，名片是常用的交往手段。名片虽小，但上面印有单位名称、头衔、联络电话、地址，它可以使获得者认识名片的主人，并与之联系。可以说，它是另一种形式的身份证。所以接受名片或递出名片时，绝对不可以随随便便。

1. 递送名片

名片的递送要讲究礼仪。通常是在自我介绍后或被别人介绍后出示的，恰到好处地递出名片，可以显示自己的涵养和风度，更快地帮助自己进入角色。递送名片要慎重，最重要的是诚心。

递送名片一般是由晚辈先递给长辈，递时应起立，上身向对方前倾以敬礼状，表示尊敬。并用双手的拇指和食指轻轻地握住名片的前端。为了使对方容易看，名片的正面要朝向对方，递时可以同时报上你的大名，使对方能正确读你的名字（图9-4）。

图 9-4　名片礼仪

2. 接收名片

若接名片，要用双手由名片的下方恭敬接过再收到胸前，并认真拜读。此时，眼睛要注视着名片，认真看对方的身份、姓名，也可轻轻读名片上的内容。接过的名片忌随手乱放或不加确认就放入包中。接受对方名片后，如没有名片可交换，应向对方表示歉意，主动说明并告知联系方式。同时，可以使用"很抱歉，我没有名片""对不起，今天我带的名片用完了，过几天我会寄一张给您"等礼貌用语。

行动：学习邀请、介绍和拜访礼仪

活动一：听音乐，学礼仪

一、活动要求

以6人为一小组，各小组选择一首歌曲，将社交礼仪中的见面礼仪编排成8个8拍的训练组合并进行展示，其他小组根据表演为其评分。

参考音乐：《自由》《辉煌》《青花瓷》《千里之外》等。

二、活动过程

1. 每组6人，每2人为一组搭档，面对面站好标准站姿。

2. 分拍练习

第一个八拍，做点头礼练习，两人互相点头示意。2拍点、2拍回，做两次。

第二个八拍，做前倾15°的鞠躬礼。4拍鞠躬，4拍回。

第三个八拍，做前倾30°的鞠躬礼。4拍鞠躬，4拍回。

第四个八拍，做前倾90°的鞠躬礼。4拍鞠躬，4拍回。

第五个八拍，做握手礼。由一人先伸手，2拍；再由另一人迎握，2拍。

第六个八拍，由2人一组搭档变为3人一组搭档。

第七个八拍，由一人作中介人，为他人做介绍礼仪。介绍一方朋友，2拍出手、2拍回；再介绍另一方朋友，2拍出手、2拍回。

3. 全小组学员，向前做30°的鞠躬礼。4拍鞠躬，4拍回，表演展示结束。

三、小组评分

本表演的评分标准如下（表9-1）：

表 9-1 礼仪表演评分标准

组别	评分	动作是否标准、优美	正确的做法

活动二：登门拜访客户

一、活动背景

陆升是某公司销售部的新人，明天上午他将第一次单独登门拜访客户。对此，陆升心中有些紧张，于是下班后约同事小杜一起出去喝一杯，让他介绍一些拜访客户的经验。

二、规则和程序

1. 演练场地为教室。

2. 选出3位同学，其中1位扮演陆升，1位扮演小杜，1位进行监督和评价。

3. 每位同学都按照任务内容设计演练的情节和台词。

4. 每位同学在演练过程中一定要严肃认真，言行符合规范。

5. 时间控制在20分钟左右。

三、讨论和总结

请对此次演练进行点评，并填写表9-2。

表 9-2 "登门拜访客户"演练点评表

自我评价	同学互评	培训师点评

反思：怎样提高邀请和拜访礼仪水平？

一、邀请和拜访礼仪测试

（一）情境描述

请扫二维码查看"邀请和拜访礼仪测试"。

邀请和拜访
礼仪测试

（二）评估标准和结果分析

以上15个描述都是正确的。如果你不能进行准确判断，说明你在平时学习和工作中没有做到，请务必加强学习。

二、反思提高

1. 回忆自己在使用商务礼仪时印象深刻的一次经历（邀请、接待、拜访）。在这次经历中，你注意到了哪些仪态语言的运用？哪些无声语是成功有效的？哪些还不足？最深刻的教训是什么？下次该如何改正提高？

2. 通过搜索引擎，收集商务邀请与拜访方面的视频资料，或者观摩职场剧中邀请与拜访的场景，总结、归纳他们在礼仪方面的成功经验，作为借鉴参考。

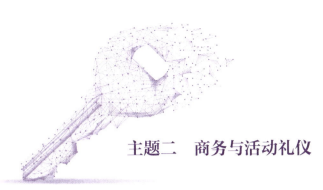

主题二　商务与活动礼仪

问题：如何掌握商务活动礼仪？

企业经常需要举办各种商务活动，作为员工，虽然不一定是活动的策划者和执行的关键者，但很有可能成为活动的参与者。因此，必须掌握相关礼仪。

通过本主题的学习和训练，你将能够：

1. 学会庆典、剪彩仪式的礼仪；
2. 学会新闻发布会和展览会的礼仪。

认知：商务与活动中的礼仪规范

一、庆典礼仪

1. 庆典的准备

（1）做好舆论宣传。企业一般可以运用报纸、电台、电视台和互联网等传播媒介广泛发布广告，或在告示栏张贴开业告示，以引起公众的注意。

（2）确定出席人员。一般可邀请以下人员参加：上级领导、社会名流、大众传媒人士、同行业负责人、社区负责人。

（3）发放请柬。在庆典前，一旦确定出席典礼的人员，应提前一周向其发出请柬，便于被邀请者及早安排和准备。

（4）安排接待工作。在举行庆典的现场一定要有专人负责来宾的接待工作，一般由年轻精干、身材和相貌较好的男女青年承担，主要负责来宾的迎送、引导、陪同、招待等。

（5）布置环境。在庆典现场悬挂×××开业典礼（×××隆重开业）的横幅，两侧布置一些来宾送的贺匾、花篮，会场四周还可以张灯结彩，悬挂彩灯、气球，以烘托热烈、隆重、喜庆的气氛。

2. 庆典的议程及礼仪要求

（1）庆典的议程。开业庆礼的议程包括：迎宾、典礼开始、致贺词、致答谢词、揭幕、参观。

（2）庆典的礼仪要求。仪容要整洁、服饰要规范，准备要充分、遵守时间，态度

庆典剪彩礼
仪

要友好、行为要自律，善始善终。

二、剪彩仪式礼仪

剪彩仪式是企业为了庆祝成立、开业、大型建筑物落成、大型展销会开幕等而举行的一种庆祝活动。

1. 剪彩的筹备

（1）剪彩用具的准备。主要包括剪刀、白色薄纱手套、托盘、红色缎带、红地毯等。

（2）剪彩人员的选定。主要包括上级领导、单位负责人、社会名流、合作伙伴等。另外要选定协助剪彩的服务礼仪人员。

2. 剪彩的程序

剪彩的程序包括：请来宾就座、宣布仪式开始、简短发言、进行剪彩、陪同参观。

3. 剪彩者的礼仪要求

（1）仪容仪表整洁。剪彩者的着装要正规、严肃，一般着西装或职业制服，头发要梳理好，颜面要洁净。给人的感觉应是精神焕发，精干而有修养。

（2）举止大方文雅。剪彩过程中，剪彩者要保持一种稳重的姿态，做到快而不慌、忙而不乱。

（3）谈笑自然轻松。当剪彩人宣布剪彩仪式开始后，剪彩者应立即中断与其他人的交谈，全神贯注地听主持人讲话，可与主人进行礼节性的交谈，或与其他剪彩者进行欣赏性的交谈，但时间不宜过长。

案例

项目开工剪彩

某企业举行新项目开工剪彩仪式，请来张市长和当地各界名流参加，并安排他们坐在主席台上。仪式开始时，主持人宣布："请张市长下台剪彩！"却见张市长端坐不动。主持人很奇怪，重复了一遍："请张市长下台剪彩！"张市长还是端坐不动，脸上却露出一丝恼怒。主持人又宣布了一遍："请张市长剪彩！"张市长才勉强起身去剪彩。

任上的领导非常忌讳"下台"两字，典礼主持人在任何时候都要注意细节。

三、新闻发布会礼仪

新闻发布会是企业为了宣布某项重要消息，把有关新闻机构的记者召集在一起，进行信息发布的一种特殊形式的会议。

1. 会前准备

新闻发布会前，要确定新闻发布会的主题，选定新闻发布会举行的时间，确定新闻发布会举行的地点，确定邀请记者的范围，选定新闻发布会的主持人和发言人，准备会议资料及其他准备工作。

2. 会议程序及礼仪要求

（1）签到。要由专人负责签到、分发材料、引入会场。

（2）会议开始。主持人应根据会议主题调节好会议气氛，切实把握好会议的进程和时间。

（3）发言人发言。在新闻发布会上，发言人的发言要突出重点，具体而恰到好处，语言要生动、自然，吐字要清晰，切忌啰唆冗长。

（4）回答记者提问。新闻发布会现场，一般由新闻发言人回答记者提问，发言人在回答记者提问时，要准确、自如，不要随便打断记者的提问。

（5）会议结束。新闻发布会结束后，主办人员要向参加者一一道别，并感谢他们的光临。主办单位还应及时收集到会记者做出的报道，检查是否达到了举办新闻发布会的预期效果。

3. 新闻发布会场合选择

（1）时间的选择。开新闻发布会时，对于时间的选择是非常重要的。一般而言，召开新闻发布会要避开节假日，避免与重大社会活动相冲突。在具体的时间选择上，最佳时间通常在周二至周四的上午10点～12点，下午3点～5点，因为周一可能忙于检查上一周的工作情况，周五由于临近周末，人心涣散，人们对新闻报道往往不予重视。

（2）地点的选择。选择新闻发布会的地点需要特别考虑以下问题。第一，交通是否方便。到达会场的道路是否保持通畅，现场停车是否方便？第二，设备是否好用。会场内的采访设备是否齐全？通信网络（电话、移动电话、计算机网络）是否畅通？第三，会场是否舒适。会场大小是否适中？座位的设置是否有利于记者的提问和记录？会场是否安全、安静？

四、展览会礼仪

展览会是指企业为了介绍本单位的业绩，展示本单位的成果，推销本单位的产品，采用集中陈列实物、文字、图表、影像资料等方式而组织的营销宣传活动。

1. 展览会的组织工作

明确展览会的主题，确定时间、地点，展览内容的宣传，展览会的布展制作。

2. 展览会的礼仪要求

工作人员要注意自己的形象；工作人员要热情周到地接待每一位顾客；主办单位工作人员要恪尽职守，各尽其责；讲解员要语言流畅，吐字清晰，声音洪亮。

行动：学习活动策划的方法

活动一：策划新闻发布会

一、活动背景

职业教育每年培养千万技能人才，正在成为人才培养的"蓄水池"。据教育部的统计数据显示，2019年，全国共有职业学校1.15万所，在校生2 857.18万人；中职招生600.37万，占高中阶段教育的41.70%；高职（专科）招生483.61万，占普通本专科的52.90%。累计培养高等学历继续教育本专科毕业生5 452万人，开展社区教育培训约3.2亿人次。

"向产业开放、向企业开放、向世界开放。"这是"十三五"期间职业教育的最大亮点。我国已建成世界规模最大职业教育体系，我国职业教育也培养了一大批支撑经济社会发展的技术技能人才。"职教一人，就业一人，脱贫一家"已成为阻断贫困代际传递见效最快的方式。对于千千万万的年轻人来说，这个曾经的"次要选择"，已成为改变家庭命运、实现个人理想的重要渠道。

"培养一名技工、致富一个家庭。"脱贫攻坚的实践证明，职业教育因其实用性强、与就业联系紧密等特点，是见效最快、成效最显著的扶贫方式。2019年，教育部办公厅印发《关于办好深度贫困地区职业教育助力脱贫攻坚的指导意见》，提出更好发挥职业教育在攻克深度贫困地区堡垒中的突击作用。到2020年，深度贫困地区建档立卡贫困户中有职业教育需求的学生接受中高等职业教育，更多的建档立卡户中的劳动力接受职业技能培训，实现稳定就业，带动贫困家庭脱贫，职业教育服务区域经济社会发展和脱贫攻坚的能力显著增强。

二、活动要求

请各小组学员根据之前学习的内容，策划该场发布会并完成功能策划方案。

1. 清楚此次发布会所要达成的目标、发布会的类型，以确定其规格、方向和基本风格。

2. 成立筹委会，组织相关人员，确定组织、人员保障。

3. 确定时间、流程，做好目标管理，并及时反馈、调整。

活动二：演练活动准备和主持

一、活动规则

活动分3个小组（每组5人）进行，每组人员做好以下四项工作：活动策划、活动前准备计划、活动注意事项、现场主持人。前三项提交文案，后一项上台演练。

各组抽签决定准备内容（会议规模100～150人）

1. 某超市开业典礼

2. 某企业20周年庆典

3. 校友联谊会

4. 社区节日联欢会

5. 某区打工者摄影展览开幕会

二、讨论和总结

请对此次活动进行点评，并填写表9-3。

表 9-3 活动准备与主持演练评价表

	同学点评	培训师点评
第 1 组		
第 2 组		
第 3 组		
第 4 组		
第 5 组		

反思：能否掌握商务活动礼仪

一、自我评估：商务活动礼仪测试

（一）情境描述

请扫二维码查看"商务活动礼仪测试"。

（二）计分规则

A 选项为 2 分，B 选项为 1 分，C 选项为 0 分。

（三）结果分析

总得分在 10 分以上，表明你已经很好地掌握会议活动礼仪；

总得分在 6～9 分之间，表明你已较好地掌握会议活动礼仪，但你还要进一步学习，不然的话，你还是会在一些商务活动场合失礼于人；

总得分在 6 分以下，表明你的会议活动礼仪知识比较匮乏，要给自己多"充电"。

二、反思提高

1. 回忆自己参与庆典、剪彩、参观等商务活动的经历，留意参与者在活动中的礼仪表现。分析自己存在哪些不足，想想他人的表现有何不足，思考下次该如何改正提高。

2. 通过搜索引擎，收集庆典、年会、剪彩相关的新闻报道视频，或者观摩职场剧中商务及活动场景，总结、归纳他们在礼仪方面的成功经验，作为借鉴参考。

📺 测试：

商务活动礼
仪测试

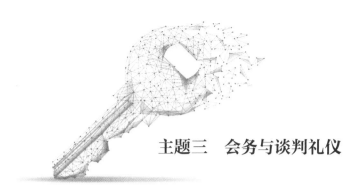

主题三　会务与谈判礼仪

问题：怎样掌握会务与谈判礼仪？

一位谈判专家说过："所谓洽谈，就是一连串的要求和一次又一次的妥协。"就是说，商务谈判桌上没有绝对的胜利和绝对的失败，大家都要在某种程度上达成妥协，才能"山重水复疑无路，柳暗花明又一村"。因此，绝对不可以坚持"一口价"，导致作茧自缚。

会务和谈判是最普遍的商务活动。在这些商务活动中，要塑造良好的企业形象，必须要遵循相关的商务活动礼仪。

通过本主题的学习和训练，你将能够：

1. 学会会务的礼仪；
2. 掌握谈判的礼仪。

认知：展示会务与谈判礼仪的方法

微课：

会务礼仪

一、会务礼仪

（一）会议前准备
会议前准备不仅包括各种辅助器材的准备，还包括会议全程的准备，如会议通知、协调等工作。

1. 会议时间
会议时间包括会议开始的时间和会议持续时间。要告诉所有参会人员会议开始的时间和会议持续时间，以便让参会人员提前安排自己的工作。

2. 会议地点
会议地点即会议在什么地点进行，要注意会议室的布局是不是适合这个会议。

3. 会议通知
会议通知由标题、主题、会期、出席对象及人数、报道时间、报道地点、与会要求等事项组成，注意要保证会议通知的完整与规范。

4. 起草文件
会议前应该准备的文件材料主要包括会议议程、开幕词、闭幕词主题报告、大会决议。

（二）会议座次安排

1. 大型会议

大型会议参与者多、规模大、规格高，一般分主席台与群众席。会议座次应包括：

（1）主席团。主席团排座时，应前排高于后排，中央高于两侧。公务性质的会议，左侧高于右侧。

（2）主持人。主持人席座位于前排中央或前排两侧以方便行走。

（3）发言者。发言者席座位于主席团正前方或主席团右前方。

（4）群众。群众席座可以自由式择座、单位就座、名牌定座。

2. 小型会议

小型会议不设立专用主席台，可以自由择座、面门设座、以景设座。

3. 其他

其他会议室安排方式有：环绕式、散座式、主席台U型、小岛U型等。

（三）会议参加者礼仪

1. 不要迟到

若你是新人，提早进入会场是有好处的，因为你可以向早到的与会者做自我介绍，联络感情；也可以多请教前辈，更深入地了解会议内容，以提早进入状态。新人必须以友善且正式的方式将自己介绍给对方，如告诉对方是哪里来的，你的姓名、代表的公司或单位、所在部门等，并出示名片。

2. 学会交流

会议若因某人迟到而延后，不要一个人坐在位子上干等或表现出不耐烦，可适时与周围的与会人士交谈，聊些与主题相关的事或时下流行的话题。

3. 熟悉会议内容

到会场时态度应从容，不要慌慌张张、一副对会议主旨没有头绪的样子。参加任何会议都应事先对开会的目的、内容做一番深入了解，这样在开会时才能顺利进入状态。

4. 整理发言稿

开会时若需发言，到会场时应将报告的内容及资料再整理、过目下，并且要请管理人员再测试一下视听设备，以便报告发言能顺利无阻。

5. 做好会议记录

除了指定的会议记录人员之外，与会者也宜记下他人或自己的讨论及评论要点，以吸收别人的意见与经验。但绝不要因无聊而打盹，也不宜随手在纸上任意涂写或玩弄纸笔，这些举动会给人留下不好的印象。

6. 不要任意打断他人发言

不可任意打断他人的发言，应等对方报告完一个段落或最后结束时再提出问题，对于对方的论点有听不清楚或不明了的地方，可要求对方再进行说明。任何发言，都应尊重议事规范，先举手，等被点名之后再说。

7. 流利表达观点

在会场上要轻松流利地抒发自己的观点，尽可能避免紧张或词不达意。对于他人的见解如果不能认同，也应控制自己的情绪。暴躁地否定是粗俗无礼的，你可轻轻摇头，或在对方说完话之后进行一番平静的评论，以表示不认同。对其他与会者发表意见时，要注意用字的准确度，"我"是代表个人，而"我们"则是代表公司、团体或某些人。

8. 会场禁止吸烟

要清楚了解会议室内能否吸烟。现在大部分会议场所是禁止吸烟的，有些地方连洗手间内都不允许吸烟。有吸烟需求的与会者可以利用会中休息时间到指定地点吸烟。

9. 避免不雅

例如，会场若供应饮料，宜饮用会场提供的饮品，不可拿着罐子或过大的瓶子对着嘴喝，避免有不雅的仪态。

（四）主持人礼仪

会议的主持人一般由具有一定职位的人员来担任，其主要职责是介绍参会人员、控制会议进程、避免跑题或议而不决、控制会议时间等。主持人主持会议时，从走向主持位置到落座等环节都应符合身份，仪态、姿势应自然、大方。

1. 走姿

主持人在步入主持位置时，步伐要坚定、有力，表现出胸有成竹、沉稳自信的风度和气概，要视会议内容掌握步伐的速度和幅度。

2. 站姿

主持人以站立姿势主持时，要双腿并拢，腰背挺直；右手持文稿底部中间位置，有风时应双手持稿；文稿与胸等高、与身体呈45°。脱稿主持人应两手五指平伸，自然下垂；身体不能晃动，腰背挺直，目视前方；两腿不能叉开，两手不能上抬、晃动、抓握话筒等。

3. 手势

主持人与一般讲话者不同，一般不需要手势。在一些小型会议上进行总结概括时，可以适当加入手势，但是动作幅度不宜过大。

微课：

谈判礼仪

二、谈判礼仪

（一）谈判的类型

按照谈判地点的不同，谈判可分为四种类型：

（1）主座谈判，指在东道主单位所在地举行的谈判，这往往使东道主一方拥有较大的主动性。

（2）客座谈判，指在谈判对象单位所在地进行的谈判，这往往使谈判对象占有地利。

（3）主客座谈判，指在谈判双方单位所在地轮流进行的谈判，这种形式对双方都比较公正。

（4）第三地谈判，指在谈判双方单位所在地之外的第三个地点进行的谈判，此种谈判较主客座谈判更公正，更少干扰。

（二）谈判的一般礼仪与礼节

1. 谈判时间的选择

准时到达，表示对对方的礼貌，体现出交往的诚意。避免在身心处于低潮时进行谈判，如中午或经过长途跋涉后；避免在星期一早上进行谈判，因为此时多数人在心理上未进入工作状态；避免在连续紧张工作后进行谈判，此时人的思绪比较凌乱；避免在身体不适时进行谈判，此时很难使自己专心致力于谈判。避免在人体一天中最疲劳的时间进行谈判，下午4—6时是人一天的疲劳在心理上、生理上达到顶峰的时候，容易焦躁不安，思考力减弱，工作效率低。

2. 谈判地点的选择

谈判地点的选择，往往涉及谈判时的心理因素问题，有利的场所能增加自己的谈判地位和谈判力量。谈判地点有主场、客场和中性场所，争取选择熟悉的地点作为主场。

若争取不到主场，则至少应选择一个双方都不熟悉的中性场所，以减少由于无场地优势导致的失误，避免不必要的损失。

最差的地点是客场，如果谈判将要进行多次，谈判地点应该由双方轮流决定，以示公平。

3. 谈判环境的布置

（1）谈判房间要有空调设备，温度在18 ～ 22℃、相对湿度在40% ～ 60%为宜，保持空气流通、清新，温度适宜。

（2）谈判房间应光线明亮，使谈判者能看清材料、书写笔录和清晰地感受对方的举止表情等。

（3）谈判环境的装饰陈设要高雅明快，给人以空间宽阔的感觉。房间里可适度陈设谈判桌椅、沙发、衣帽架，墙壁上可有高雅艺术品，桌上、茶几上可有相应的盆栽或插花点缀。

（4）谈判场所周围环境应肃静、幽雅，使人心情舒畅，力避声响嘈杂和喧哗干扰。

（三）座次排序的礼仪要求

很多研究表明，在谈判中要想获得对方的合作或取得某种效果，座位的安排大有学问。

1. 台桌和椅子的安排原则

在谈判场合，双方的主谈者应该居中坐在平等而相对的位置，台桌和椅子的大小应当与环境和谈判级别相适应。会议厅越大，或谈判级别越高，台桌和椅子通常也应相应较大、较宽绰。

2. 谈判桌的布置

（1）桌形的选择。桌子形状有长方形和圆形两种。选择方桌还是圆桌，要考虑谈判中有效传递信息和语言行为表达的需要。

（2）座次的安排。座次的安排应充分体现主宾之别。若谈判长桌一端向着正门，则以正门的方向为准，右为客方，左为主方。座位号的安排是以主谈者为奇数1，右边为偶数2，左边为奇数3，如此类推，即所谓"在右边为大"。这种座位的安排通常

233

意味着正式、礼貌、尊重、平等。

如果是多边谈判，则各方的主谈者应该围坐于圆桌相应的位置。圆桌通常较大，翻译人员及其他谈判工作人员一般围绕各自的主谈者分列两旁而坐，也可坐于主谈者的身后。

（四）正式谈判中的礼仪

主场谈判、客场谈判在礼仪上习惯称为主座谈判和客座谈判。主座谈判因在我方所在地进行，为确保谈判顺利进行，我方（主方）通常需做一系列准备和接待工作；客座谈判因到对方所在地谈判，客方则需入乡随俗，入境问禁。

1. 主座谈判的礼仪

主座谈判时，主方要成立接待小组，了解客方基本情况，收集有关信息，拟订接待方案及安排迎送工作。根据接待计划，具体安排落实客方的食、宿、行等方面的事项，在食宿安排中应充分注意到对方的文化、风俗和特殊习惯，特别是对一些有特殊禁忌的人员要十分尊重。

2. 客座谈判的礼仪

客座谈判时，有一点需谨记，"入乡随俗、客随主便"。客方应主动配合对方接待，对一些非原则问题采取宽容的态度，以保证谈判的顺利进行。谈判期间，对主方安排的各项活动要准时参加，通常应在约定时间5分钟之前到达约定地点。到主方公司做公务拜访或进行私人访问要先预约，不要做"不速之客"。对主方的接待，在适当的时间以适当的方式表示感谢。

（五）谈判签约仪式礼仪

1. 签约仪式的准备

签约仪式的准备工作包括签字厅的布置、合同文本的准备、座次的安排等。

（1）签字厅的布置。签字厅的布置应整洁庄重。将长方形签字桌（或会议桌）横放在签字厅内，桌面最好铺设深绿色台布。签署双边合同，在正面对门的边摆两张座椅；签署多边合同，则可在中间放一张座椅，供各方签字人签字时轮流就座。

（2）合同文本的准备。合同文本的准备按惯例由主方负责。为了避免纠纷，主方要会同对方一起指定专人共同负责合同文本的翻译、校对、印刷、装订、盖章等工作。

（3）签字时的座次安排。座次礼遇是各方最为在意的：双边合同的座次，一般由主方代为安排，主方安排时应以国际礼宾序列为准，注意以右为尊、为上，即将客方主签人安排在签字桌右侧就座，主方主签人在左侧就座，各自的助签人在其外侧助签，其余参与人在各自主签人的身后列队站立。站立时，各方人员按职位高低由中间向边上依次排列。

（4）出席人员的服饰要求。签字人、助签人和其他参与人应穿着有礼服性质的深色西服套装、中山装套装，同时配白色衬衣、单色领带、黑色皮鞋和深色袜子；女性则应穿套裙、长筒丝袜和黑皮鞋；服务接待人员和礼仪人员，则可穿工作制服或旗袍等礼服。

2. 签约仪式的程序

（1）仪式正式开始。各方人员进入签字厅，按既定的位次各就各位。合同的双方签字人同时入座，助签人在其外侧协助打开合同文本和笔。

（2）正式签署。各方主签人再次确认合同内容，若无异议，在规定的位置上签名，之后由各自的助签人相互交换合同文本，再在第二份合同上签名。按惯例，各方签字人先签的是己方保存的合同文本，交换后再签的是对方保存的合同文本。

（3）交换合同文本。各方主签人起身离座至桌子中间，正式交换各自签好的合同文本，同时，握手或拥抱，互致祝贺，还可以交换刚刚签字用过的笔作为纪念；其他成员则鼓掌祝贺。

（4）饮香槟庆祝。交换合同文本后，全体成员可合影留念，服务接待人员及时送上倒好的香槟酒。各方签字人和成员相互碰杯祝贺，当场干杯，将喜庆气氛推向高潮。

案例

精心准备的谈判

1972年2月，美国总统尼克松访华，中美双方将要展开一场具有重大历史意义的国际谈判。为了创造一种融洽和谐的谈判环境和气氛，中国方面在周恩来总理的亲自领导下，对谈判过程中的各个环节都做了精心而又周密的准备和安排，甚至对宴会上要演奏的中美两国民间乐曲都进行了精心的挑选。在欢迎尼克松一行的国宴上，当军乐队熟练地演奏起由周总理亲自选定的《美丽的亚美利加》时，尼克松总统简直听呆了。他没有想到能在中国的北京听到他熟悉的乐曲，因为这是他平生最喜爱的、并且指定在他的就职典礼上演奏的家乡乐曲。敬酒时，他特地到乐队前表示感谢。此时，国宴达到了高潮，一种融洽而热烈的气氛也同时感染了美国客人。

行动：商务及活动礼仪训练

活动一：拟写活动方案

一、活动要求

你是某服装集团的公关部经理，为了开拓夏季服装市场，集团拟召开一个服装展示会，推出一批夏季新款时装。秘书小李拟了一个方案，请你审核批准。

二、活动背景

1. 活动名称：××服装集团夏季时装秀

2. 参加活动人员：上级主管部门领导2人；行业协会代表3人；全国大中型商场总经理或业务经理以及其他客户约150人；主办方领导及工作人员20人。另请模特公司服装表演队若干人

3. 活动主持人：××集团公司负责销售工作的副总经理

4. 活动时间：××××年××月××日上午××点至××点

5. 活动程序：来宾签到，发调查表；展示会开幕、上级领导讲话；时装表演；展示活动闭幕，收调查表，发纪念品

6. 活动文件：活动通知、邀请函、请柬、签到表、产品意见调查表、服装集团

产品介绍资料、订货意向书、购销合同

7. 活动地点：公司小礼堂

8. 会场布置：蓝色背景帷幕，中心挂服装品牌标识，上方挂展示会标题横幅；搭设 T 型服装表演台，安排来宾围绕就座；会场外悬挂大型彩色气球及广告条幅

9. 会议用品：纸、笔等文具，饮料，照明灯，音响设备，背景音乐资料，足够的椅子，纪念品（每人发××服装集团生产的 T 恤衫 1 件）

10. 会务工作：安排提前来的外地来宾在酒店报到、住宿，安排交通车接送来宾，展示会后安排工作午餐

三、问题讨论

你认为小李的会议方案有无可改进的地方？

活动二：问题准备清单

一、活动背景

你要与一家公司的采购经理谈判，首先你应自问如下问题：

1. 要谈的主要问题是什么？

2. 有哪些敏感的问题不要去提及？

3. 应该先谈什么？

4. 我们对对方有什么了解？

5. 自从上次一笔生意之后，对方又发生了哪些变化？

6. 如果谈的是续订单，以前与对方做生意时有哪些经验教训要记住？

7. 与我们竞争这份订单的企业有哪些强项？

8. 我们能否改进我们的工作？

9. 对方可能会反对哪些问题？

10. 在哪些方面我们可让步？

11. 我们希望对方做哪些工作？

12. 对方会有哪些要求？

13. 对方的谈判战略会是怎样的？

二、活动方式

现在，你将与几家服装公司竞争某家生产企业 10 000 人的工作服订单，每套服装的单价为 220 元，总标的为 220 万元。请按照以上问题罗列你的问题清单，以制订一个谈判方案。

反思：你是否已经掌握商务活动礼仪？

一、自我评估：商务谈判能力测试

（一）情境描述

请扫二维码查看"商务谈判能力测试"。

测试：

商务谈判能
力测试

（二）计分规则

计分规则如表9-4所示：

表9-4 商务谈判能力测试评估表

题号	A	B	C	D	E
1	10	8	4	−4	−10
2	10	8	4	−4	−10
3	−10	10	10	−5	−10
4	10	5	0	−4	−8
5	10	8	0	−8	−10
6	8	10	5	0	−10
7	10	8	0	0	−10
8	10	8	3	−3	−10
9	−10	−5	0	5	10
10	10	10	4	0	−8
11	10	10	3	−5	−15
12	10	5	0	−5	−8
13	10	3	5	−5	−10
14	10	8	5	0	−10
15	−10	10	8	−10	5
16	−10	−5	5	10	15
17	15	10	0	−10	−15
18	10	8	5	−5	−10
19	10	8	0	−8	−15
20	−10	−5	10	10	−5

（三）结果分析

请将各题得分相加，得出总分。

得分在150～200分，说明你的谈判能力较强；

得分在90～150分，说明你的谈判能力一般；

得分在90分以下，说明你的谈判能力较差。

二、反思提高

1. 回忆自己印象深刻的一次经历（会议、谈判），过程中，你注意到了哪些仪态语言的运用？哪些无声语是成功且有效的？哪些还有待提高？最深刻的教训是什么？下次该如何改正提高？

2. 收集商务会议与谈判方面的视频资料，或者观摩职场剧中会议与谈判场景，总结、归纳他们在礼仪方面的成功经验，作为借鉴参考。

/阅读清单/

[1]《仪礼译注》，杨天宇译注，上海古籍出版社，2016年

导读：《仪礼》是儒家礼学最早也是最重要的著作。然而，它十分难读，令研究者与阅读者望而生畏。鉴于此，《仪礼译注》将它译成易读的现代汉语，并加以注释。全书破疑释难，译文清通，不仅于经学，且于文化史之了解研究大有助益。

[2]《周恩来外交风云》，杨明伟、陈扬勇著，解放军文艺出版社，2009年

导读：本书描写了这位伟人数十年为中华民族的独立和崛起，在外交战线上的卓越贡献，展示了他令人折服的风度智慧和感人至深的人格胸怀，同时从一个独特的角度再现了新中国外交的风雨历程。

[3]《商务礼仪教程》（第6版），金正昆著，中国人民大学出版社，2019年

导读：本书主要介绍了商务人士在社会交往活动中应掌握的礼仪规范。从装束礼仪、行业礼仪、会务礼仪、应酬礼仪几方面详细讲述礼仪的禁忌及要求，可帮助读者全面了解商务礼仪的各个环节，提升企业形象与个人形象。

第四篇 | 解决问题与工作执行力

>> 解决问题的能力，是能够意识和发现问题，准确地把握问题产生的关键，有效利用资源，提出解决问题的意见或方案，并付诸实施，使问题得到解决的能力，它是从事各种职业活动都需要的一种社会能力。

>> 解决问题能力是"从事各种职业活动都需要的一种方法能力"，具有普遍适应性和可迁移性。

>> 解决问题能力是和职业活动紧密地联系在一起的，是不能脱离具体的职业活动单独存在的，也是从事各种职业活动所必具备的能力。对该能力的学习与理解，始终不能离开具体的职业活动，应当把能力培养与职业活动紧密结合起来。

>> 解决问题能力是从许许多多职业活动与职业实践中抽象出来的，同时又适用于许许多多职业活动与职业实践。解决问题能力的"普遍性"是指这项能力可以应用到工作和生活的方方面面，解决问题能力的"可迁移性"是指职业人在某一个具体领域、解决某一类问题的过程中所形成的解决问题能力，可以迁移到其他领域、其他问题中。

模块十
提出解决问题方案

　　每天，我们都要碰到很多大大小小的问题，解决问题的能力是检验一个人是否有真才实学的终极指标。在企业，解决小问题的是小才，解决大问题的是大才，能在关键时刻果断决策、解决复杂多变的战略性问题的是英才。

　　解决问题能力的训练，实质是我们思维能力的训练。科学、辩证的思维，是我们动手解决任何问题的前提和关键。遇到问题，能抓住问题的实质和关键，问题的解决就已经成功了一半，在解决问题过程中，我们如果能始终盯住目标，紧扣核心，运用科学得当的方法，就能够无往不胜。

　　解决问题的能力有3个活动要素：一是提出解决问题方案，二是实施解决问题方案，三是检查评估结果。

本模块能力要求：

　　1. 能具有问题意识，识别问题所在，准确理解与问题有关的各种因素，描述问题的主要特征；

　　2. 能找准解决问题的目标并能说明目标的状态，指出解决问题的条件限制；

　　3. 能采取不同方法形成多种解决问题的思路并加以比较，确定一个最有效的解决方案。

本模块训练重点：

　　1. 了解问题及其类型，并掌握发现问题、描述问题的方法；

　　2. 具备分析问题原因的能力，并能够依此提出解决问题的方案；

　　3. 掌握选择方案与决策分析的方法。

案例示范：小杰该选择哪个工作

　　小杰是一个刚毕业的大学生，正面临找工作的问题。她正在一家北京的公司实习，这家公司的经理对她印象很好，正在考虑是否接收她为正式职工。同时，还有3家单位也有意让她去上班。找工作这一问题的4个解决方案已经摆在小杰面前，她需要做的是选择一个最好的方案。那么，如何做出这一选择呢？

步骤一：描述决策的目的

你要做的决策是什么？对小杰来说，这个问题的答案是"选择一份工作"。除此之外，小杰还需要考虑这个决策的必要性是什么，以及自己必须要从这4个工作当中选择一个吗？有人说这个问题根本不用考虑，要不毕业之后做什么呢？但是，对于一部分人来说未必如此。有些人会想"也许我还能找到更好的工作"，也有些人认为"我可以休息一段时间，也不去工作"。因此，如果你并不认为你的决定非常重要，那么这个决定也就不能解决问题。

小杰的家在外地，父亲说如果小杰在北京找不到合适的工作，可以回家去，家里人帮她在当地找工作。但是，小杰明白父亲提供的工作并不是自己想要的，她希望能够找到自己喜欢的工作。

步骤二：确定决策的标准

现在，小杰已经明白她要做的决定的重要性，下一步就是要搞清楚自己的要求，也就是决策的标准。

小杰分析了自己的情况。她毕业于北京某重点大学的中文系，擅长文字工作，喜欢写小说。同时，她对经济管理也非常有兴趣，向往到大公司工作。她的性格比较外向、随和。她的要求是工作单位必须解决北京市户口，这是第一个限制性条件；另外，因为北京的物价较高，所以她计算了一下自己在北京的基本开销，认为工资不能低于8 000元/月，这是第二个限制性条件；她希望这个工作能有很好的人际氛围，发展前景好，位置最好在她的学校附近，因为她男友还在学校念研究生。根据以上需求，小杰列出了决策的标准。

必须有的：北京户口；税后工资高于8 000元/月。

最好能够有的：人际氛围好；是自己擅长的工作；位置在学校附近；发展前景好。

步骤三：比较决策方案

小杰用列表的方式给目前已有的4个选择评分，见表10-1。

表10-1　小杰选择工作的列表评估

	A（报社编辑）	B（公司秘书）	C（中学教师）	D（公司销售）
北京户口	无	有	有	无
税后工资高于8 000元/月	8 500	10 000	8 500	15 000
人际氛围好	喜欢	一般	不太喜欢	不太喜欢
是自己擅长的工作	是	是	是	不是
位置在学校附近	是	否	是	否
发展前景	很好	很好	还可以	不了解
是否已录取	马上上班，3个月实习期	部门经理同意录取，但还需要获得总经理最终批准	已经同意录取	已经同意录取

小杰列出表以后，仍然没有找到答案。但是，小杰知道自己的标准是什么，并且明确了各个标准之间的关系。

对小杰本人来说，她更倾向选择自己擅长的，对工资的高低并不是特别在意。这4个工作都符合她的最低工资标准，而D方案的工资虽然很高，但是小杰认为这个工作不是自己擅长的，自己对这个行业也不了解，而且也没有户口。于是，她否定了D选项。

小杰很喜欢A工作，但是A在户口这一项上不符合基本条件。小杰重新审视了一下这个标准，问自己：是不是必须要北京户口？咨询了几个朋友并再次分析了自己的实际情况之后，小杰认为这一条仍然非常重要。于是她否定了选项A。

现在只剩下选项B和选项C。从各个方面来看，她都倾向于选择B，B虽然已经同意录取，但还需要获得总经理的最终批准；C已经同意录取，并要求她在3天之内决定是否签约。

步骤四：评估决策风险

现在小杰要做的是分析保留下来的两个方案的风险因素。

（一）风险评价：B.公司秘书

1. 公司总经理否定。后果：必须重新开始找工作。评价：非常严重，但可能性很小。

2. 位置离学校太远。后果：租房子会比较麻烦。如果住在学校附近，那么上班通勤会很辛苦；如果住在公司附近又可能会影响与男友的关系。评价：比较严重，可能性很大，但是可以控制。

3. 虽然自己觉得发展方向很好，但是毕竟没有这方面的经验，不知道自己是否合适。后果：可能干了两年之后发现不合适，然后转行。评价：还可以接受，可能性中等。

（二）风险评价：C.中学教师

1. 人际氛围不太好。后果：工作不开心，会转行。评价：比较严重，可能性比较大。

2. 虽然知道自己很合适这个工作，但是不知道是否会喜欢。后果：工作不开心，会转行。评价：有点严重，不知道可能性有多大。

总结结果，小杰认为这两个方案都不完美，都具有风险性。但生活都是有风险的，她知道自己已经做好准备去接受那些风险。

步骤五：做出决策

在分析完所有的风险因素以后，小杰最后得出结论，她更倾向于B方案（公司秘书）。这个方案的最大风险是可能会被总经理否决，小杰认为这个风险的后果虽然比较严重，但可能性不是很大。而且，她现在感到很有信心，因为她根据正确的步骤做出了正确的选择。一旦明确自己的选择之后，她可以更努力地去减小其中的风险。比如，她知道现在应该多与公司主管人员联系，表现出自己对这个公司的积极态度，并进一步了解这个公司的状况，减少被总经理否决的可能性。

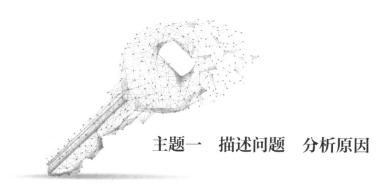

主题一　描述问题　分析原因

问题：如何提出问题？

人的一生中必然会遇到各种各样的问题。我们在工作的过程中，尤其会遇到很多问题，需要自己独立解决。

当我们遇到了问题，首先要能够准确、清晰、简明扼要地描述问题，然后寻找问题产生的原因，接着制订解决问题的方案，最后评估问题解决的效果。因此，我们首先需要掌握的是描述问题的方法，学会用准确、清晰的语言描述问题。

面对残酷的职场竞争，解决问题的能力成了职场生活的关键所在。而当你发现自己遇到了一个"问题"之后，首先要思考如何把"问题"清晰地描述出来，这是解决"问题"的第一步。因为只有把"问题"描述清楚了，你才会知道"问题到底是什么"，然后才能正确分析问题形成的原因，进而寻找解决问题的方法。否则，你就很有可能失去解决"问题"的正确方向，离目标越来越远。

通过本主题的学习和训练，你将能够：

1. 学会发现"问题"，准确理解"问题"，正确描述"问题"；
2. 明确自己要解决什么问题，并说明其特点；
3. 掌握分析问题根本原因的方法。

认知：识别与描述问题的要求和技巧

一、什么是问题

某大楼内有4部电梯。这栋大楼里有大大小小数十家公司，这些公司的上班时间都在9点，每天从8点40分到9点是上班高峰时段，大楼里的电梯就会数度拥挤，运行速度也非常慢。由于等电梯的人太多，推推搡搡中经常发生争吵。

要想发现"问题"，必须首先知道什么是"问题"。弄清了"问题到底是什么"就等于找准了应该瞄准的"靶子"，否则要么徒劳无功，要么南辕北辙。

（一）怎样界定问题

什么是"问题"？问题就是你所期望的结果和实际体验之间的差距。判断问题是否还存在，通常要看经过努力的结果（现状）与希望得到的结果（目标）之间是否有差距。如果现状和目标之间没有差距和分歧，也就不存在问题了，或是问题已经得到有效解决了。

回答以下3个问题可以帮助你界定"问题"：

（1）发生了什么事情？

（2）我不喜欢它什么？（非期望结果）

（3）我想要什么？（期望结果）

（二）问题的三种类型

以时间轴的角度来看问题产生的方式，问题可以分为以下三种类型：发生型问题、探索型问题、假定型问题（图10-1）。

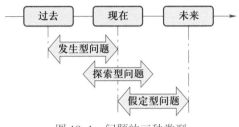

图10-1　问题的三种类型

1. 已经产生的问题——发生型问题

发生型问题在其发生的同时往往导致了目标与现状间出现差异，比如不合格产品的出现、消费者的不满意以及各种其他事故的发生。发生型问题的特征是：问题出现的原因能够在客观上加以把握和发现，是"可见的"。

一般情况下，对于这种已经产生的问题，我们需要做的就是探究问题产生的原因，从中找到适当的解决方案，并能够及时采取措施有效防止类似事件的再次发生。

2. 可以进一步加以改善的问题——探索型问题

探索型问题是随着人们要求的不断提高而出现的，比如"我可以把这件事情做得更好""如果改进生产工艺，产品质量应该有大幅度提高"。它出现在你抱有高于现实的目标或理想等情况下，如果你满足于现状，没有上进心的话，恐怕永远也发现不了这类问题的存在。

解决探索型问题的关键是找出改善点，并最人限度地提高效率和生产积极性。如果不去追求更高的目标，就无法实现更多的利益和价值。

3. 发展方向不明确的问题——假定型问题

由于无法把握事物的发展方向，也无法运用之前的经验而引发的问题称为假定型问题。比如，要想向客户A成功推销保险，你应该提前做哪些准备工作？在建设新酒店B的过程中，你可能会遇到什么样的问题？这些问题都还未出现，也不涉及改变现有方法、制定更高目标。

假定型问题是将来可能产生的某种损失（也有可能是不会发生的），所以解决这一类问题就是减少或避免潜在损失的过程。

二、怎样发现和描述问题

（一）发现问题

识别问题的难度主要体现为很难发现问题的存在。因为问题本身并不是显而易见的，有些问题会被环境所掩盖而缓慢发展，难以察觉，却会在没有预兆的情况下突然爆发。你可以参考以下5条建议，以便发现问题。

建议1：相信自己的直觉，并将其当作早期预警系统。

建议2：事情一旦被常规化和程序化，就不再是真正需要解决的问题。

建议3：如果你经常扮演"救火队长"的角色，那么这本身就成了一个必须解决的问题。

建议4：在完成调查、获取有效信息前，像医生那样处理问题，将存在的情况当作症状而不是原因。

建议5：避免深陷于异常情况中，并非每个异常情况都代表一个需要你投入精力予以解决的问题。

此外，为了发现问题，你还应该时刻注意下面的3个原则。

原则1：不拘泥眼前事物，用长远的眼光看问题。

原则2：不局限某一方面，全方位、多角度地看问题。

原则3：不拘泥细枝末节，要看清事物的本质。

（二）描述问题

1. 描述问题的基本要求

第一，准确。你所描述的问题要能抓得住"问题真正之所在"。

第二，清晰。清晰就是把你要表达的意思完整、清楚地表达出来以便于别人理解。

第三，简明扼要。简明扼要是指在描述准确、清晰的基础上，注意语言的简练。

针对前文"拥挤的电梯"，我们可以这样来描述问题：

① 大楼电梯在上班前20分钟内非常拥挤；

② 在上班前20分钟内电梯门口的人特别多，秩序混乱；

③ 在上班前20分钟内，电梯运行速度很慢。

以上从3个不同方面对问题进行了描述，描述①着重描述了电梯内的拥挤，描述②着重描述了电梯门口的混乱秩序，描述③则强调了电梯的运行效率低。3种不同的问题描述反映了对现象背后问题的不同认识，这种认识会影响解决问题的思路。根据描述①，其解决方法可能是采用更大容量的电梯；根据描述②，其解决方法可能会从改善电梯门口秩序出发；根据描述③，则会考虑如何提高电梯的运行效率。因此，是否能准确地描述问题，把握问题的特征，对问题的解决至关重要。

2. 描述问题"5W"法

能够具体而准确地描述问题是解决问题的第一步。一般来说，要想了解到底发生了什么事，要从"人物、地点、时间、事件和程度"5个角度即"5W"法，以提问的方式对问题进行描述：

是谁遇到或发生了问题（Who）？这是问题的主体。

问题发生在什么地方（Where）？这是问题发生的空间地点。

问题发生在什么时候（When）？这是问题发生的时间线索。

究竟发生了什么（What）？这是问题描述中最核心的部分。对事件把握得是否准确，会影响到问题解决的方向、效率等。

问题的严重程度如何（How）？这是问题产生的原因及问题的紧急程度和重要性，要据此决定解决问题的时间。

三、怎样说明问题的主要特征和原因

描述问题之后，你对问题发生的基本情况已经有了大致的认识。为了进一步认识问题，你可以从下面几个方面对自己进行提问，来对问题的主要特征进行说明。

（一）说明问题的主要特征

1."目的"的问题

"目的"的问题就是要明确"解决问题的真正目的是什么"，也就是抓住本质，上文的案例告诉我们，只有抓住本质，才能真正解决问题。案例中，采用更大容量的电梯，正是抓住了"电梯内的拥挤"这个本质，才解决了"大楼电梯在上班前20分钟内非常拥挤"这一问题。

2."如何"的问题

更好地说明问题的特征，需要回答一系列"如何"的问题：问题是如何产生的？因问题而产生的影响如何？问题的紧急程度和重要性如何？以前是如何处理类似问题的？现在应该如何处理它？

3."人"的问题

问题出现之后，还需要找到与这个问题相关的人：谁碰到这一问题？谁应该为这个问题负责？谁拥有解决问题的方法？谁会受到最坏或者最大的影响？谁最有可能从解决方法中受益？谁拥有决策权？

（二）说明问题的原因

1.追问法：打破砂锅问到底

追问法常用的是"5个为什么分析法"，"5个为什么分析法"是一种诊断性技术，被用来识别和说明因果关系链，具体做法如下。

不断提问为什么前一个事件会发生，直到找出原有问题的根本原因。需要注意的是，每次回答"为什么"都要找到"主要原因"和"真正原因"。此外，通常需要至少5个"为什么"。

真正的关键是，鼓励解决问题的人努力避开主观或自负的假设和逻辑陷阱，从结果着手，沿着因果关系链条，顺藤摸瓜。简而言之，就是鼓励解决问题的人要有"打

"破砂锅问到底"的精神。下面的示例详细阐述了"5个为什么分析法"的使用步骤。

案例

"5个为什么"求因果

有一次，经理见到生产线上的机器总是停转，虽然修过多次但仍不见好转，便上前询问现场的工作人员。

问："为什么机器停了？"（1个为什么）

答："因为超过了负荷，保险丝就断了。"

问："为什么超负荷呢？"（2个为什么）

答："因为轴承的润滑不够。"

问："为什么润滑不够？"（3个为什么）

答："因为润滑泵吸不上油来。"

问："为什么吸不上油来？"（4个为什么）

答："因为油泵轴磨损、松动了。"

问："为什么磨损了呢？"（5个为什么）

答："因为没有安装过滤器，混进了铁屑等杂质。"

经过连续5次不停地问"为什么"，经理才找到问题的真正原因和解决的方法：在油泵轴上安装过滤器。

试想一下，如果没有这种追根究底的精神来发掘问题，我们很可能会被问题的表象迷惑，真正的问题永远也不会得到解决。从这个案例中我们可以总结出通过信息分析发现问题的基本步骤。

第一阶段　把握现状

步骤1：识别问题。问："我知道什么？"

步骤2：澄清问题。问："实际发生了什么？应该发生什么？"

步骤3：分解问题。问："关于这个问题我还知道什么？还有其他子问题吗？"

步骤4：查找原因要点。问："我需要去哪里？我需要看什么？谁可能掌握有关问题的信息？"

步骤5：把握问题的倾向。问："谁？哪个？什么时间？多少频次？多大量？"

第二阶段　原因调查

步骤6：识别并确认异常现象的直接原因。问："这个问题为什么发生？"

步骤7：使用"5个为什么分析法"来建立一个根本原因/效果关系链。问："处理直接原因会防止问题再发生吗？"

如果不能，继续问"为什么"，直到找到根本原因。在必须处理以防止再发生的原因处停止，问自己下面3个问题：

"我已经找到问题的根本原因了吗？"

"我能通过处理这个原因来防止问题再发生吗？"

"这个原因能通过以事实为依据的原因／效果关系链与问题联系起来吗？"

第三阶段　问题纠正

步骤8：采取明确的措施来处理问题。使用临时措施来去除异常现象，直到根本原因能够被处理掉。问："临时措施会遏制问题直到永久解决措施被实施吗？"

第四阶段　预防

杜绝根本原因，吸取教训。

在大量的问题现象背后，隐藏着问题产生的真正原因。"5个为什么分析法"是一种最简单的思维方式，由现象推其本质，并由本质找到永久性解决问题的方案，这就是"5个为什么分析法"的精要之处。

2. 鱼骨分析法：全景扫描式询问

鱼骨分析法，又名因果分析法，是一种发现问题根本原因的分析方法。问题的特性总是受到一些因素的影响，通过头脑风暴找出这些因素，并将它们与特性值（问题产生原因所占的特性比例）联系在一起，按相互的关联性整理出层次分明、条理清楚的问题原因，形成思维导图，因其形状如鱼骨，所以被称为鱼骨图。分析原因时一般要关注5个因素：人、机、物、法、环，从这5个方面进行全景式的扫描分析（图10-2）。

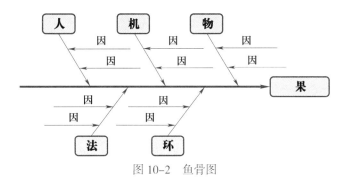

图 10-2　鱼骨图

"人"：所有参与人员。指问题产生的人为因素。

"机"：设备、支持。指软、硬件条件对于事件的影响。

"物"：物资、材料。指基础的准备以及物料。

"法"：方法、规则。指与事件相关的方式、方法。

"环"：环境、气氛。指内外部环境因素的影响。

运用鱼骨分析法可以先针对问题点，选择层别方法（如人、机、物、法、环等），利用头脑风暴法，分别对各层类别找出所有可能的原因（因素），然后将找出的各因素进行归类、整理，明确其从属关系，分析选取重要因素。鱼骨分析法是进行因果分析时经常采用的一种方法，其特点是简洁实用，比较直观。应用鱼骨分析法的具体步骤为：

① 查找要解决的问题，把问题写在鱼骨的头上；

② 召集相关人员讨论问题出现的可能原因，尽可能多地找出问题；

③ 把相同的问题分组，在鱼骨上标出；

④ 根据不同问题征求大家的意见，总结出正确的原因；

⑤ 拿出任何一个问题，研究为什么会产生这样的问题；

⑥ 针对问题的答案再问为什么？至少深入5个层次（连续问5个问题）；

⑦ 当深入到第5个层次后，认为无法继续进行时，列出这些问题的原因，而后列出至少20种解决方法。

以某食品加工厂的情况作为实例，现采用鱼骨分析法对其市场份额少的问题进行解析，具体如图10-3所示：

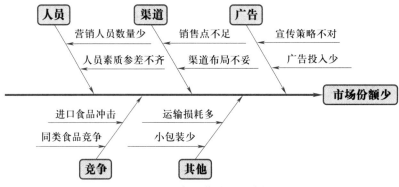

图10-3　食品营销问题分析

图中的"鱼头"表示需要解决的问题，即该食品加工厂产品在市场中所占份额少。根据现场调查，可以把产生该厂市场营销问题的原因概括为5类，即"人员""渠道""广告""竞争"和"其他"。每一类包括若干造成这些原因的可能因素，如营销人员数量少、人员素质参差不齐、销售点不足、宣传策略不对、同类食品竞争、进口食品广告攻势等。将原因及其相关因素分别以鱼骨分布态势展开，形成鱼骨分析图。

形成鱼骨分析后，下一步的工作是进一步找出产生问题的主要原因，可以根据现场调查的数据，计算出每种原因或相关因素在产生问题过程中所占的比重，以百分数表示。

例如，通过计算发现，"营销人员数量少"在产生问题过程中所占比重为35%，"广告投入少"为18%，"小包装少"为25%，三者在产生问题过程中共占78%的比重，可能是导致该食品加工厂产品市场份额少的主要原因。如果针对这三大因素提出改进方案，就可以解决整个问题的78%。

鱼骨分析法可以应用在多个问题产生原因的全景式分析上，通过从人、机、物、法、环几个方面进行总结剖析，能够全面地分析与探讨问题，最后找出问题的根本解决方案。

行动：学会描述问题并分析问题的成因

活动一：描述路明诊所的问题

一、活动背景

军医路明退役后，在小区创业开了一家路明诊所。该小区居住人较多，离市区各大医院都比较远，且该诊所是小区目前唯一的诊所。然而开业半年来看病的人并不多，诊所没有盈利。这让路明很疑惑：为什么病人不如预期的多？为何没有盈利？

二、活动要求

按照问题分析的步骤，分析路明诊所遇到的问题，先做问题分析，再描述结果并做问题特征分析。

三、活动步骤

（一）描述问题

描述问题的时候，要准确、清晰、简明扼要，你可以从"人物（Who）、地点（Where）、时间（When）、事件（What）、原因（Why）"五个方面入手，即使用"5W描述法"描述问题。

问题描述分析：

（1）谁发生了问题（Who）——路明。

（2）发生在什么地方（Where）——小区诊所。

（3）什么时候发生的（When）——诊所开业半年。

（4）发生了什么事（What）——诊所没有盈利。

（5）因什么而发生（Why）——病人少。

问题描述结果：

路明诊所开业半年，因病人少没有盈利。

（二）描述问题特征

问题特征分析：

由上个步骤已知路明遇到的问题是：路明诊所开业半年，因病人少而没有盈利。为了进一步认清问题的本质，确定解决问题的目标，为提出解决问题的方案打基础，你还需要对问题特征进行描述。可从以下四个方面描述问题特征：

（1）问题会产生哪些影响？

（2）问题的重要性和紧急程度如何？

（3）谁该对此问题负责？

（4）这个问题是经常出现的还是新出现的？

结合以上分析和要求，案例中描述的问题特征如下：

1. 如果路明诊所开业半年，因病人少没有盈利的问题持续得不到解决，会产生哪些影响？

（1）刚起步的创业失败了，投资没有回报，路明不但遭受经济损失，而且其创业信心将会遭受沉重的打击。

（2）一旦因亏损导致诊所关闭，小区会失去方便的医疗卫生服务。

（3）关闭诊所，原诊所的医生、护士、医技人员、医药人员都下岗，均需要再就业。

2. 问题的重要性和紧急性如何？

路明诊所的问题对路明来说影响非常大，由此可知这是个重要问题，而且该问题已经持续半年并产生了不良影响，可见是个亟待解决的问题。

3. 谁应该对这个问题负责？

作为人口较多的小区中唯一的诊所，该诊所方便居民的作用是显而易见的，但却因病人少没有盈利，看来问题的责任在路明诊所。

4. 这个问题是经常出现的还是新出现的？

是经常出现的问题。诊所开业半年了，并且所处的地理位置有利，人口较多，但病人少没有盈利的问题一直得不到解决，更没有一套预先制定的应对方案，致使问题一直存在。

活动二：描述某民用爆破器材厂遇到的问题

一、活动背景

1983年年底，服役期满的陈某回到家乡，被分配到某市汽车配件厂担任业务员，由于工作成绩突出，他后来又陆续担任该市地毯厂业务科长、某民用爆破器材厂车队队长。1997年年底，该民用爆破器材厂企业改制，陈某被干部职工以高票推选为厂长，并被上级任命为党总支书记。上任之初，爆破器材厂为单一生产单位，每年由于夏季高温潮湿制约企业生产，30多年来企业生产一直"半年闲"。企业生产能力不足3 000吨，年最高税额不足100万元，企业资产总额2 000万元，却负债1 200万元。

二、活动要求

1. 问题描述

按照"活动一"示范的方法，先用"5W描述法"描述陈某遇到的问题。

2. 讨论与总结

（1）问题描述的结果是什么？

（2）问题解决后的期望结果应该是什么？

反思：你是否掌握了描述问题与分析问题原因的方法？

一、自我评估

1. 问题的类型有哪些？

2. 描述问题的基本要求有哪些？

3. 一般来说应当从哪些角度描述问题？

4. "5个为什么分析法"的用途是什么？如何操作？

5. "鱼骨分析法"的主要功能是什么？怎样具体操作和应用？

在工作中，发现问题能力是指通过一定的程序发现、甄别和界定工作中隐藏问题的能力。请通过下列问题对自己的该项能力进行差距评测。

（一）测试题

请扫二维码查看"发现问题能力测试"。

测试：

发现问题能
力测试

（二）计分规则

选A得3分，选B得2分，选C得1分。

（三）结果分析

24分以上：说明你的发现问题能力很强，请继续保持和提升。

15 ~ 24分：说明你的发现问题能力一般，请努力提升。

15分以下：说明你的发现问题能力较差，亟须提升。

二、反思提高

（一）总结过往经历

回顾总结自己是否有过发现团队或自己工作中较大问题的经历，你使用了什么方法描述问题和分析问题的成因？这种方法效果如何？你获得的经验是什么？

（二）思考提升攻略

1. 能准确地描述问题是解决问题的第一步，在比较复杂的问题面前，你能准确描述问题吗？能否一下就找出问题的发生根源？如果还有困难，下一步你打算怎样努力提升自己？

2. 除了本节介绍的方法之外，还有哪些方法有助于发现问题、全面分析问题产生的根源？你有探索的兴趣吗？这种发现问题的兴趣是人类的天性，如果能掌握多种发现问题的工具，生活将更有趣味和意义。

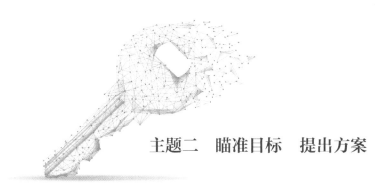

主题二　瞄准目标　提出方案

问题：怎样瞄准目标，提出方案？

发现问题之后，接下来要做的就是确立问题解决的目标。只有根据问题精准地细化问题解决的目标，才能保证问题解决行动的顺利开展。解决问题的过程就是实现目标的过程，如果没有目标，问题的解决便会无从下手。

你需要知道问题解决后应该达到什么状态，并且知道自己有责任解决它。这是最难的一步，需要充分发挥你的创造力。在这个阶段你提出的解决方案的数量，将决定你以后的方案选择。

你可以利用头脑风暴法、发散思维和逻辑思维法想出解决问题的思路。这些方法可以帮助你尽可能多地想出解决问题的方案。

通过本主题的学习和训练，你将能够：

1. 学会确立问题解决的目标；
2. 根据目标提出方案。

认知：学会确立目标，提出方案

一、怎样确立问题解决的目标

（一）目标的重要性

目标是一切行为的灵魂，没有目标，问题的解决便会失去方向。目标之所以重要，在于它能够帮助你看清问题、产生动力、集中精力，有利于使你分清轻重缓急，把握重点。

（二）确立目标的 SMART 原则

SMART 原则是确立目标的重要手段，由 5 个英文字母组成，分别是：具体的（Specific）、可衡量的（Measurable）、可达到的（Attainable）、相关的（Realistic）以及有时限的（Time-bound）。具体如下所示。

S（Specific）：代表具体。即要用具体的语言清楚地说明要达成的行为标准，不能笼统、模糊。不具体、不明确就没有办法评判、衡量。比如，"目标——增强客户意识"，这个目标的描述很不具体，因为增强客户意识有许多做法，如降低客户投诉率，提升服务速度，使用规范礼貌用语，采用规范服务流程等。因此，可以将目标修改为"在月底前把前台收银的速度提升至平均2分钟/人以内"，这样的目标才够具体。

M（Measurable）：代表可衡量。即目标要有可以明确衡量和判断的指标体系，如应该有一组明确的数据作为衡量是否达到目标的依据，而且验证这些目标的数据或者信息是可以获得的，否则就无法判断这个目标是否实现。一般可在"数量"（完成工作的数量）、"质量"（完成工作的标准）、"时量"（完成工作的时间量）上进行量化。如果有些目标实在很难以数量化的方式来衡量，可以将完成目标的工作流程化，通过流程化使目标可衡量。

A（Attainable）：代表可实现。即目标在付出努力的情况下可以实现，既要工作内容饱满，又不能好高骛远。目标偏低则没有意义，目标偏高则无法实现。换句话说，就是制定跳起来"摘桃子"的目标，而不是跳起来"摘星星"的目标。例如，一位初中毕业、英语基础较差的酒店餐饮部服务员想要解决用英语交流困难的问题，如果他将目标定为"在一年内达到英语四级水平"，就有些不太现实；但目标如果是"在一年内实现用英文帮助顾客点餐、结账"，就有达成的可能性，这才是目标的意义所在。

R（Relevant）：代表相关性。即实现此目标与其他目标的关联情况。如果这个目标的实现与其他目标的实现完全不相关或者相关度很低，那么这个目标即使达到了，意义也不是很大。比如一个前台服务人员，每天学习英语以便接电话的时候用得上，这时候提升英语水平和前台接电话的服务质量就有很大关联。

T（Time-bound）：代表有时限。具有时间限制的目标可以帮助你根据工作任务的权重、轻重缓急，拟定出完成目标项目的时间要求，定期检查项目的完成进度，并及时掌握项目进展的变化情况，以方便根据工作计划的异常变化及时调整工作计划。

二、怎样提出方案

提出问题的解决方案，是一件急需创造力的事情，需要你具有发散性思维，不受约束地提出更多的解决方案。同时，还需要逻辑思维来比较分析方案，综合各种因素来分析问题、系统决策。

（一）发散思维：头脑风暴法

头脑风暴法是一种非常有效的思维激励法，其特点是让参与者敞开思想，使各种设想在相互碰撞中激起脑海内的创造性风暴，具体可分为直接头脑风暴法和质疑头脑风暴法。前者是在专家群体决策的基础上尽可能激发创造性，产生尽可能多的设想；后者是对前者提出的设想与方案逐一质疑，分析其现实可行性。头脑风暴法是一种集体开发创造性思维的方法。

头脑风暴法应遵循以下原则：

第一，自由畅想原则。要让参与者不受任何条件束缚，自由讨论。激发参与者提出各种"荒诞"的想法，使参与者思想放松，尽可能地标新立异。这是智力激励法的关键。

第二，延迟评判原则。一切评价和判断都要延迟到会议结束以后才能进行，自由讨论时不能对别人的意见提出批评和评价，认真对待任何一种设想，不管其是否适当和可行。

第三，以量求质原则。追求数量，意见越多，产生好意见的可能性越大，这是获得高质量创造性设想的条件。

第四，参与者多样化原则。不仅需要参与者有不同的认识、不同的能力，而且可以吸收领域差别较大的人员参与，从不同的角度提出问题，启发思考。

除了以上四条原则外，还鼓励参与者对他人已经提出的设想进行补充、改进和综合，强调相互启发、相互补充和相互完善，以达到综合改善的目的。

（二）逻辑思维

清晰的逻辑思维对于提出问题的解决方案十分重要。逻辑思维主要有归纳思维和演绎思维。

1. 归纳思维

归纳思维是从个别性前提推出一般性结论的思维形式。简单地讲，就是从相似中发现规律。分析现象的制约原因，寻找其因果关系有助于提出解决问题的方案。我们可以从不同事例中寻找共同现象来找明原因，也可以在差异中寻找原因。比如下面例子：

案例

孙思邈巧治脚气病

长安城内，有几个富翁身患一种奇怪的疾病，症状就是脚胫日趋浮肿，浑身肌肉酸痛麻木，身倦乏力。很多医生都束手无策，于是请孙思邈诊治，但仍不见转机。孙思邈难揭其谜，也终日感到不安。

有一天，严太守也患上此病，请孙思邈治疗，为了查明病因，他住进严府中仔细观察了十几天，只见严太守的贴身家童也同样精神萎靡不振，下肢浮肿，只是比严太守稍轻些。孙思邈百思不得其解，他又到厨房内调查，厨师说严太守不喜欢大鱼大肉，但他会派人将米面反复加工、精碾细磨后才作为主粮食用。

随后孙思邈又去拜访了其他几位同样症状的富翁，发现虽然他们脾气秉性各有差别，但都有同样的饮食习惯，喜食去净谷糠、麸皮的精粮，此时他已领悟出其中的玄妙了。孙思邈立即建议严太守将每日主食全改成粗粮糙米，并且将一些细谷糠、麦麸皮煎水服用。半月之后严太守便神奇地康复了！

"药王"孙思邈对脚气病的治疗正是超越了单个病症本身的局限，从多个病例所具有的共同特性——从生活习惯入手，归纳病因，使问题得以解决。

2. 演绎思维

演绎思维与归纳思维相反，它是从一般性的前提过渡到具体结论的推理，其结论没有超越前提的范围。比如上面案例得出的结论"谷糠、麦麸皮有助于脚气病的治疗"，由这一前提，可以推导出生活贫困和喜食粗粮的人少得脚气病的原因。

（三）平行思维：六顶思考帽

1. 什么是六顶思考帽

"六顶思考帽"是英国学者爱德华·德·博诺（Edward de Bono）开发的一种思维训练模式。它以蓝、白、红、黄、黑、绿6个颜色来表示6种平行的思维方式，用帽子作为比喻，被称为"六顶思考帽分析法"。

其中，白色帮助提供思考的"信息与数据"，红色代表思考的"直觉和感觉"，黄色表示思考的"价值和利益"，黑色表示"风险和困难"，绿色代表"创意和新想法"，蓝色负责"管理调控思考的整个过程"。

2. 六顶思考帽的价值

"六顶思考帽"使得思考能从不同侧面展开，取代了一次性思考所有因素的做法。在统筹管理思考（蓝帽）的前提下，集中分析信息（白帽）、情感（红帽）、利益（黄帽）、风险（黑帽）以及创意（绿帽）等，使人们可以依次对问题的不同侧面给予足够的重视和充分的考虑。"六顶思考帽"是平行思维的工具，为我们提供了思考的程序。在同一时间，让大家聚焦同一顶思考帽，朝同一方向去看问题，进行"平行"的探讨，会让混乱的思考变得更清晰。它推动思考者将争论的焦点转化为更多维度的探讨，让争论或持不同观点的一方看到对方观点的价值，从而能够改变自己固执或片面的思维，帮助人们将无休止的辩论转化为建设性的探讨，最大限度地避免对抗，形成合力。

比如，公司各部门讨论上季度产品销路出现的问题，如果由各部门陈述分析问题的根源，很可能大家都会尽量隐瞒本部门的问题，习惯于指责其他部门的问题：销售部门可能会说生产部门的产品质量有问题导致销售困难，或者说仓储配合有问题；产品部门也会指责广告部门的广告投放有问题；物流部门可能会指责销售部门信息不畅问题等。但如果在讨论分析问题时，不管是什么部门，大家统一用"六顶思考帽"分析问题，在六个阶段、同一时间分别用六种思考类型来分析讨论问题，这种争执就会消失，问题分析就会更真实，解决的方法也会更有效。

"六顶思考帽"从20世纪80年代开始就被广泛地应用在企业界、教育界甚至政府组织，世界500强的大部分企业都在使用这种操作简单、有效的思考工具分析问题，探讨解决问题的办法。经过反复验证，它给人以热情、勇气和创造力，让每一次会议、每一次讨论、每一份报告、每一个决策都充满新意和生命力。

3. 怎样应用六顶思考帽

系统使用"六顶思考帽"时有如下几个简单的技巧。

（1）白帽先行。不论是产品投放市场，还是创新，我们可以先用白帽，了解市场的状况、产品的状态、渠道的准备状态，明确创新所需的资源、时间节点等要求；然后使用黑帽，评估将会遇到的风险和问题；接着用绿帽，针对黑帽提出的问题想出相应的对策；再用白帽评估对策的可行性，找出最合适的方案；最后用蓝帽，制订执行计划。

（2）黄在黑前。黄帽先思考价值，如果价值和利益很小，可不需要黑帽。每次黄在黑前可以给我们思考的正能量，产生正向的动机。在这个意义上，黄帽与黑帽的评估比优劣势分析法更加专注，产出更多，不必一个优势对应一个劣势、一个黄帽对应一个黑帽，而是在黄帽和黑帽下面充分探索。

（3）黑后有绿。黑帽的存在让我们看到潜在的问题、困难、风险，充分显示探索不足或值得怀疑的地方。如果是重大决策，可以用黑帽审视风险。但是，黑后有绿，是鼓励思考者探索黑帽是否有解决方案。光有黑帽，问题就像地雷，到处是潜在的风险。黑帽后面有绿帽，让思考者形成一种解决问题的使命感，不把问题留在那里，以致无人应对。

（4）多轮应用。应该注意，第一轮绿帽大多是起始的主意，有的不能作为行动计划马上实施，而应该经过红帽筛选、黄帽黑帽评估、黑帽后用绿帽再次改善，从而增强绿帽的生命力和落地的机会。

（5）红帽多用。红帽表示感觉和直觉，表述的时间短，可以用在投票、了解主意的种类、作为决策的一部分来探查思考者感受等方面。在众多的黄帽思考后，可以用红帽筛选出哪一个方案最具游说利益相关方的价值；在众多的黑帽里，可以用红帽排序决定哪一个是首先应该解决的问题；在众多的绿帽思考后，可以用红帽决定哪些主意比较好，最终可以用来进行评估和收获。

（6）时间限制。红帽的使用时间要限制在30秒以内，使用其他帽子思考的时间一般是3～5分钟。

行动：确立问题解决的目标，提出解决方案

活动一：根据SMART原则，帮助小李修正目标

一、背景资料

小李是深圳市的一位社会工作者，她英语水平较差，为了提高自己的服务水平，她给自己设立了"掌握新英语900句"的目标。

二、活动任务

1. 根据"认知"部分介绍的SMART原则，对小李的目标进行分析，小李"掌握新英语900句"的目标是否符合SMART原则。

2. 该目标应怎样修正，才能满足这五项原则？

三、提示

1. "掌握新英语900句"这个目标满足了S（具体的）、A（可达到的）和R（相关的）三个原则，但是没有满足M（可衡量的）和T（有时限的）的要求。

2. 可以将这个目标修正为"90天内掌握新英语900句"，这个新的目标就符合SMART原则：

S：掌握新英语900句；

M：每天要掌握10句话；

A：每天掌握10句话对小李来说可以做到；

R：与自己的工作内容相关，能够提高服务水平；

T：90天内。

活动二：用"六顶思考帽"重新思考自己喜欢的工作

一、活动目的

"六顶思考帽"可以用来分析问题产生的根源和解决办法，也可以用来分析决策。现在，请大家使用这六顶思考帽，重新思考自己喜欢的工作。

二、活动程序

首先，用归纳蓝帽，梳理面临的困难，以及自己想达到的理想状态是什么；

第二，用创意绿帽，发挥想象，关于职业发展方向，想象它有没有更多可能；

第三，用客观白帽，收集目标企业、岗位、工作内容等尽可能多的信息；

第四，用积极黄帽，列出跳槽转行的好处有哪些；

第五，用谨慎黑帽，找出跳槽转行的风险点有什么；

第六，用情感红帽，梳理内心的真实想法，想清楚你对什么事情最感兴趣。

三、讨论

1. "六顶思考帽"解决了我们思维方法中常见的什么问题？

2. "六顶思考帽"为什么可以帮助我们有效决策？

四、活动要求

使用绘制思维导图工具来呈现你使用六顶思考帽的过程和成果。

反思：你是否掌握了确立目标与提出方案的方法？

一、你是否掌握了工作目标检查方法？

你会使用SMART原则评估问题解决的目标了吗？请分别制定一个定性工作目标和一个定量工作目标，并按照表10-2，用SMART原则进行评估。

表10-2　工作目标检查表

工作目标	定性工作目标	定量工作目标
具体的（Specific）		
可衡量的（Measurable）		
可达到的（Attainable）		
相关的（Realistic）		
有时限的（Time-bound）		

检查一下自己掌握的程度，如果还不熟练，可以继续熟悉我们前面讲到的基本内容，如果你已经掌握了SMART原则，请将这一方法运用到你的工作和生活中，帮助

你应对挑战。

二、你是否掌握了六顶思考帽？

检查评估"活动二：用六顶思考帽重新思考自己喜欢的工作"，通过训练和应用，看看自己是否已经确定了自己心仪的工作。

请思考：

1. 你是否掌握了应用"六顶思考帽"的技巧？

2. 这一方法是否对你问题的解决有实际的效果？如果效果不理想，请查找原因。

三、反思提高

1. 回顾一个自己成功解决问题的案例，你为什么能成功解决问题？清晰的解决问题的目标是否让自己当时的问题解决得更加顺畅？什么方法帮助到了你？

2. 会解决问题是人才的标志。解决问题前，分析问题产生的原因，据量解决的目标是否明确、妥当十分重要。你在这方面的修炼程度如何？思考一下，怎样继续提高，才能使自己更有力量？

主题三　比较方案　做出决策

问题：怎样比较方案，做出决策？

在解决问题的过程中，当你确定了问题所在，提出了多个问题解决方案之后，你接下来要做的就是，在多个方案间进行比较，从而进行决策、选择最佳方案。只有这样，才能为进一步的行动奠定良好的基础。

通过本主题的学习和训练，你将能够：

1. 学会比较和分析方案；
2. 学会从众多方案中选择出最佳方案。

认知：选择方案与决策分析的方法

微课：

选择和比较
方案

一、怎样选择方案：SWOT分析

SWOT分析是比较决策方案的有效方法。它由S（Strength，优势）、W（Weakness，劣势）、O（Opportunity，机会）和T（Threat，威胁）四部分组成，是分别对方案的优势、劣势、机会和威胁四项内容进行评估的方法。

从整体上看，SWOT可以分为两部分：第一部分为SW，主要用来分析内部条件；第二部分为OT，主要用来分析外部条件。其主要思路是"发挥优势，克服劣势，利用机会，化解威胁"。分析的具体步骤如下：

（1）确定问题解决的方案；

（2）分析内部因素，将其分为优势与劣势两组；

（3）分析外部因素，将其分为机会与威胁两组；

（4）根据上述分析，构建SWOT分析表，进一步用图标的方式进行格式化的分析（表10-3）；

（5）将外部机会和威胁与内部优势和劣势匹配，思考如何凸显自身优势，并弥补自身劣势，怎样充分掌握机会，怎样保护自己免受威胁的侵扰，从而对提出的所有方案进行比较，选出合理的解决方案。

表 10-3　SWOT 分析

方案：

内部因素	优势（S）		机会（O）		外部因素
	1.		1.		
	2.		2.		
	3.		3.		
	劣势（W）		威胁（T）		
	1.		1.		
	2.		2.		
	3.		3.		

可行性评估：□利大于弊　□利弊相等　□利小于弊

改进计划：1.
　　　　　2.
　　　　　3.

二、怎样进行决策分析：四步法

一般的决策过程包括四个步骤：

第一步：描述决策目的。

在开始做决策之前，你必须问自己以下问题：我要做什么样的决定？为什么要做这个决定？如果这两个问题不考虑清楚，你便很容易陷入决策的误区，最终误入歧途。

第二步：确定决策目标。

一般来说，决策目标有两类：必须要求目标和愿望要求目标。前者是指对决策起到关键性作用的那些目标，它必须被满足，否则就会导致整个决策的失败；后者是指你希望达到的目标，它在一定程度上可以"讨价还价"，即使达不到，对整体决策也不会起到破坏性和致命性的影响。

决策的目标必须明确、清晰地反映在决策里。事实上，确定决策目标的过程也是明确决策标准的过程。有些标准是满足"必须要求目标"的，是限制性条件；有些标准是用来满足"愿望要求目标"的，可以有也可以没有，是非限制性条件。确定决策目标，就是为了弄清楚需要满足的要求是什么，这些要求就是你决策的标准，也是进行决策的基础。

第三步：比较决策方案。

比较决策方案最简单的方法就是确定每个标准的权重，给每个标准打分，例如，给最重要的标准打10分，其余的与之比较进行打分。比较时可以用以下问题来判断：

（1）哪种方案价值更大？

（2）哪种方案操作性更强？

（3）哪种方案更有创造性？

（4）哪种方案成本最小？

（5）哪种方案负面作用更小？

第四步：评估方案风险。

评估风险是决策的必要程序，忽略方案不利后果的决策分析不是一个完整的分析。每种方案都有一定的风险，事实上，高风险才是导致决策困难的真正因素。

在风险评估中，一般要考虑两个因素：风险发生的可能性和威胁的严重程度。前者是指风险发生的机会，后者是指如果威胁发生的话可能产生的影响。可以按照表10-4的模式，用高、中、低几个不同的水平来对风险的可能性与严重程度进行评价。

表 10-4　决策风险评估表

评估项目	高	中	低
风险发生的可能性			
威胁的严重程度			

案例

火车站接客户时手机被偷怎么办？

你按上司的指派到火车站接一个刚到本城的客户，事先说好在车站出口等。你不认识要接的客户，因此打算用手机联系。但是，在火车到站前20分钟，你发现你的手机被盗了。此时，你该怎么办呢？

方案1：你可以选择在出站口举牌子接人，但是你们并不认识，车站出来的人很多，对方可能会漏掉你的牌子。更重要的是，因为你丢失了手机而对方并不知道，他可能会打你的手机，如果小偷恰好也是一个诈骗犯，很可能会利用这次机会。

方案2：如果你选择到公用电话亭去打电话询问对方的电话号码，这时的风险是你不知道需要多长时间，是否会错过火车进站。

对于以上两个选择，你都必须考虑到潜在的风险。如何评价这些风险呢？你认为由于你身材高大，举着牌子在出站口非常显眼，因此对方漏过你的可能性非常小，而且小偷一般会马上关机，因此对方打电话被小偷利用的可能性也非常小。但是，你也考虑到，如果对方漏过你，然后给你打电话，却被小偷利用，这个后果对于你来说可能非常严重。你可以用高、中、低几个不同的水平来对严重性和可能性进行评价。

任何决策都有风险，最终做出的决策就是找出能够提供最大收益而其风险你又相对可以承受的方案，换句话讲，就是尽可能做出一个既智慧又安全的决策。

行动：比较问题解决的方案并做出决策

活动一：用SWOT分析法分析案例

一、活动背景

潘军是某商务大楼的安保人员，工作期间他发现：由于楼内安装的电梯太少，员工上下班总是要等很长一段时间，为此员工们满腹牢骚。他向部门主管反映了这一情况，主管领导请相关人员一起出谋划策，商量如何解决电梯不足的问题。最后提出了以下四种解决方案。

方案一：提高运行速度，或者在上下班高峰时段，让电梯只在人多的楼层停；

方案二：各部门上下班时间错开，尽量降低电梯的同时使用率；

方案三：在所有的电梯门口装上镜子；

方案四：装一部新电梯。

二、讨论

1. 四个方案决策的目的和标准是否明确？

2. 四个方案的利弊得失和考虑是否周全？

3. 对决策的风险估计得是否足够？

活动二：自我问题分析

一、活动要求

根据你在工作或者生活中遇到的一个需要决策的问题，用训练准备中提供的步骤，对问题的解决方案进行分析，选择一个最佳方案。

二、活动提示

这些问题可以是：

（1）购买或者租用房子的选择；

（2）购买电器的选择；

（3）旅行计划的选择。

反思：你是否掌握了决策分析与选择方案的方法？

一、自我评估：决策能力测试

决策能力是企业家维持其公司生存的必备素质。据有关统计，世界上85%的大企业破产倒闭是由企业家决策失误造成的。只有通过恰当的决策，企业家才可以对企业资源进行优化配置。通过下面的测试题，来看看自己是不是决策高手。

（一）测试题

请扫二维码查看"决策能力测试"。

（二）计分规则

1—6题选A得3分，选B得2分，选C得1分；

测试：

决策能力测试

7—12题选A得1分，选B得2分，选C得3分。

（三）结果分析

12 ～ 20分：在企业经营者最容易出现的问题中，"决策失误"排在第一位，可见决策之难。从测评来看，你的决策能力较差，今后你需要采用更加合理的方式，集思广益，三思而后行，以提高决策的合理性。

21 ～ 28分：你的决策能力一般。对一些有利于提高决策准确性的步骤或方法，你有时能自觉运用，但是可能还没有建立起程序化的决策机制，所以你需要在这些方面继续努力。

29 ～ 36分：你是决策高手。决策做出后，通常会面临不可控的风险，你在决策上的慎重，包括你对决策程序的关注，大大减少了决策失误，降低了决策风险，提高了企业的安全系数。

二、反思：你的决策能力如何？

（一）决策的认知能力

1. 决策标准有哪些？它们的异同点是什么？

2. 决策分析有哪几个主要的步骤？

3. 什么是决策的潜在风险？为什么在决策时要考虑潜在风险？

（二）决策的行动能力

"两害相权取其轻，两利相权取其重"，"相"就是比较，"取"就是取舍、决策。其实，我们每天都要面临大大小小的"利害权衡"，每时都在"取舍决策"。

反思一下，你平常在决策时，是果断决策，还是优柔寡断？在决策时，你常常纠结的是什么？今天我们学习并训练了决策的一般方法，你收获如何？你能果断决策了吗？你可以在生活中多加练习与应用本节学到的知识，不断提高自己解决问题的能力。

当然，解决问题的能力、决策的能力是一个人综合素质的表现，是长期历练的结果。"工欲善其事，必先利其器"，掌握了好的方法，可以使我们事半功倍，只有管控风险，才能达到自己理想的解决效果。

模块十一
实施解决问题方案

当我们面对需要解决的问题时，我们首先要对问题进行分析，并提出相应的解决对策。接下来，我们就要考虑制订解决问题的具体实施计划，在计划制订后，就要考虑如何实施计划。这是一个将解决问题思路进一步具体化，并且付诸实践的过程。

当然，并非任何一个问题的解决都需要制订出一个书面的计划，但必定在大脑内存在着"盘算"和"安排"，这种"盘算"和"安排"的过程实际上就是一个计划的过程。当问题相对复杂的时候，解决问题的计划一般就需要用书面的方式呈现出来。

本模块的基本活动是在上级、同事、下属等的支持下，做出解决问题的计划并实施这一计划，并在实施计划的时候充分利用相关资源。

本模块能力要求：

1. 能争取使方案获得批准，制订较详细的解决问题的计划；
2. 能较充分地获取和利用所需要的支持条件；
3. 能较充分地利用各种资源完成各项计划。

本模块训练重点：

1. 制订解决问题的计划并实施；
2. 掌握使方案获得领导批准的方法；
3. 会制订方案实施计划以及利用资源完成计划；
4. 学会有效监督计划完成。

案例示范：福利洗澡票（一）

某炼钢厂车间内的温度非常高，在车间里工作的职工每天都是浑身大汗，于是该厂在车间附近设澡堂以方便职工下班以后能立刻洗澡。作为职工的福利，工厂每个月给职工发8张洗澡票，其余的洗澡票，职工可以以每张5元的价格购买。职工们总是抱怨福利洗澡票的数量远远不够使用。另外，工厂的澡堂里总是非常拥挤，且每个月的耗水量非常大，人均耗水量是在家洗澡的5倍以上。

下面我们来看看工厂后勤科的李科长是如何有效解决这一难题的。

第一步：准确描述问题，提出解决问题的方案

作为工厂后勤科的科长，面对这些现象，首先要准确描述问题，说明问题的特征，并且给出问题的目标状态，然后开动脑筋，提出解决问题的方案。

这次改革的目的主要是节约用水，并且减少澡堂的拥挤程度。行动的目标是将工厂的洗澡制度从按次计费改为按出水时间计费，职工使用IC卡洗澡。工厂原有的职工洗澡福利不应该受到损害，考虑以每个月向卡内充值的方式发放给职工。

第二步：获得相关人员的认可和支持

经过对澡堂现状的思考和方案选择，李科长认为改革澡堂计费制度是一个行之有效的方法。这种方法是将澡堂的出水龙头进行改造，只有插入IC卡以后才会出水，达到了按出水时间计费的目的。目前，国内已经有厂家提供澡堂IC卡计费系统。

为了获得有关部门和人员的支持，确保计划的顺利进行，李科长认为，要抓住以下几个要点：

1. 必须能够清楚地了解这个计划涉及的部门和人员，以及在组织决策过程中的核心部门和关键性人物；

2. 必须能够了解各个部门和人员对计划的态度；

3. 必须能够清晰、简明、全面地阐述自己的方案，包括方案需要的时间、资金、人员、场地，以及方案将带来的收益。

第三步：动手制订工作计划

后勤科李科长已经获得了上级的支持。厂长非常赞成他的计划，财务部门也已经给后勤拨款，李科长要立刻开始实施方案。接下来，李科长面临的任务是制订一个详细的计划。为了保证计划的可行性和周全性，李科长需要注意以下几个要点：

（1）制订计划要达到的目标是什么？

（2）应该采取什么步骤达到目标？

（3）如何安排这些步骤的时间进度？

（4）执行计划的预计开销是多少？

（5）如何保证计划的实施？

（6）如果执行计划过程中出现意外情况怎么办？

（7）是否可能临时更改计划目标？

第四步：将计划付诸实施

作为澡堂计费改革项目的总负责人，李科长已经制订了详细的工作计划，现在需要做的是将计划付诸实施。李科长知道任何计划如果没有人推动，它就不会进行。他也清楚地知道，自己就是推动这个计划的人。

项目计划上已经制订了严格的时间表，但是李科长知道，每一步都可能因各种原因而延期完成。因此，他必须采取措施保证时间不会浪费在无意义的事情上。为了保证这一步能够顺利完成，他需要注意以下要点：

（1）能够保证实施计划顺利进行；

（2）在实施中随时获取有关信息；

（3）及时利用所需要的支持条件；

（4）如果计划实施过程中出现新的状况，使得原定的目标无法完成，那么需要考虑如何调整整个计划。

主题一　准备计划　获得支持

问题：怎样获得领导和相关人员的支持与认可？

当你对所遇到的问题进行了分析，并提出了解决问题的最佳方案之后，接下来要做的就是制订并实施解决问题的计划了。

在计划付诸行动之前，你首先要思考该计划的实施是否在本人的职责范围之内，自己是否有权决定？在实施过程中需要有哪些人参与、与哪些部门进行协调？你向上级领导请示了吗？他的意见是什么？

在一个组织中，问题得到顺利解决与否，不完全取决于方案本身的好坏，而在于方案能否赢得决策者的支持。事实上，一个方案想赢得决策者的支持不是一件容易的事，不管一个方案如何好，可行性如何强，在很多情况下都会遇到阻力，所以，实施方案的第一步是赢得领导的支持。

通过本主题的学习和训练，你将能够：

1. 学会如何请示上级并获得其对计划的认可与支持；
2. 了解获取所需要支持的方法和途径。

认知：获取支持的方法与技巧

一、怎样获得领导的认可与支持

计划实施之前，首先要做的就是获得领导的认可与支持，这样，计划实施过程中所需要的物力消耗和人力支持才能有所保障。

（一）摆正自己的位置

古人云："明相位，立德业。"所谓明相位，就是要清楚自己所处的位置以及所扮演的角色。

位置不是一成不变的，而是基于你所面对的对象的不同而发生变化。时刻懂得自己所处的位置才能顺利打开沟通与解决问题的大门。在领导面前摆正自己的位置，主要在于不越位。常见的越位现象有如下几种。

1. 决策越位

工作中，如果有机会参与决策，要明白哪些决策你可以发言，哪些决策你不应该发言。需要让领导表现的时候，就应该奉行"沉默是金"的原则。

2. 表态越位

在工作中对某件事情表明态度的时候，切记考虑自己的身份是否适合。有些表态应该由领导来做，或者经过领导授权。如果胡乱表态，或者抢先表态，就会喧宾夺主，让领导陷入被动。

3. 工作越位

有些工作不是你的职责所在，就不应该由你负责。由领导出面解决更适合，如果你抢着干，反而会费力不讨好。

4. 场合越位

职场中的公众场合，应该凸显领导，比如应酬、宴会，如果你在这些场合表现得过于积极，盖过了上司的风头，那么就会在不经意间为你今后的工作埋下隐患。

（二）培养领导对自己的信任

领导的信任是在日常工作中逐渐建立起来的，想要获得领导的认可，信任是前提。一般来讲，信任包括人品信任与能力信任两个方面。其中，人品信任最重要，离开了人品上的信任，能力越强的人反而越容易受到控制与排斥。你可以通过以下方法来培养领导对你的信任。

1. 勿以事小而不为，认真做好本职工作

很多人一心想干"大事"，而不屑于做本职工作的"小事"，觉得从基础做起的小事无法体现出自己的才能。其实，领导对你的信任都是从点滴小事中积累而来的。做好本职工作的能力，是使领导放心对你委以重任的前提。

2. 勤于思考，遇事多问为什么

很多人在工作中不善于思考，只知道完成任务，这样的人无异于一台只会机械工作的机器，很难得到他人的赏识信任。遇到问题，不要依赖于他人的结论，而是要主动思考，尝试靠自己发现问题的本质，久而久之，就会提高思维的活跃性，判断能力和解决问题的能力也会得到相应的提高，获得信任自然是迟早的事。

3. 端正态度，多请示、多汇报

无论何种情况，领导直接交代的任务，都要端正态度认真对待，而且要多请示、勤汇报，这样不仅能够及时得到领导的指导、领会领导的意图，还增加了与领导相处的机会，也锻炼了与领导相处的技巧。

（三）特定事件获得认可与支持的方法

当面临比较重要的方案需要获得上级批准与认可的情况时，你需要做好充分的准备。

1. 做好资料准备

你需要准备的资料包括：相关的案例、图表和数字，或权威人士提供的信息等，让事实说话，让权威说话，是最能说服领导的。

2. 充分论证自己的想法

有了想法后，这种想法的可行性怎么样？在见领导之前，要争取做好比较充分的论证。可以咨询一些专家，听听他们的意见及建议，也可以通过查阅大量的资料来证明你的观点，还可以搜集一些已有的实践案例来说明自己想法的可行性。

3. 预约汇报时间

找领导汇报，要预先约时间，越是重要的谈话，越需要预约时间。不能擅自闯进领导办公室，这样做既不礼貌，也可能影响领导对方案的情感评价。

4. 三分钟说清楚自己最主要的想法

约好时间后，要准时到，并争取在前三分钟尽量简明扼要地说清楚你的主要想法。如果在前三分钟能够引起领导对你的注意和兴趣，那么成功的可能性就大了很多。接下来便可以比较详细地向领导阐述你的想法，想干什么，准备怎么干，这样做的目的和意义如何，需要领导怎样的支持。

5. 给领导决策的时间

大多情况下，领导可能不会当场表态或对方案作出评价，要给领导一定的时间来考虑各种你可能未曾考虑到的复杂情况，然后再做决策。

一般有经验的人在告辞的时候会问一下领导："我什么时候来找您听结果比较好？"这样，也可以确认领导对你的方案的重视程度。

6. 关注领导的思考结果

这是很关键的一步。一般来说，在你向领导汇报并提交了报告后，如果一个星期内没有得到领导的回复，你就可以适当地提醒一下领导，希望得到领导对你的报告的处理意见，以及寻求领导对你的方案中需要改进的地方的指导。

二、怎样获得相关人员的认可与支持

获得领导支持和认可之后，或者在领导最后表态之前的会议论证过程中，你还要积极主动采取措施，争取更多相关人员的认可和支持。你可从以下几个方面入手。

（一）做好思想准备，捍卫自己的方案

每一个方案的实施都需要多方面的支持，事实上，几乎所有的问题解决方案在实施过程中都会遇到阻碍，尤其是那些带有变化性质的方案。不同的人因为不同的需求和利益，对待问题会有与你不同的看法，也自然会抵制让他们感到对己不利的方案。认识到这些可能遇到的阻碍是消除障碍的先决条件。

（二）了解整个决策过程中每个人的角色和态度

1. 决策过程涉及哪些人？他们分别扮演什么角色？

在一个组织中，决策很少由一个人在完全封闭的状况下作出。因此，决策过程中可能涉及的所有意见都必须被考虑到。特别需要注意的是，职场新人为了证明自己的实力，往往越过主管向上级领导提交方案，这种做法往往得不到好的结果。

2. 参与决策者的需求和决策标准是什么？

分析参与决策者的特征要从个性和组织两个方面加以考虑。首先，明确决策者的个性特质，其是保守的还是勇于变革的？其是公正的还自私的？其地位稳固与否？其次，要从组织方面加以考虑，其是否愿意变革？有没有对组织发展的计划？其对哪方

面的工作感兴趣？其是否有能力保证事情的进行？

3. 参与决策者会怎么看待你的方案？

根据你对决策者的了解，事先估计他对你的方案的态度。考虑他会用什么方式来判断你的方案，以便提前准备相关方面的信息。

（三）做好充足的准备，争取他人的配合

想让你的方案顺利通过有两种基本的方式：自上而下和自下而上。前者适合你很有信心，确定你的方案与决策者的兴趣一致的情况，这时可以直接找主管领导请求他的批准；更多时候你需要先获得基层群众的支持，再向主管领导提出建议，这种方式更为适用。

当然，获得基层群众支持的前提是要做好充分的准备，准备好如何阐述方案，准备好回答大家对方案可能产生的疑问。

行动：积极获取领导和相关人员的支持

活动一：向领导提出建议：酒店休闲场地建设

一、活动背景

王浩是一家新开业酒店的经理，酒店刚开业便"人满为患"，这让他十分头痛，因为酒店已经无法提供足够的空间来满足越来越多顾客的休闲活动需求。酒店后面有一大片属于集团的山地，如果要扩建休闲场地，需要一年后才能竣工。

怎样快速地建好一个既实用又美观的休闲场所呢？王浩经过反复考虑后提议，酒店在山地建设好简易步道，把山后那片空地提供给常住顾客建设休闲林，采取有偿种树、领养名花种植、赠送优惠券与本地景点年票等形式，鼓励顾客参与建设休闲场地。

有了想法之后，王浩找到集团的主席，汇报自己的提案。

二、活动任务

王浩该如何获得集团主席的支持？请你为王浩提供获批方案。

三、提示

第一步：做好资料准备

1. 收集有关酒店休闲活动场所、设施建设的资料。包括每一种设施建设所需的建设资金、建设工期、可能带来的收益及其弊端等。

2. 相关案例。收集业内出现类似状况的案例，供领导参考。

第二步：充分论证自己的想法

可以咨询一些懂行的专家，或组织几个同事，讨论一下自己的想法，听听他们的意见和建议。再将自己的想法与现有方案进行比较，明确自己想法的创新与可行之处。将方案的优势进一步形成有理有据的书面报告，最好还能够包含可能出现的风险。

第三步：预约汇报时间

时间安排上最好注意以下几点。

1. 不要在领导休息的时候去打扰。

2. 不要在领导心情不好的时候去汇报。

3. 不要在领导工作很忙的时候去汇报。

第四步：三分钟说清楚自己最主要的想法

简明扼要地阐述自己想法的优势。与其他方案相比，种树是一种一举多得的办法，节省资金倒在其次，重要的是常住顾客对自己种的树有感情，进而会对酒店产生感情，形成对酒店的忠诚度。另外，这一方案还帮助酒店完成了空地的建设。

第五步：给领导决策的时间

1. 态度要诚恳。

2. 信心要充足。

3. 给领导充分的思考时间。

第六步：关注领导的思考结果

1. 可在适当的时候进行提醒。

2. 无论结果如何都要以良好的心态对待。

活动二：如何让领导同意自己的方案

一、活动背景

何坚是某计算机公司一个产品研究小组的负责人，他所在的组一直在研究如何让用户在使用计算机时更好地输入。最近，他想出了一个与本组研究方向不同的新产品方案：开发一套用于帮助儿童练习书写的产品。他对自己的想法非常激动，认为这个产品既能帮助小学生学习书写，也会减轻教师的负担；更重要的是可以让学生在使用计算机的同时，仍然不会丢掉我们的传统文化。因此，他认为这个想法虽然会增加一定的成本，延长整个小组的开发时间，但它有非常广阔的市场前景。

现在的问题是，如何让这个想法变成现实？他需要说服公司的领导层同意他的方案。

二、活动任务

请你为何坚设计一个能够争取到上级支持的方案。

三、活动提示

第一步：列出整个方案实施的几个步骤。

第二步：找出每个环节涉及的关键人物。

第三步：分析决策者的特点。

第四步：列出需要汇报谈话的人物名单。

第五步：设想如何推销方案。

第六步：准备别人可能向他提出的问题。

第七步：列出汇报谈话的时间安排，以及会谈内容和目的。

反思：你是否掌握了获得支持的方法？

一、自我评估

阅读下面的资料，试着解决"路边地摊"的管理问题。

（一）背景资料

每个城市都面临路边摊的管理问题。路边摊对市容环境和道路交通都有负面影响，但是对市民来说，路边摊却会给日常生活带来方便。

以前，我国城市管理的思路大多是禁止设立路边摊，但总是屡禁不止。近年来，城市管理者开始重新考虑路边摊的管理问题。特别是2020年新冠肺炎疫情发生后，为促进经济发展，解决就业困难问题，一些城市的城管委制定出台了"五允许一坚持"服务措施，即疫情期间，在保障安全，不占用盲道、消防通道，不侵害他人利益，做好疫情防控和清洁卫生等工作前提下，允许在一定区域设置临时占道摊点摊区和夜市、允许临街店铺越门经营、允许大型商场开展临时占道促销、允许流动商贩在一定区域贩卖经营、允许互联网租赁自行车企业扩大停放区域，坚持柔性执法和审慎包容监管。

路边摊的管理是一个涉及多方利益的问题，各方考虑的角度也不同。

（二）活动任务

请分析下列部门和人员对路边摊问题或现象的观点，这些观点有冲突或矛盾吗？你如何解决这些问题？

1. 居民

_____

2. 环卫部门

_____

3. 交管部门

_____

4. 城管部门

_____

5. 税务部门

_____

6. 人社部门

_____

7. 路边摊主

_____

二、反思提高

1. 回顾自己工作经历中有无争取领导支持自己方案的事件，你是怎样获得领导的支持的？经验是什么？有无失败的事件，教训是什么？本节所学的几个步骤和方法，你认为最主要的是什么？

2. 回顾自己有无成功获取他人支持从而促进问题解决的经历，其中你获得的最宝贵的经验是什么？

3. 你还能从哪些方面提升自己这方面的能力？

主题二　制订计划　执行任务

问题：怎样制订解决问题的计划？

决策、方案要转化为有效的行动才能真正解决问题。在解决问题的方案获得认可和批准后，接下来要做的就是将方案付诸行动。

制订行动计划是实施决策最重要的一环，计划是使方案落到实处的行动规划，必须详细、具体。时间期限比较长、涉及团队的解决问题的项目，不能仅仅在个人心中"盘算"，还必须落实到书面文字上。计划中要列出解决问题的每项工作任务，工作方式，需要的时间、资源和帮助，考虑可能出现的困难及克服的办法等。

通过本主题的学习和训练，你将能够：

1. 掌握制订计划的方法，了解需考虑的主要因素与潜在问题；
2. 学会合理分配时间和资源。

认知：学会制订计划、控制流程

微课：

制定计划

一、怎样制订工作计划

计划像一座桥，连接我们现在所处的位置和你想要去的地方，也就是说，计划就是连接行动和目标的桥梁。

一般来讲，一个工作实施计划应该包含以下内容：

目标——目的、指标或者一定时间内要完成的工作份额；

程序——为达到目标需要采取的行动步骤；

进度——根据计划开始和结束的时间安排每个行动步骤；

预算——完成计划需要的经费；

预测——预见计划完成过程中可能出现的问题和阻碍；

应变——意外情况出现的紧急应变计划；

监督——监督计划的进行；

事实上，这一过程也是在明确了"做什么（What）"和"为什么做（Why）"之后，完成"何时做（When）""何地做（Where）""谁去做（Who）""怎么做

（How）"的过程，一般要按照如下步骤进行。

（一）详细陈述计划的总体目标

计划的总体目标也就是你行动要达到的最终目标，对其进行准确详细的描述，事实上就是对目标进一步理解和分析的过程，这样做有利于确保行动的方向。一般来讲，目标应包含方案实施之后必须达到的结果和方案完成的最后期限两个方面。除此之外，方案完成的约束也必须明确，比如计划完成的地域约束、资金约束、人员约束等。

（二）根据总体目标分解工作任务

将总体任务分成几个主要部分，将总目标细化分解，是计划可执行的前提。

工作（任务）分解要将项目目标划分或分解成一些相对较小的工作单元，如此反复若干次，直到无法再细分为止。这时，每一个工作单元都可以直接分派给具体的人去完成，从而在资源和应完成的工作任务之间建立起更清晰的联系。

同一个任务的分解可以从多个角度进行。例如，以产品开发为例，可以按产品结构进行分解，可以按功能进行分解，可以按人员配置进行分解。在分解任务时，如有可能，应让相关部门的专家或有经验的人参加，听取他们对任务分解结构图的意见。最后，由决策者决定分解的结构，并做出相应的文件。

（三）落实责任

任务分解之后必须"责任到人"，责任安排矩阵就是将所分解的工作任务落实到有关部门或个人，并明确表示出他们在组织中的关系、职位和责任的一种方法和工具，其具体制作步骤如下，可参考表11-1。

第一步：列出参与项目管理以及负责项目执行的个人或职能部门的名称。分工时，综合考虑参与人员的专业背景、工作经验、性格特征等，以保证可胜任工作。

第二步：按流程或执行过程将各阶段任务写在最左侧的列内，将执行工作任务的员工或部门写在最上方的行内，画出相互关系矩阵图。

第三步：在矩阵图行与列的交叉单元格里，用字母、符号或数字表示任务与执行人的关系（角色和职责）。

第四步：检查部门或员工的任务分配是否均衡、可执行，如发现分配不当，则立即做进一步的调整和优化。

第五步：依据责任矩阵与任务执行成员沟通，务必让每个人清楚项目中自己所承担的责任和要求，并获取他们的承诺（如签署目标责任书），以确保任务顺利完成。

第六步：依据责任矩阵与相关的职能单位主管沟通，让职能单位主管清楚自己部门的人员在项目中承担的工作职责和要求，以便最大限度地获得员工所在单位或部门的支持。

第七步：在必要时，与客户沟通所设计的责任矩阵，获得客户的建议和确认。

表 11-1 某公司的售后服务责任矩阵

岗位任务	客服专员	售后服务主管	售后服务中心文员	维护工程师	维修工程师	产品工程师
客户报修	●			□	□	□
故障记录	●					
客服叫修	●	●				
派工		●				
诊断、维修	□			●	□	□
开立客户服务单				●		
回报			●	●		
后续跟踪	●			●	□	□

注：表中符号含义：●负责 □辅助

（四）研究潜在问题，设计紧急应变方案

计划实施的过程中，一些潜在的问题往往会显现出来，在制订计划时就要考虑周全，尽量避免。此外还要根据可能出现的问题准备应急方案，做到有备无患。

二、怎样分配资源与控制流程

（一）合理分配资金

资金的分配不能主观臆断，必须在分配之前做项目资金预算表，详细说明完成各个分项目所需要的经费、计划投入、预计费用和时间。经费预算必须具有合理性，同时，还应有专门的监督机制来保证经费的使用合理、有效。

（二）制订时间进度表

当总体目标和分项目标、具体的实施步骤确定后，应安排实施方案的时间，最好应制订详细的时间进度表。可使用甘特图划分各个具体项目实施的时间段。

甘特图，又称条状图，是1917年由亨利·甘特开发的管理工具。它由一个线条图构成，横轴表示时间，纵轴表示活动（项目），线条变化反映实施计划和实际完成情况。它直观地表明任务计划在什么时候进行，及实际进展与计划要求的对比。通过甘特图，管理者易于弄清一项任务（项目）还剩下哪些工作要做，便于评估实际工作进度是提前还是滞后，这是一种理想的控制工具。表11-2展示了本模块"案例示范"中的澡堂IC卡改造项目工程进度控制图。

（三）确定核查系统

制订计划的最后一步，是要确定一个核查系统，包括由谁来监督整个计划的实施，用哪些方法来监督。如果没有核查系统，计划的进行很可能失控，最终无法完成。一般来说，项目计划中应该设置阶段性的检视点，核查系统的具体方式和核查标准应在计划中写明，并确保每个项目参与人都清楚地了解，也便于检查。

表 11-2　澡堂 1C 卡改造项目工程进度控制图

月	2月				3月				4月				5月			
周	1	2	3	4	5	6	7	8	9	10	11	12	13	14	15	16
第一次工作会议																
项目初步设计																
项目审批																
确定技术方案																
前期准备																
设备采购																
安装施工																
调试（硬件软件）																
试运行——发水卡																
试运行——IC 卡启动																
正式运行																

　　项目负责人担负着推动整个项目进行的责任，因此他也是监督整个计划执行的人员，可以通过定期召开会议讨论工作进展、定期或者不定期地检查一些具体工作等方式，确保项目正在按计划完成。

行动：动手制订行动计划

活动一：为"路明诊所"制订整改计划

一、活动目的

　　以模块十主题一"活动一"中的案例"路明的疑惑"为例，路明诊所没有盈利，面临经营困难，路明对制订的问题解决方案进行细致分析后，决定继续开诊所。一方面，他计划带领医护人员到社区详细调研；另一方面，他准备聘请一位顾问指导经营。

　　现在请你帮助路明制订整改计划，总体目标是在6个月之内完全改善经营现状，实现盈利。

二、活动提示

　　为路明制订整改工作计划的具体步骤，可按如下步骤进行：

　　第一步：确定目标，明确路明诊所整改的主要目标；

　　第二步：任务分解，需要采取哪些步骤实现目标；

　　第三步：确定每一步的参与人选，明确资源需求；

　　第四步：安排进度，用甘特图画出时间进度图；

第五步：预测计划，实施过程中可能出现的问题，落实应对措施。

活动二：案例分析——客户的活动日程安排

一、活动背景

你是一个公司的客户部经理。公司总经理告诉你，下周有一个重要的国外客户代表团来访，并可能与公司签订合作项目。公司非常看重这次访问，希望能尽量让客人满意。但是也不希望太过宣传，以免让竞争对手察觉。老总告诉你，这是一宗大买卖，不能容许接待过程出现任何差错。

公司给你了客户来访日程的大致安排：

周一：

13：30　飞机到达北京机场，由公司总经理等人前往接机，然后送客人到宾馆下榻；

16：30　陪客户游览北京；

18：30　从公司出发前往晚餐地点——北京饭店；

23：00　回宾馆。

周二：

8：00　接客户到公司参观，向客户演示公司的代表性产品。参观地点包括生产部、客户服务部、实验室、产品演示厅；

11：30　在公司附近的饭店举行午餐宴会；

13：00　陪客人游览故宫。

18：30　晚宴。

周三：

13：00　带客人去颐和园游览。

周四：

8：00　接客人到公司；

9：00　在总经理会议室举行会谈，分别与总经理、开发部和市场部的人会谈；

12：00　在饭店举行午宴。

二、活动要求

请根据这个行程表制订详细的计划，按照下列顺序进行：

1. 计划的总体目标——接待任务的目的是什么？

2. 每一个达到目标的步骤——有哪些具体的步骤？

3. 制订时间表——制订更详细的时间计划。

4. 人员和资金的分配——每一步都涉及哪些人和资源？

5. 研究潜在问题，设计紧急应变方案——每一步存在哪些风险？如何制订备用方案？

6. 一个核查系统——如何保证每一步都按计划进行？

三、活动提示

请分析并评估这个行程安排和你所做的计划，评估要点如下：

1. 行程表的安排是否具体合理？

2. 对潜在的问题是否有足够的考虑?

3. 是否制订了核查方案, 以保证每一步都按计划进行?

反思: 你是否掌握了制订计划的方法?

一、自我评估

对"活动二"制订的工作计划进行总结、评估。有条件时, 请培训师点评:

1. 分项任务的分解是否到位?

2. 绘制的甘特图是否恰当?

3. 针对可能出现的问题的预案是否可行?

二、反思提高

1. 回顾一下, 在你的工作或生活中, 有没有通过制订缜密的工作计划, 成功解决了一个复杂问题的经历? 如果有, 值得总结的经验是什么? 还有哪些缺憾?

2. 完成以上两个活动后, 你是否掌握了制订计划的步骤? 是否会使用"甘特图"等工具列出行动计划? 是否会做预案? 是否能抓住检视点制订核查系统? 结合本次课程的学习, 你认为今后可在哪些方面进一步提升自己?

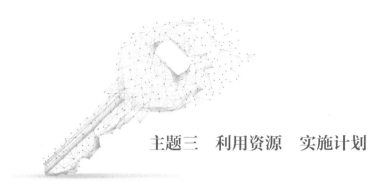

主题三　利用资源　实施计划

问题：怎样实施解决问题的计划？

当我们制订了详细的行动计划以后，就要将计划付诸实施。无论计划多么详尽、周密，真正实施的过程中还会有很多困难。因此，在实施的过程中，我们要寻求各方支持，帮助解决问题。这个时候，计划实施者的综合素质会在计划实施过程中起到重要作用。

通过本主题的学习和训练，你将能够：

1. 学会组织实施计划；
2. 掌握获取和利用支持条件，确保计划落到实处。

认知：学会利用资源，落实计划

微课：

执行计划

一、落实行动计划："九步法"

要将计划工作落到实处，一般情况下，可以按照以下九个步骤操作，即实施"九步法"。

第一步：明确工作内容
要执行计划、实施计划，就要对计划工作的内容烂熟于心，做到心中有数。

第二步：明确实施资源
实施任何一份计划都需要一些相应的资源，如：

时间资源——多长时间内要完成这份计划？

资金资源——在多少费用的范围内完成这项计划？

物质资源——可以使用什么样的物质条件？

人力资源——有哪些人可以协助实施这份计划？

第三步：明确实施目标
计划实施的目标是计划实施后要达到的结果，要明确用什么标准去衡量一份计划实施是否成功。

第四步：分析关键环节
一个工作计划中往往有许多事情，这些事情按照时间次序形成了许多相互关联的工作环节，其中有些环节特别关键。在计划付诸行动前，你一定要先进行"关键环节"的分析，这是确保计划顺利完成的关键步骤。

第五步：在关键环节投入最大精力

人的精力有限，要把最主要的精力集中到关键环节的落实上。

第六步：协调各方关系

根据计划实施中所涉及的人和事，协调好各方面的关系。一般来说，可以借助领导和相关执行部门的作用，协调有关人员的关系。

第七步：及时征求领导意见

在计划执行过程中，要始终注意"多请示、勤汇报"的原则。看起来，是你在实施执行计划，事实上你的领导也在负责着计划的实施工作，领导在高一层面上负责，你不过是在帮助领导做一些具体的事情而已。同样，你的领导对你实施的计划工作的成败也承担着相应的责任。

第八步：监督检查工作

在计划中，如果你是组织者、管理者，应当经常性地进行工作检查，监督工作进展。只有这样，才能确保计划按时完成。检查工作不只是在项目结束后进行，而应在项目执行过程的关键点上进行。

第九步：验收实施结果

一个计划实施完毕后，要请自己的领导来验收计划实施的结果。这是所有工作最终体现，一定要让领导来进行检查与验收，如果发现问题，可以及时纠正。

二、有效监控与奖惩分明

（一）设置有效的监控步骤

项目开始实施，并不意味着目标的实现，只有有力的监督和控制，才能保障项目的实施进度和计划的顺利执行。换句话讲，有效监督与控制就是一个根据标准纠正偏差的过程，如何开展这个过程，需要遵循一定的程序。设置合理监控过程的步骤如下。

第一步：确定标准。应注意，控制标准首先应该根据控制对象来设计；其次，控制标准应该科学、统一；最后，控制标准应该简单易行。

第二步：找出偏差。将实际工作和控制标准进行比较。

第三步：分析原因。从控制对象以及控制标准本身找出原因。

第四步：设计对策。根据具体原因设计对策，遵循快速、准确、可行、经济的原则。

第五步：纠正偏差。落实纠错方案，必要时需重新分析原因并设计方案。

（二）赏罚分明

1. 有明确的赏罚机制

明确的赏罚机制能保证项目中的每个人如期完成自己的工作。只有赏罚分明，才能使监督有力，才能保证计划的有效执行。

2. 赏罚应该注意的问题

运用奖惩手段时需要注意：赏罚必须公平，不偏不倚；要就事论事，不搞承袭积累，过不掩功，功不抵过；赏罚要及时，要讲究刺激量，过宽过频会失去激励作用；必要时重赏重罚，有加大激励或整肃人心的作用；实施赏罚的同时还要做一定的思想工作。

行动：动手实施计划

活动一：如何实施巧克力的促销计划

一、活动背景

小陈是某市某巧克力品牌的一名销售人员。情人节将至，公司准备在2月1日～20日的20天时间里在该市各大超市举行促销活动。计划的制订、促销地点的联络都是小陈的职责所在。小陈迅速制订了一个工作计划时间表（表11-3），准备照此实施。

表 11-3 促销工作计划时间表

时间	工作内容
1月15日前	制订促销工作计划，并上报公司经理
1月15日—1月18日	电话联系各商场经理，约定拜访时间，简要说明情况
1月19日—1月27日	分别拜访各商场经理，落实促销期间的具体事宜
1月28日—1月31日	促销前的员工培训与货物准备
2月1日—2月20日	每天轮流检查各促销点的状况，交流各促销点的经验
2月21日	召集各促销点负责人开会，讨论促销中出现的问题
2月22日	召集所有促销人员开会，表彰先进人员
2月23日	活动结束，提交总结报告

二、讨论分析

在实施的过程中，小陈要注意抓好哪些关键的环节？

三、活动提示

小陈的计划实施过程中，最重要的关键环节应该有以下两个：

1. 与商场经理达成促销协议，征得商场同意；

2. 培训员工，使每一个参加促销的人员都能知道促销的相关政策，了解促销的一些技巧、礼仪及常见纠纷处理方法。

活动二：如何合作制订晚会活动计划

一、活动背景

某集团公司拟于今年年底举办一个"内部创业年会"，将邀请多位内部创业项目经理和你共同制订年会计划，现聘请你负责组织实施。你准备怎样组织各位经理与你共同完成这一任务？

二、活动要求

在制订晚会活动计划的过程中，请你思考如下问题：

1. 在实现的过程中，按照"九步法"你需要做什么？

2. 你如何向别人分配工作？

3. 你如何保证每个人都认真完成自己的工作？

4. 出现意外情况如何处理？是否需要调整原来的计划？

反思：检查你实施计划的能力

一、自我评估

回答以下问题，评估自己是否掌握了如何检查实施计划的关键步骤。

1. 请你阐述"制订计划的过程"与"实施计划的过程"有哪些不同？

2. 为什么说计划实施的过程是体现一个人执行能力的过程？

3. 简述计划落实过程的九个步骤。

4. 在计划落实的九个步骤中，你认为哪两个步骤最重要？为什么？

二、反思提高

1. 你有没有成功实施过一个较大的工作计划？回顾其过程，你的收获是什么？你有何深刻的体会？

2. 你或同事有无计划实施失败的案例，它给你的教训或能借鉴的经验是什么？在实际工作中，你实施计划时常犯的错误主要是什么？

模块十二
评估解决问题结果

　　本模块培训的内容是对现有的"问题解决"的经验和方法的总结，目的在于增加我们的经验，扩展"经验"的使用领域，用学会的方法去解决工作和生活中出现的类似问题。一个问题解决了，往往又会出现新的问题。工作的过程就是一个不断地解决各种问题的过程。因此，我们要不断地积累解决各种问题的经验，使自己成为一个解决问题的能手。

　　本模块训练的目的是在检验问题的解决方案到底是否成功的基础上，对问题解决的方法和结果进行评估与鉴定，并在此基础上总结经验，提升自己解决问题的能力。

　　反思和总结是解决问题中一个重要但是又经常被人们忽略的步骤。反思和总结主要有三个目的：确定解决问题的有效性、先进性和合理性；向项目资金提供者或上级主管部门说明方案执行情况；总结解决问题的经验与教训。因此，我们对解决问题的反思和总结主要体现在三个方面：一是问题解决的效果；二是问题解决的过程；三是问题解决方法的经验教训。

本模块能力要求：

1. 能切实检查问题解决的过程和结果，准确实施检查；
2. 能说明用于检查问题解决结果的方法；
3. 能具体做出问题解决（包括每个步骤）的结论；
4. 能与专家或上级商议，用有效方法检查评估解决问题的结果；
5. 能评估问题解决的效果，并能说明问题解决的原因；
6. 能得出检查结论，总结经验，并提出进一步改进和完善解决问题的办法。

本模块训练重点：

1. 掌握问题解决后的检查方法；
2. 学会说明检查的结果，并解释成因；
3. 学会利用经验解决新问题。

案例示范：福利洗澡票（二）

案例回顾：某炼钢厂车间内的温度非常高，在车间里工作的职工每天都是浑身大汗，于是该厂在车间附近设澡堂以方便职工下班以后能立刻洗澡。作为职工的福利，工厂每个月给职工发8张洗澡票，其余的洗澡票，职工可以以每张5元的价格购买。职工们总是抱怨福利洗澡票的数量远远不够使用。另外，工厂的澡堂里总是非常拥挤，且每个月的耗水量非常大，人均耗水量是在家洗澡的5倍以上。

工厂后勤科的李科长解决问题的四个环节如下：

第一步，准确描述问题，提出解决问题的方案；

第二步，获得相关人员的认可和支持；

第三步，动手制订工作计划；

第四步，将计划付诸实施。

接下来，我们继续了解李科长是如何实施检查、评估结果的。

第五步，评估问题解决的效果。

经过改造，工厂澡堂IC卡已经投入了正式运行，不过时间比预期的晚了一个月。职工们使用这种洗澡方式后做出反馈，有人说IC卡的使用大大减少了水资源浪费的现象，而且澡堂的人数也明显减少；也有些人认为，虽然IC卡制度使得每个人的单次洗澡时间减少，但洗澡次数增加，所以用水总量不变；还有人说，在使用IC卡洗澡时，由于担心时间，职工们总是匆忙洗完，觉得很不习惯。

经过前面的努力，澡堂用水浪费问题的解决方案已经实施完毕。在写总结报告时，李科长要陈述IC卡方案实施后的结果：方案实施后是否真的解决了洗澡拥挤和水资源浪费的问题？职工对这个解决方案的满意程度如何？

李科长思考了以下4个问题：

（1）应该用哪些指标来说明解决问题的结果？

（2）如何获得这些指标的数据？

（3）如何根据数据解释结果？

（4）如何判断问题是否得到解决？

李科长准备评估IC卡改革的效果，这个问题的解决目标——改变澡堂拥挤的情况和减少澡堂里浪费水的情况是评估的重点；此外，职工对这项制度改革的满意程度也是一项重要的评价指标。

李科长针对这3个评价目标，分别选择了不同的检查方法：

减少澡堂拥挤情况的目标。请澡堂门口的工作人员记录进出澡堂人数，计算某一个时间段内的平均人数。为了确保检查结果的有效性，他要求在早上、中午、晚上3个时间段分别连续统计一周。

减少澡堂里浪费水的情况。根据澡堂的日均耗水情况，连续统计一周，计算人均耗水量。

职工满意度评价。李科长决定使用访谈和问卷结合的方法，制定一份问卷，在全厂发放，收集更多的职工意见。

李科长将这些计划交给后勤科的小陈去实施。小陈制定了一个深度访谈的提纲：

（1）你认为采用新制度之后，澡堂的拥挤状况是否有所改变？

（2）新制度是否使你洗澡的方式发生变化（例如：更快，或由于担心计时而非常匆忙，或减少单纯冲水的时间）？

（3）你认为新制度可以促使大家节约用水吗？

（4）你对新制度最满意的是什么？

（5）你对新制度最不满意的是什么？

小陈首先寻找了十几名不同部门的职工，根据以上提纲向他们询问对新制度的看法。根据访谈的结果，他又设计了一份问卷，并在全厂发放，收集数据。

最后，小陈统计了数据结果，发现澡堂每天的耗水量只有以前的1/3，节水效果显著。而且，从职工回答问卷的数据来看，职工普遍认为澡堂比以前人更少了，75%的人认为新制度比旧制度更好，只有12%的人认为旧制度比新制度好，10%的人认为两种制度差不多；79%的人认为这项改革有利于节约水资源。调查结果充分说明：澡堂计费制度的改革非常成功。

第六步，回顾并解释解决问题的过程。

李科长已经使用各种检查方法获得了项目实施结果的数据，这仅仅是项目总结的第一步。对解决问题的过程进行总结时，要学会将这些总结用书面的形式呈现出来，以便让上级或者其他相关人员对项目的过程、结果和经验教训一目了然。

从执行计划开始，李科长就将解决问题的每一个步骤列了出来，并将每一步执行结果记录下来，说明执行结果调整的原因。最终，这个项目比原定计划延迟了一个半月完成。每当一个阶段的工作结束以后，李科长都仔细检查计划执行的情况，并思考在方案中出现的错误和考虑不周的地方。在整个计划中，有3处明显的延误和调整：IC卡设备采购，IC卡的调整，试运行。尤其是试运行中出现的水龙头问题，在原来的计划中并没有预料到，风险评估里也没有涉及，导致问题出现以后没有采取及时的补救措施，最终使整个工程被延误长达4周。在总结报告中，李科长对此要进行详细说明。

第七步，是否能用经验解决新问题？

分析案例"福利洗澡票"，说明下面的问题与该案例在表面和结构上的相似程度如何？

（1）工厂工人原来的工资按照工作时间计算，但是工厂发现工人们消极怠工的现象比较严重。随后改为按件计工资。

（2）某健身俱乐部推出两种卡，一种是年卡，2 200元，一年之内可任意次数使用；一种是次卡，1 200元，共有40次。

（3）某大学之前实行的工资制度是按职称定工资，后来发现到达一定职称之后的教师都不愿意教课，便改为除基本工资以外按课时定工资。但是，随后又发现教师不愿意做科研，最后又制定了按科研成果定工资的制度。

（4）某通信企业提供了两种通信套餐：套餐A有固定的座机费，单次通话费为0.4元/分钟；套餐B没有固定座机费，单次通话费为0.6元/分钟。

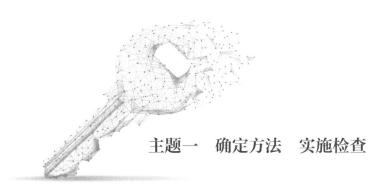

主题一　确定方法　实施检查

问题：怎样对问题解决的结果进行检查？

有些简单的问题，我们能很容易知道是否得到了解决，以及解决的效果如何。解决问题前，如果我们有很明确的指标，也容易知道问题是否得到解决。比如，解决营业额下降的问题，要知道措施是否有效，只要看营业额是否上升即可。但有些更为复杂的问题或没有具体量化指标的问题，就不是一眼能看出、能评估出问题是否完全解决的了。

在工作过程中，评估不仅仅是为了检验解决问题的结果，更重要的是在评估的基础上对项目进一步提供支持，加以改进。因此，评估过程中，除了对解决问题的结果进行评估，还需要对解决问题的过程进行分析，包括澄清情况，对事态的发展状况及解决问题的过程作出说明。

通过本主题的学习和训练，你将能够：

1. 掌握集中检查问题解决结果的方法，能够正确地实施测试、观察、测量或核查；

2. 学会解释检查结果，养成对问题解决过程、方法进行反思的习惯。

认知：掌握检验问题解决结果的方法

一、定性检验法和定量检验法

问题解决后的理想结果便是问题解决之前想达到的"目标状态"，因此，检验就是要评定问题是否得到了令人满意的解决，采用的解决方法是否妥当。检验的方法可以分为定性检验法和定量检验法两类。

1. 定性检验法

定性，就是用文字语言进行相关描述，更多地了解当事人和相关人员的心理感受和态度。对"问题的解决方法"及"问题的解决状态"进行定性检查。

2. 定量检验法

定量，是用可测量的数据来进行相关的描述，利用客观指标来说明问题解决的状况，用数据说话。

二、常用的检验方法

1. 结果评估法

结果评估法是对问题解决后的状态进行评估，主要评估近期目标、中期目标和远期目标实现的情况。

对成功解决问题的过程与方法进行反思总结，你可以从中获得经验；对未能完全成功解决问题或失败的过程与方法进行反思总结，你可以从中获得教训。不断积累经验和教训，你就会成为解决问题的能手。

2. 专家鉴定法

对于专业性、技术性较强的问题到底解决得怎么样，可以聘请相关的专家来进行鉴定、评估，这样的检验结果比较准确、客观，能透过事物表象，发现事物的本质。

3. 群众评估法

直接关系到群众利益问题的解决结果，就要让群众来评估。比如，单位进行民主测评、社区服务质量改进问题等，应当让本单位的群众（包括服务对象）来评价。常用的群众评估方法有：

（1）小组座谈。由一个经过训练的主持人以一种自然的形式与一个小组的被调查者交谈。主持人负责组织讨论，通过倾听与讨论，获取对有关问题的深入了解。一个小组一般由 2 ~ 8 人组成，一般需要采访 2 ~ 4 个小组。

（2）深度访谈。通过对被访者直接的、一对一的深度访谈，以揭示被访者对某一问题的潜在动机、信念、态度和认知信息。一次深度访谈可能要花上 30 分钟甚至 1 个小时以上的时间。访谈时，访谈员事先可设计粗略的提纲采访，但应按照被访者的反应灵活实施。

为了获取有意义的、能揭示内在问题的反应，深度访谈必须注意：访谈员要保持中立态度，不要向被调查者暗示自己的意见，以免影响资料的真实性；要把握访谈方向和主题焦点，防止偏离调查主题，以免影响效率；语言要简明扼要，要根据被调查者的特点，灵活掌握问题的提法和语气，掌握追问的技巧。

（3）问卷调查。根据统计测量科学要求，按照目标编制问卷和量表，收集最真实可信的问卷量表数据，进行统计分析。

（4）电话调查。调查人员通过电话手段向被调查者进行问询，了解被调查者对问题解决情况的反应。

4. 指标考核法

依据问题解决之前设定的清晰目标或具体考核指标对结果进行考核，这种方法为指标考核法。

5. 列表提问法

用列表提问法检验结果时，大致可以从以下 7 个方面进行提问（表 12-1），有些问题可以根据具体的项目做适当调整。列表提问的方法比较容易操作，适用于一些初级问题解决结果的检查。

每一个问题解决后的效果检查要求和重点是不一样的，不必生搬硬套现存的指标，你可根据实际情况选择检查项目和方法，只要达到了主要目的，完成了解决问题前设定的目标，检查的任务就算完成了。

表 12-1 用列表提法检查 7 个方面

序号	检查方面	提问
1	结果检查	问题解决后的结果是否达到了计划的目标
		如果未达到计划目标，在什么地方还有差距
		问题解决是否最大程度上满足了各方的利益和需求
2	过程检查	问题解决的时间是否符合要求
		解决问题的步骤是否符合逻辑上的次序
		问题解决各个步骤的事件之间有没有一些因果性关系
		问题解决的过程是否有条不紊、井然有序
		解决问题过程中是否隐藏了产生新的问题的因素
3	"人"的因素检查	解决问题时自己的语言方式是否妥当
		解决问题中有没有团队成员受伤或者险些发生意外
		团队协作时有没有发生争吵或者有明显不快
		团队中哪些成员在解决问题过程中有积极建议
		团队中哪些成员在解决问题过程中有协作
4	"财"的因素检查	是否超出了预算？超出了多少或者结余了多少
		超出或者结余主要是什么缘故
		所有的支出是否合理，手续是否规范
5	"物"的因素检查	解决问题中准备的材料在开始时都考虑到了吗
		解决问题中使用的材料还可以继续使用吗？入库归类了吗
		这些材料的价格是否合理？在什么地方购买比较节约
		这些材料的质量怎么样？有什么替代产品吗
6	"社会环境"因素检查	解决问题的过程中是否考虑到社会环境的因素
		对于考虑的环境因素是否采取了适当的预防措施
		对于环境因素所采取预期措施是否妥当
		在解决问题中对环境因素的思考，有没有考虑到人文环境的因素？思考是否充分
		对人文环境因素的把握是否准确
7	"关键"因素检查	解决问题计划中确定的关键因素是否正确
		在实施计划的关键环节时，自己的行为是否正确？有什么可以改进的地方

三、采集定量检验数据

指标、数据是定量检验的依据，采集定量检验的数据至关重要。采集数据有以下基本方法。

1. 问卷调查

这是针对用户群数量较大且目标比较明确的产品或服务而采用的一种调查方法。

如前所述，应根据统计测量科学要求，按照目标，编制问卷和量表，可收集问题解决后真实可信的数据，以用于统计分析。

2. 信息化手段收集大数据

利用现代网络信息化或人工智能的手段，可以获得相关问题解决的大数据。统计分析大的样本量，可以得出有说服力的结论。

3. 采集相关数据

对于采集到的某些数据，我们可以利用已有的现成数据，如问题解决前的状况数据，来进行对比；也可以利用条件，采用第三方的相关数据来进行佐证分析。

四、定量分析和说明检验结果

一个样本获取的数据，其数量、规模是有限的。为了说明样本所代表的总体情形，使用样本数据，运用统计科学的方法，可以对检验的结果作出准确的结论和说明。

说明问题解决后的事实和结论时，可以制作数据统计表和直方图、饼图、线图、散点图等统计图，用直观的方式表示结果状态。

行动：检查问题的解决效果

活动一：案例分析——新式水槽真的好用吗

一、活动背景

某厨房清洁用具生产厂家经过调研，发现很多人抱怨在使用水槽洗菜时，没有一个可以顺手扔垃圾的地方。为了解决这个问题，该厂家生产了一种新式水槽，在两个水槽之间设置了一个垃圾盒子。

二、活动要求

请思考以下问题：

应该用哪些指标来说明这个问题的解决结果？应该如何获得数据？

三、讨论

1. 应选择客观指标还是主观指标？
2. 主观指标选用哪种评估方法？为什么？
3. 设计一份深度访谈的提纲和一份调查问卷。
4. 应选取哪些人作为调查对象？
5. 在调查过程中应该注意哪些问题？
6. 能用统计表、统计图和文字说明检查结果吗？

活动二：检验污水处理的效果

一、活动背景

某酒业公司酒精的年生产能力达20 000吨，其不仅是粮食能源消耗大户，而且是该地区的重点污染源，周围居民一直以来意见很大。2000年，在"一控双达标"的关卡面前，由于酒精废液排放不合格，该公司被勒令停产整顿。公司意识到问题的严重性，对整个生产系统进行了全面改进，尤其是废液处理方面，更是花大力气进行整顿。经过改造，其废液排放理论上已达标。

二、活动要求

如果你是这家公司的污水处理工程师，你如何对污水处理的情况作出检验，以尽快恢复生产？

三、活动提示

第一步：使用定量检验法

该公司首先要进行定量检验，公司主管污水处理的工程师应取出本公司改进生产系统以后的废液进行检验，看是否达到国家标准。如果已经达标，就可以以此作为有效证据，请求恢复生产。

第二步：使用定性检验法

如果希望尽快恢复生产，公司主管污水处理的工程师可以请当地受影响较大的居民，与他们进行座谈讨论，看他们是不是对现行的污水处理状况满意。

第三步：征求上级主管部门的意见

将检验结果交给政府有关部门，请专家鉴定结果的可靠性，同时申请恢复生产活动。

反思：你是否掌握了检验的方法？

一、自我评估

（一）复习思考

1. 对计划实施检验的方法有哪些？其各有什么优缺点？

2. 如何获得有效的检查数据？

3. 运用列表提问有什么好处？如果列表提问法的问题不够全面，还需要补充，你认为应增加哪方面的问题？请具体列出来。

（二）案例回顾

针对本节"活动二：检查污水处理效果"的小组活动，问问自己：

1. 选择的检验方法是否妥当？

2. 检验过程是否合理？

3. 检查时是否抓住了关键？

二、反思提高

工作就是解决问题。每一天，我们要解决大大小小的问题，问一问自己：

1. 本人有及时总结工作的方法和习惯吗？

2. 自己对问题解决，特别是比较大的复杂的问题解决的效果评估方法掌握得怎样？对照本次我们学习的知识，反思一下自己有无差距？

有些技术性比较强的方法，比如专家鉴定法、问卷调查法、定量检验法等，一般需要经过多次实践才能熟练掌握。通过本节的学习，希望你掌握基本技能并不断实践运用，逐步成为检验问题解决效果的高手。

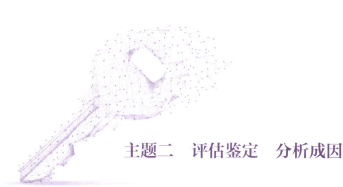

主题二　评估鉴定　分析成因

问题：怎样说明结果，作出解释？

　　问题解决的检查是初步的评判，主要是对问题是否已经解决的评价。评估鉴定是将"问题解决后的状态"与预期目标进行比较并作出综合判断的过程。评估鉴定不仅可以掌握问题解决的效果是否达到预期目标，而且可以对方案本身以及实施方案的过程进行评估，分析在解决问题过程中各个阶段的成功和不足，有利于提出整改方案或进行总结，也有利于个体或群体提高解决问题的能力。

　　通过本主题的学习和训练，你将能够：

1. 学会跟踪问题解决过程，掌握各类反馈信息的搜集方法；
2. 掌握评估鉴定方法，学会总结，分析成因。

认知：怎样做评估鉴定与成因解释

一、评估鉴定解决问题的方法

（一）评估组织方面

1. 自我评估鉴定

由被评估的部门和个人，按照原计划和实际解决的情况进行自我检查。

2. 领导评估鉴定

　　领导特别是主管领导亲自深入有关部门，对问题解决的情况进行实地评估。领导对下属问题解决的评估，一般会采用如下方法：

　　（1）印象评估。这是根据对下属工作的印象而作出总结性评价的方法。这种方法比较简单、常用，但须注意避免不够具体，出现偏颇。

　　（2）直接指标评估鉴定。这是采用可检测、可核算的指标构成若干评估要素，作为评估问题解决效果主要依据的方法。这种方法简单易行，能节省人力、物力和管理成本。

　　（3）360°评估鉴定。这是由问题解决者的上级来组织，由上级、相关同事、下级、服务对象和问题解决者本人等担当评价者，从多个角度进行客观、公正评价的方法。这种方法实施成本较高，但比较全面客观。

微课：

评估结果

3. 交叉评估鉴定

按统一的评估内容和标准，让被评估的部门互相交叉实施评估。交叉评估的过程是部门间互相学习的好机会，往往能够收到一举多得的效果。

4. 抽样评估鉴定

对所接受评估的部门只抽取部分进行评估。抽样评估有两种方式：

（1）选择有代表性的部门，分类型进行评估；

（2）随机抽取一批部门进行评估，用点上的情况来说明整体面上的情况。

（二）评估内容方面

1. 全面评估鉴定

对解决问题后的所有指标进行全面评估鉴定。

2. 重点评估鉴定

对计划解决的问题，不逐项评估，只摘取其中重点项进行评估。

3. 对照评估鉴定

将解决问题的效果与预定指标进行对照评估。例如在"路明的疑惑"案例中，对解决问题后的效果评估鉴定，需要评估就诊病人人次、门诊处方合格率、治愈率、购进药品质量合格率、门诊总产值、产值利润率、解决居民不信任问题完成率、解决医术问题完成率、提高便民服务质量完成率、改善诊所环境完成率，等等。评估时，可进行对照检查，将实际完成情况同原定任务进行对照，从而鉴定出经济效益的优劣。

二、跟踪解决问题的过程，搜集各类反馈信息

（一）跟踪记录解决问题的每个步骤

在执行计划过程中，要将每一个步骤和完成每一步的时间、方法都列出来，如执行的计划与原计划有变动，须做好记录，并说明调整的原因。

（二）跟踪方法

1. 进行结果调查

有些问题解决之后，需要持续不断地关注结果可能出现的相关变化。如一名医生要想知道手术的效果如何，必须跟踪病人术后的病情状况，结果状况是解决问题的最终目标。

有些问题的解决结果，涉及相关人员的切身利益，必须从相关人员的满意度调查中得到答案。如果一般的调查无法满足需要，可以设计系统的调查问卷，结构化地收集、分析信息，对问题解决的结果作出评价。

2. 求同观察检验

有些问题是在一定的社会条件或自然条件下出现的。这些问题是否解决了，要放到同样的条件下去检验，才能得出客观结果。这类问题的检验，应该实行求同观察检验。比如，居民楼顶层漏雨的问题是在雨天发现的，这一问题是否得到了有效的解决，天气晴朗的时候是无法判断的，必须在同样的雨天，才能作出漏雨问题是否得到

有效解决的鉴定。

3. 列表提问

这种方法最大的优点就是使用方便、结构化。评估鉴定时可以将要鉴定的内容形成表格，见表12-2。

表 12-2　结果评估鉴定表

问题解决目标	结果评估				
	好	较好	一般	较差	差
最终结果是否达到了目标					
过程是否具有创新性					
成本控制如何					
团队协作如何					
涉及的有关方面是否满意					
总结鉴定意见：					

三、作出鉴定，解释原因

（一）澄清解决问题的每个步骤，并解释每一步决策的原因

在执行计划的过程中，如果发现原计划的步骤不符合实际情况，需要进行调整，应该将每一次变动都在原有的计划表上做好记录。可以利用表格记录调整的内容，做好说明，以便于追溯缘由，如表12-3所示。

表 12-3　计划执行表

步骤	执行结果和效果	时间	调整及原因说明

（二）评估解决问题的过程

针对整个问题的解决过程，从提出问题到实施方案的反思，可以按阶段划分，用下列提问对照检查。

1. 提出问题阶段

你对有关问题的信息是否有过质疑？在开始思考问题并寻找解决的方案时，你寻找了哪些关于此问题的信息？哪些必须回答的问题可以避免设计方案失败？

2. 提出解决方案阶段

方案是否真正、彻底地解决了问题？此方案实施的后果是否都考虑到了？方案有

没有错误？是否争论过这个方案的利与弊？方案是否有可以改进的地方？这个方案是否经济合理？这个方案是否能够满足用户的需求？这个方案可靠吗？检查论证的程序与逻辑怎么样？

解决方案的提出和确定是问题能够正确解决的重要步骤，因此对这一步骤的检验至关重要，要足够仔细。

3. 寻求支持阶段

你最大可能地获得了上级和同事的赞同吗？寻求支持的过程中，哪部分做得最好？寻求支持的过程有什么不足？还有什么地方需要改进？

4. 制订计划阶段

有没有考虑到意外的情况？时间安排得是否合理？

5. 执行计划阶段

是否有临时变更计划的情况？变更的原因是什么？是否存在监管不力的情况？

（三）分析成败的原因

分析解决问题的成败要有正确的态度，应从客观的角度，反思决策和解决问题成效的原因，为以后的工作积累经验。

归因方式是指个体对行为原因进行推测与判断的过程。每个人都有自己习惯性的归因方式，个人的归因方式影响着归因结果。

1. 内外归因

内部原因是指解决问题的内在原因，如员工的性格、情绪、努力程度等；外部原因是指环境因素，如工作设施、计划的详细程度、任务难度、机遇等。

2. 可控与不可控归因

可控原因是指个体可以控制的原因，如个人努力程度；不可控原因则是指人不能控制的原因，如地震、台风等自然灾害。

心理学研究表明，成功时人们的正常心理反应是将成功归功于内部原因和可控原因，而失败时则力图把责任推诿给不可控原因和外部原因。这样的归因处理对于调节人的心理是有利的，但不利于客观评价解决问题的效果，不利于发现存在的问题、并总结经验教训，不利于更好地解决问题。因此，我们应尽量克服这一心理。

四、总结经验，撰写总结报告

通过总结，可以全面系统地了解以往的情况，明确哪些是应该肯定的，哪些是应该纠正和避免的，从成功中吸取经验，从失败中吸取教训，以便下一步更好地实践。

（一）总结报告的内容

（1）基本情况。即情况的概述，包括地域、时间、人员、自然条件、社会情况、工作内容、进程、现状等。

（2）成绩和缺点。肯定成绩，找出缺点，这是总结的目的。要重点写出成绩有哪些，缺点有哪些，并分清主流和支流。

（3）经验和教训。对实践中取得的经验和教训进行分析、研究、概括、集中，提高到理性认识，作为今后的借鉴。

（4）存在的问题和建议。包括暂时没有条件解决或没有办法解决的问题，提出下一步解决的意见和措施。

（二）总结报告的写法

通常，一份总结报告包括以下几部分：

（1）标题。标题要简明扼要，清楚地反映总结报告的主要内容，例如"关于××厂澡堂计费制度改革项目的总结报告"。

（2）摘要。可以放在最前面，也可以放在最后。它用来说明你如何处理问题，并简要说明你发现的重要结果。通常300～500字就可以了。

（3）介绍问题。介绍问题是什么，为什么这个问题值得去解决，并提供相关背景材料，表述基本问题并讨论、分析，提出解决的思路。

（4）解决方法。具体描述解决问题的方法和步骤，包括涉及的资源、资金和人员。

（5）结果。说明你评估解决问题的方法和结果。

（6）结果讨论。说明为什么结果是这样，是否和预期的保持了一致。你应该说明哪些与预期的符合，哪些不符合。

（7）结论。对整个解决问题的结果作出总结。

（8）经验教训及建议。反思解决问题的各个步骤，说明每个步骤的成功与不足，给出对以后工作的建议。

（9）附注。列出你这份总结报告中参考的所有资料的来源。

行动：评估鉴定效果，解释成因

活动一：分析巧克力促销活动的执行情况

一、活动程序与规则

在模块十一主题三"活动一"的案例"巧克力的促销计划"中，小陈从计划执行开始，列出了计划的每个步骤，并记录了每一步的执行结果，如表12-4所示。

表 12-4　巧克力促销计划执行过程与效果记录

工作内容	执行结果和效果	最终结果
制订促销工作计划，并上报经理	获得审批	按时完成
电话联系各商场经理，约定拜访时间，简单说明情况	预定时间	按时完成
分别拜访各商场经理，落实促销期间的具体事宜	落实时间、地点、相关人员	按时完成
促销前的员工培训与货物准备	完成培训，货物运输到位	按时完成
促销期间，每天轮流检查各促销点的状况，交流各个促销点的促销经验	检查中发现促销员执行不力，部分促销点效果很差	按时完成

二、活动任务

在促销活动过程中，小陈经检查发现，部分促销点促销员的执行力很差，完全没有按照培训的内容进行。如果你是小陈，请对此进行鉴定说明，从主客观、可控和不可控方面分析原因。

活动二：案例分析——醉酒客人要带驴子进酒店

一、活动背景

某酒店的大门口，门童小赵和小高正忙碌地迎送客人。忽然，他们发现前面有位男子牵着一头驴子向酒店蹒跚走来。稍近一点，他们发现这位男子是住店的客人许先生。只见他迈着跟跄的步子，口中一个劲地嘟囔着："我买了一头多好的驴子呵！我要带它进酒店。"显然，这位男子酒喝得太多了。两位门童顿时意识到，若把驴子牵进大堂，后果将不堪设想。他们迅速交换了一下眼色，各自心领神会，立即一里一外分头"出击"。

小赵赶忙迎上前去，截住许先生"纠缠"不放。他一会儿夸奖驴子好，一会儿询问驴子是从哪儿买来的、什么价码，一会儿让许先生牵着驴子在门口的停车场上溜达一圈作演示……

那边的小高快步推门进入大堂，冲到服务台前，请服务员迅速查明许先生入住的107房。他记得许先生有一位朋友与他同住，随即给107房打电话，那位朋友果然在房里，小高便把正发生的事情告诉他，请他马上下来帮忙。那位朋友赶紧下楼，小高守候在电梯口迎接他，领他赶到门口。

此刻，门外的许先生已经被小赵缠得不耐烦了，牵着驴子执意要往大堂冲，小赵则死死拦住。眼看就要扛不住时，小高带着那位朋友赶到，一齐劝阻，许先生认出朋友，便显得平静了些。小赵趁机将牵驴的绳子从许先生手中拉出，把驴子牵到酒店侧面厨房门口的院子里拴住，请一位熟悉牲口的老厨师喂养照料。同时，小高与那位朋友把许先生连扶带架送到107房。小高泡了一杯醒酒茶，让许先生喝了，又与他的朋友安顿他躺下睡觉，请他的朋友留心照顾，然后才离去。

次日早上，许先生醒来，听朋友述说昨晚发生的事，懊悔不已。他连忙赶到门口，向小赵和小高道歉。

二、活动要求

请运用列表提问法，对案例中两位服务员解决问题的工作进行评估鉴定。

反思：你是否掌握了鉴定结果和解释成因的方法？

一、自我评估

1. 对结果进行的评价鉴定一般从哪几个方面进行？

2. 可以采用哪些方法对结果进行评估？

3. 列表法的最大好处是什么？怎样科学地列出检查的项目？

4. 利用本次课所学的内容，思考还有哪些方法可用于评估鉴定问题解决的效果。

二、反思提高

1."失败是成功之母。"每个人都不免会有一些失败的经历，请从你的工作或生活中，找出自己曾有过的解决问题失败的例子，叙述其解决问题的过程，并从不同的环节反思其失败的主要原因。

2.针对自己成功解决问题的经历，写一份总结报告，分析你取得成功的主要影响因素。

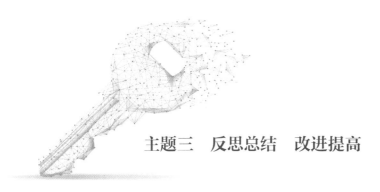

主题三　反思总结　改进提高

问题：怎样总结经验，利用经验解决新问题？

在问题解决后，反思解决问题的全过程，总结经验，不断改进解决问题的方法十分重要。成功了，总结成功的经验；失败了，"吃一堑，长一智"。经历是人生的财富，反思总结是我们进步的阶梯，解决问题的高手都是经过历练并善于总结自己经验或借鉴别人经验的智慧者。

本主题我们要对解决问题的过程进行评估，评价解决问题的每一个步骤是不是恰当。例如，问题的描述与定位是否准确；采取的解决方案是不是经济有效；是不是合理地使用了可以利用的资源，有没有闲置资源，有没有利用不必要的昂贵资源；自己的行动所产生的影响如何，正面影响如何，是否有负面影响，负面影响有多大，甚至是更广泛的社会评价如何；等等。在进行了上述一系列评价以后，可以作出结论，已经解决的问题是不是体现了最佳的解决过程？如果不是，有没有更好的解决问题的方法；如果采用该方案，能不能产生更好的效果；等等。

通过本主题的学习和训练，你将能够：

1. 掌握总结与反思的方法；

2. 学会利用经验，解决新问题。

认知：学会总结经验　利用经验解决新问题

一、过程反思与改进

总结与反思，是两个密切相关的环节。总结，是对过去一定时期的工作情况进行回顾、分析，并作出客观评价的过程。而反思，顾名思义，则是反省、思考，主要是总结经验、教训。两者的目的都是为了提高问题解决的能力，增强以后解决问题的效果。总结与反思主要有以下方法。

（一）对话法

对话法是通过与他人研讨交流，借助他人的视角，帮助自己清楚地意识到隐藏在问题解决行为背后的问题，找到规避的方法，进而提高自我的监控能力。

对话法相当于小型研讨会，操作程序为：第一，由问题解决的主要负责人阐述问题解决的方法及其依据，并介绍问题解决的全过程；第二，展开对话，产生思维碰撞；第三，负责人根据讨论结果写出反思性总结。

（二）列表提问法

反思也可以用不断提问的方式进行，提问的主题结构和问题内容大致如下，见表12-5。

表 12-5　列表提问清单

问题结构	问题举例	结果评价
目标方面	我要解决的问题是什么？	
	我要解决的问题是否抓住了问题的关键？	
策略方面	我解决问题采用了什么策略？	
	这些策略正确吗？有什么可以改进的地方？	
	这些策略的欠缺在哪里？	
方法方面	我怎样解决了这个问题？采用了什么方法？	
	还有没有其他更好的方法解决这个问题？	
	其他人有没有提过别的方法？其优缺点是什么？	
原因方面	我当时为什么这样做？基于什么理由？	
	现在看来这些理由是否成立？	
	当时还有哪些理由没有考虑到？	
动机方面	我解决问题的出发点和动机是什么？	
	我的这些动机正确吗？	
	我的这些动机带来了哪些结果？	
计划方面	我制订的解决问题计划的优缺点是什么？	
	有哪些重要因素在计划中没有被考虑到？	
	今后制订计划的时候要注意什么问题？	
实施方面	解决问题过程中我的哪些行为值得肯定或否定？	
	解决问题过程中哪些方面做得不够？	
沟通方面	向领导请示方面我是否做得够好？	
	我是否充分注意到了对领导的尊重？	
	我说话的语气语调是否妥当谦和？	
协作方面	我有没有引起他人的反感或者不快？	
	我在与谁合作时做得比较好或不好？好在什么地方？不好在什么地方？	

续表

问题结构	问题举例	结果评价
结果方面	问题解决后的结果怎么样？	
	别人对我所解决的这个问题评价如何？	
总的方面	解决问题中我的主要优点或缺点是什么？	
	解决问题中我受到的主要启发是什么？	

以上提问的主体结构基本概括了需要反思的主要内容，但具体的提问例句仅作举例，反思总结时，可以根据个人的方式和问题的特点灵活运用。

二、利用经验解决新问题

经历是人生的财富，历练是成长的阶梯。这个财富的积累不仅仅在于遇事数量的多少，而在于遇事后经验的总结和教训的吸取，在于知识的"迁移"，在于利用经验解决新问题，举一反三、触类旁通。

"迁移"是指先行的学习、经验对后续学习、经验的影响，即已有知识和经验对解决新问题的影响。

影响迁移的一个重要因素是问题的相似性。人们模仿鸟类的飞行，制造了飞机；根据蝙蝠探路的方法，发明了雷达；依照水母的"耳"，发明了风暴预警器。相似性的大小主要是由两个任务中含有的共同成分决定的，较多的共同成分将产生较大的相似性，并导致迁移的产生。想要发现问题的相似性，类比是关键的一步。

案例

叩诊法的发明

19世纪中叶，奥地利首都维也纳有一位医生，名叫奥恩布鲁格。有一次，他给一位病人看病，没有检查出什么严重疾病，病人却很快就死了。经过解剖尸体查看，发现病人胸腔积满脓水。医生想，以后再碰到这样的病人怎么诊断？他忽然想起他父亲在经营酒店时，常用手指关节敲木质酒桶，听到"卜卜"的叩击声，就能估量出木桶中还有多少酒。他思考：人们的胸腔不是很像酒桶吗？他通过反复探索胸部疾病和叩击声音之间变化的关系，终于写出医学论文《用叩诊人体胸部发现胸腔内部疾病的新方法》，发明了"叩诊"这一医疗方法。

奥恩布鲁格运用类比推理把"酒桶和盛酒量"与"人的胸腔和胸腔积水"作类比：同是封闭的物体，内藏液体，叩击时能发出声音等，从而根据叩桶知酒量而推出叩胸知病情的结论。此外在科学发展史上，惠更斯提出的光的波动说，卢瑟福及其学生提出的原子结构的行星模型假说，也都运用了类比推理的方法。

生活中有很多现象是类似的。我们常常根据两个类似系统的某一系统中某一公认为正确的判断，来对另一系统作出类似的判断，这就是类比。在类比的过程中，原有问题与新问题的两种水平的相似性充当着重要的角色，即表面相似性和结构相似性。

（一）表面相似性

表面相似性是指事物外在特征的相似。表面相似性是影响类比的一个重要因素，尤其是对于新手而言，表面相似程度越高，越容易进行类比。

从表面相似性上获得解决问题的经验，侧重于对"相似性"进行准确的把握与归类。有些时候，甚至不同类的事物由于特征相同也会有相似性。比如红苹果和红裙子，两者本身只有颜色上的相似，但是如果一头愤怒的公牛冲过来，这仅有的共同之处就是问题的关键了。

（二）结构相似性

结构相似性又称为关系相似性，是指一个问题中对象间的关系能够对应于另一个问题中对象间的关系，换句话说，也就是两个问题之间有相同的抽象原则。很多情况下，类比的关键取决于结构相似性。

案例

猎　人　与　鹰

一个猎人用箭射鹰，但没有射中，主要是因为箭缺少羽毛来定向。鹰给了猎人一些羽毛，猎人很高兴，他答应不再射鹰。

邻　国　之　战

一个好战的国家用导弹袭击它的邻国，但没有成功，主要是因为导弹的导向很差，错过了目标。它的邻国生产最先进的计算机，并表示愿意提供计算机给它，好战的国家很高兴，答应不再袭击它的邻国。

两个故事的表面特征并不同，鹰和箭、导弹和国家，但是结构特征却相似。这就是类比的基本形式：A与B的关系，就像C与D的关系。利用类比解决问题，虽然很有效，但是对于新手来讲，并非易事。困难之处就在于如何识别、激活与新问题相似的旧有经验。下面的几个步骤会对你有所帮助：

（1）利用心理定式。所谓心理定式，是先于一定的活动而又指向该活动的一种动力准备状态。一般来讲，已有的经验在头脑中是处于"惰性"状态的，只有从心理上做好随时调动这些"懒惰"经验的准备，才有利于类比的进行。因此，在环境不变的条件下，定式使人能够应用已掌握的方法迅速解决问题。而在情境发生变化时，它则会妨碍人采用新的方法。

为了排除定式的消极影响，可采取两种办法：第一，请固守一种方法处理问题的人说出为什么他要这样做，然后让他来考虑是否有其他的方法可用；第二，如果尝试无结果，可稍停一会儿。这样可能打破某些特殊的定式，从而提出新观点或找到解决问题的新途径和新方法。

（2）提高概括能力。在解决问题时，为了类比并实现迁移，必须把新旧问题联系起来并放在统一的分析综合活动中。然后通过概括，把握一般原理，掌握事物的本质和规律。只有这样，才能以不变应万变，产生广泛的迁移。

（3）将新问题转化，与旧知识相联系。把未知问题转化为已知问题的思路在某些情况下是非常有作用的。

案例

充气地球仪的发明

王学青在学习地理时，感到地球仪不如地图取拿方便，但地球仪有立体感，容易看懂。怎样才能使地球仪便于携带呢？最好是使用时成球状，不用时可压扁。针对这一想法，王学青从儿童的充气玩具那里得到启发，制成了充气地球仪，十分方便实用。

新型地球仪的发明问题转化为充气玩具的制作后，难题迎刃而解了。不过，虽然类比在解决新问题过程中起着重要的作用，但是仍然要注意根据新问题的实际特征对旧有知识、经验进行适当的调整，不能完全照搬，否则，亦不利于问题的解决。

行动：学会总结经验、解决新问题

活动一：户外活动遇险的营救

一、活动背景

王峰是某户外俱乐部的领队，一次，他带领10名成员到郊区进行为期2天的登山活动。山里没有手机信号，登山刚开始2个小时，其中1名女队员突然摔倒，双手撑地，导致右胳膊脱臼，伤势严重。王峰立即决定停止登山，召集团队商议解决办法，最后，王峰决定由1名男队员护送该受伤队员下山，到最近的镇上医院就医。其余队员跟着王峰继续登山。

1个月后，王峰又带领10名成员到沙漠探险，计划在沙漠里行走3天。在进入沙漠腹地之后的第二天下午，1名队员突然肚子疼，休息1个小时之后情况仍没有好转。此时离最近的公路有1天的行程，而且沙漠中也没有手机信号。

王峰该怎么办？

二、活动任务

1. 小组讨论分析，提出解决方案

第一次户外活动——登山时，遇到困难，王峰成功地解决了问题。第二次户外活动——沙漠探险，王峰遇到了同样的问题，这时候，王峰能否利用第一次的经验解决第二次户外活动遇到的问题？

如果把第二次面临的问题与第一次的问题进行比较，需思考如下问题：

（1）两个问题有哪些相似之处？有哪些区别？

（2）能否用上第一次解决问题的方法解决当前的问题？

（3）如果能用以前的思路，那么这个思路运用在新问题中需要做什么样的改变？

2. 小组间进行交流，评选出最优解决方案

三、活动提示

这次的问题与上次的问题相比较，相似之处有以下几点：

（1）队员中有人出现身体异常状况；

（2）全队处在离救援较远的地方，而且都没有手机信号，不能与外界联系；

（3）全队的计划没有完成。

二者的区别有以下几点：

（1）第二次比第一次离救援力量更远，第一次只需要2小时就可以到达镇上，第二次至少需要1天；

（2）第一次队员的伤势虽重，但只是外伤，而且由于没有伤口，不会感染，所以情况明了，不会进一步恶化。第二次队员的身体情况不明，王峰很难判断队员肚子疼的原因，不知道是会进一步恶化还是很快就会好转。

由于这两个不同点非常重要，使得第二次的问题和第一次的问题在本质上有区别。因此，第二次并不能完全参照第一次的做法。第二次需要全队立刻改变计划，向离沙漠最近的公路进发，并与最近的医院联系，请他们派医生前来救援。

但是，由于两次问题也有相似之处，都处在一个离救援较远而且失去与外界联系的地方，因此，也可以利用第一次的部分经验。比如，在撤退的过程中不断尝试手机沟通，一旦出现信号，立刻请求救援，等等。

活动二：案例分析——总结疫情防控经验

一、活动背景

自2019年年底新冠肺炎疫情袭来，我国人民在党中央领导下积极防控疫情，按照"坚定信心、同舟共济、科学防治、精准施策"的总要求，抓紧抓实抓细各项工作，及时采取应急举措，有效阻击了新冠肺炎疫情的蔓延。在防扩散和病患救治过程中，我国充分运用了2003年防控SARS（重症急性呼吸综合征）疫情的有效经验，吸取了教训，取得显著的成效。

二、活动任务

1. 请总结分析在哪些方面我们有效利用了防控SARS的经验。

2. 这两次疫情，有哪些表面相似性？有哪些结构相似性？

反思：怎样提升总结反思能力，解决新问题？

一、自我评估

1. 问题解决后为什么要进行总结反思？

2. 反思总结有哪些方法？

3. 如何将已有经验应用于新问题？

二、反思提高

历练是人进步的阶梯。哪怕是失败者，只要自己会总结经验，吸取教训，就会成长。学会了总结经验，学会了举一反三，你就已经在成为智者的路上了。回忆你曾失败的一次经历。想一想，当时的你是否反思了失败的原因，从这次失败中，你吸取了哪些教训，得到了哪些经验。如果让现在的你再重新经历一次当时的场景，你会做得更好吗？你在哪些方面可以做得更好？

/阅读清单/

[1]《心灵咖啡：方法总比问题多》，易丽华著，重庆出版集团重庆出版社，2012年

导读：本书主要讨论在现实生活中，问题和方法的逻辑关系、造成问题的因素、解决问题的思维模式、解决问题的基本原则，通过鲜活生动的实例，对问题和方法进行梳理。让读者从各种问题的困扰中解脱出来，从改变观念、调整心态、转换思路、勇于突破、锐意创新、勤于思考、用对智慧等角度出发，详细地分析和解读问题与方法，理论与实践并重，让你以最快捷的方式成为一名解决问题的高手。

[2]《华为28条军规：任正非的管理哲学》，沈方楠著，中国法制出版社，2015年

导读：企业家任正非带领华为从一个注册资金只有2万元的6人小作坊，花费不到30年的时间，打败众多拥有百年发展历史的跨国巨头，成为全球范围内通信设备行业的领头。他究竟有何经营管理秘诀，让华为迅速崛起，创造奇迹。"让听得见炮声的人做决策""拉车人要比坐车人多拿"……华为28条军规为华为的崛起打下了坚实的基础。本书深入解读华为管理真相，全面揭示了华为不断成长、壮大背后的管理秘籍。书中还穿插介绍了一些著名企业家和管理学家的精彩语录，以及著名企业的经典商业故事，深入浅出地解答了如何积极、有效地创业，如何进行高效的内部管理。

[3]《史上最简单的问题解决手册：高效能人士做决定的51个思考模式（升级版）》，（瑞典）麦克·克罗格鲁斯、（瑞士）罗曼·塞普勒著，胡玮珊、于淼译，中国青年出版社，2018年

导读：这是一本工具书，罗列了51个最佳的思考模型，针对每一个问题可能存在的情境，提供了简明的解决思路，让你清楚所处状况，从而协助你做出各式各样的关键决定。除了以文字扼要地说明每个模型以外，本书更用一目了然的图示，让读者能够快速地掌握模型的精髓，实际运用更为容易。这是一本简单且切中要害的问题解决手册，帮助你知己知彼，解决生活中最大的挑战。

你可以仿效各种模型的做法，对自身的情况进行分析，做出符合现状的决定。当你要准备简报或进行年度绩效考核时，在你评估赚钱点子或投资计划时，在你考虑该如何让其他人可以更快地认识你时……你都可以在书中找到适合的模型，让它引导你做出最好的决定。

参考文献

［1］现代职业教育研究院通用职业素质专家委员会.职业素质培育教程［M］.北京：人民出版社，2022.

［2］现代职业教育研究院通用职业素质专家委员会.职业社会能力［M］.北京：人民出版社，2021.

［3］［美］珍妮特·沃斯，林佳豫.自主学习的革命［M］.刘文，译.北京：中国友谊出版公司，2016.

［4］王士恒.职业沟通与团队合作［M］.北京：高等教育出版社，2014.

［5］许湘岳，陈留彬.职业素养教程［M］.北京：人民出版社，2014.

［6］［美］戴夫·埃利斯.优秀大学生手册［M］.何雨珈，等，译.北京：科学出版社，2013.

［7］［英］斯特拉·科特雷尔.批判性思维训练手册［M］.李天竹，译.北京：北京大学出版社，2012.

［8］［英］斯特拉·科特雷尔.学习技术手册［M］.靖晓霞，译.北京：北京大学出版社，2012.

［9］［英］斯特拉·科特雷尔.个人发展手册［M］.凌永华，译.北京：北京大学出版社，2012.

［10］许湘岳，吴强，郑彩云.解决问题教程［M］.吉林：吉林大学出版社，2012.

［11］［日］稻盛和夫.活法［M］.北京：东方出版、社，2012.

［12］付伟.团队建设能力培训全案［M］.北京：人民邮电出版社，2011.

［13］杨玉柱.华为时间管理法［M］.北京：电子工业出版社，2011.

［14］周艳波.形象塑造与自我展示［M］.北京：高等教育出版社，2011.

［15］彭定.品格育成与人生历练［M］.北京：高等教育出版社，2011.

［16］张俊娟.问题解决能力培训全案［M］.2版.北京：人民邮电出版社，2011.

［17］［美］伯尼·特里林，查尔斯·菲德尔.21世纪技能：为我们所生存的时代而学习［M］.洪友，译.天津：天津社会科学院出版社，2011.

［18］［美］达林·曼尼克斯.美国学生社会技能训练手册［M］.天津：天津社会科学出版社，2011.

［19］［美］托马斯·弗里德曼.世界是平的：21世纪简史［M］.2版.湖南：湖南科学技术出版社，2010.

［20］［美］克里斯托弗·彼得森.积极心理学［M］.徐红，译.北京：群言出版社，2010.

［21］［美］泰勒·本－沙哈尔.幸福的方法［M］.2版.北京：当代中国出版社，2009.

［22］［美］克莱·舍基.未来是湿的：无组织的组织力量［M］.胡泳，沈满琳，译.北京：中国人民大学出版社，2009.

［23］童山东.与人交流能力训练手册（试用本）［M］.北京：人民出版社，2008.

［24］劳动和社会保障部职业技能鉴定中心.解决问题能力训练手册（试用本）［M］.北京：人民出版社，2007.

［25］熊丙奇，等.步入大学——大学生学习、生活、职业发展指导［M］.上海：上海交通大学出版社，2007.

读者意见反馈

为收集对教材的意见建议，进一步完善教材编写并做好服务工作，读者可将对本教材的意见建议通过如下渠道反馈至我社。

咨询电话 400-810-0598

反馈邮箱 tianyl@.hep.com.cn

通信地址 北京市朝阳区惠新东街4号富盛大厦1座　高等教育出版社总编辑办公室

邮政编码 100029

防伪查询说明

用户购书后刮开封底防伪涂层，使用手机微信等软件扫描二维码，会跳转至防伪查询网页，获得所购图书详细信息。

防伪客服电话 （010）58582300